Hansgert Peisert
Gerhild Framhein

Das Hochschulsystem in der Bundesrepublik Deutschland

Funktionsweise und Leistungsfähigkeit

Klett-Cotta

Die vorliegende Arbeit ist im Rahmen der Forschungstätigkeit des Zentrum I Bildungsforschung der Universität Konstanz entstanden. Das Zentrum I Bildungsforschung ist eines der interdiziplinären Forschungszentren der Universität Konstanz. Dem Zentrum I ist der von der Deutschen Forschungsgemeinschaft geförderte Sonderforschungsbereich 23 angegliedert, dessen Programm sich auf die Untersuchung von „Bedingungen, Verlauf und Folgen von Sozialisationsprozessen in Schule, Hochschule und Berufsausbildungsinstitutionen" bezieht. Die Forschungsarbeit wird in den einzelnen Projektgruppen durchgeführt, in denen vor allem Erziehungswissenschaftler, Psychologen und Soziologen zusammenarbeiten.

CIP-Kurztitelaufnahme der Deutschen Bibliothek

Peisert, Hansgert:
Das Hochschulsystem in der Bundesrepublik Deutschland: Funktionsweise u. Leistungsfähigkeit /
Hansgert Peisert; Gerhild Framhein. – Stuttgart:
Klett-Cotta, 1979.
    ISBN 3-12-911880-2
NE: Framhein, Gerhild:

Einbandgestaltung: Heinz Edelmann
Satz und Druck: Auer, Donauwörth

Inhaltsverzeichnis

Seite

Vorwort 9

1. Grundlagen des Hochschulsystems 12

1.1 Klassische Tradition und gegenwärtige Aufgaben 12
1.2 Die Institutionen des Hochschulsystems und die Entwicklung der Studentenzahlen 15
1.3 Hochschulverfassung: Von der Ordinarienuniversität zur Gruppenuniversität 26

2. Zentrale Gremien für Koordination und Planung 30

2.1 Koordinationsgremien für den dezentralen Wiederaufbau, 1945–1956 . 30
2.2 Die überregionalen Konzepte des Wissenschaftsrates und das zunehmende Engagement des Bundes, 1957–1969 35
2.3 Der kooperative Kulturföderalismus von Bund und Ländern seit 1970 . 40

3. Planung 46

3.1 Das im Aufbau befindliche Planungssystem 46
3.2 Die Pläne der überregionalen Instanzen 51
3.3 Informationsbasis der Planung 58
3.4 Rahmendaten – Bisherige und zukünftige Entwicklung 61
3.5 Planungskonzepte für die Entwicklung räumlicher und personeller Kapazitäten 70

4. Aspekte der Hochschulorganisation 75

4.1 Finanzierung 75
4.2 Zulassung von Studenten 81
4.3 Rekrutierung des Lehrkörpers 87
4.4 Curriculumentwicklung 90
4.5 Neugründung von Hochschulen 92

5. Die Wandlungsfähigkeit des Hochschulsystems 97

5.1 Strukturreform – Das Konzept der Gesamthochschule 97
5.2 Ansätze zur Studienreform 105
5.3 Hochschulreform unter verschärften Randbedingungen 111

6.   Hochschulsystem und Gesellschaft 116

6.1 Der Bedarf an Hochschulabsolventen: Vom Akademikermangel zum
     Akademikerüberschuß 116
6.2 Studiennachfrage und Chancengleichheit 125
6.3 Die Hochschule als Forschungsinstanz 134

7.   Die Effizienz des Hochschulsystems 145

7.1 Die Struktur der Planungsgremien 145
7.2 Die Kooperation zwischen Bund und Ländern 150
7.3 Das Verhältnis von Staat und Hochschule 156

Anmerkungen 163

Anhang 177

Literaturverzeichnis 180

Die Hochschulstudie des ICED 192
– Vorwort zur englischen Fassung (J.A. Perkins, N.P. Eurich)
– Hinweis auf die vergleichenden Länderstudien

Verzeichnis der Tabellen

		Seite
1.	Die Institutionen des Hochschulsystems, 1950–1977	21
2.	Die Studentenzahlen, 1950–1977	22
3.	Die Mitglieder der Westdeutschen Rektorenkonferenz, 1977	33
4.	Flächenrichtwerte für den Hochschulbau, 1978	54
5.	Kostenrichtwerte für den Hochschulbau, 1978	55
6.	Der Ausbau des Hochschulsystems, 1960–1977	62
7.	Studenten je Stelle für wissenschaftliches Personal nach Hochschularten, 1960–1977	64
8.	Die Jahrgangsstärke der 20jährigen Wohnbevölkerung, 1970–1995	64
9.	Bestand und Ausbauziele an flächenbezogenen Studienplätzen nach Ländern, 1977–1985	72
10.	Relation: Studenten – Wissenschaftliches Personal (Zielwerte 1985)	73
11.	Die Steuerausstattung der Länder (Flächenstaaten) und die Hochschulausgaben, 1975	76
12.	Ausgaben je Student nach Hochschularten und Fächergruppen, 1975	78
13.	Mittlere Verweildauer nach Hochschularten, 1970–1976	111
14.	Die Forschungsförderung der DFG nach Fachgebieten, 1977	139
15.	Die Forschungsförderung durch Stiftungen	142
16.	Prognose der Studienberechtigten und Studenten bis 1995	177
17.	Bruttosozialprodukt, öffentlicher Haushalt, Bildungsbudget und Ausgaben für Hochschulen, 1961–1975	178
18.	Zusammensetzung des Bildungsbudgets, 1975	179

Verzeichnis der Übersichten und Karten

Seite

Übersicht 1

Das Ausbildungssystem in der Bundesrepublik Deutschland . . . 17

Übersicht 2

Die Entwicklung der Studentenzahlen, 1950–1977 23

Übersicht 3

Die wichtigsten überregionalen Planungs- und Koordinationsinstanzen des Hochschulwesens, 1948–1977 45

Übersicht 4

Das im Aufbau befindliche Planungssystem 47

Übersicht 5

Entwicklungsperspektiven des Hochschulsystems, 1970–1995 . . 69

Übersicht 6

Bruttosozialprodukt, öffentlicher Haushalt, Bildungsbudget und
Ausgaben für Hochschulen, 1961–1975 77

Übersicht 7

Die in Personalunion besetzten überregionalen Spitzengremien . 147

Karte 1

Hochschulstandorte in der Bundesrepublik Deutschland 25

Karte 2

Langfristige Ausbauziele in Studienplätzen nach Hochschulstandorten 131

Vorwort

Das deutsche Hochschulsystem, von dem der amerikanische Pädagoge und Politiker James B. Conant einmal sagte, es sei das beste für das 19. Jahrhundert gewesen, befindet sich in einem tiefgreifenden Wandlungsprozeß. Der notwendige Übergang von einem elitären Universitätssystem zu einem offenen Hochschulsystem, das zukünftig rund einem Viertel aller Jugendlichen eine wissenschaftlich fundierte Berufsausbildung vermitteln soll, hat in den letzten Jahren zur Herausbildung eines komplexen Steuerungssystems geführt, das sich im Spannungsfeld von Hochschulautonomie, föderalen Kompetenzen und bundesstaatlichem Engagement etabliert hat.

Diese Entwicklung ist kein Spezifikum des deutschen Hochschulsystems. In vielen Ländern befindet sich die Organisation des Hochschulwesens in einem Übergangsstadium, wird ein neues Gleichgewicht zwischen den Ansprüchen institutioneller Autonomie und gesamtstaatlichen Erfordernissen gesucht. Der International Council of Educational Development (ICED), New York, hat dieser Entwicklung mit der 1972 von J.A. Perkins und B.B. Israel herausgegebenen Aufsatzsammlung *Higher Education: From Autonomy to Systems* Beachtung geschenkt. Die finanzielle Unterstützung der Krupp-Stiftung ermöglichte es dem ICED diesen Ansatz fortzuführen und eine internationale Studie über Struktur, Funktionsweise und Leistungsfähigkeit von Hochschulsystemen zu initiieren. Zwölf Länder wurden eingeladen, sich an der Studie zu beteiligen. Sie sollte aufzeigen, mit welchen Problemen sich die einzelnen Länder gegenwärtig in ihrem Hochschulwesen konfrontiert sehen und welche verschiedenen Wege beschritten werden, um die teilweise gleichartigen Anforderungen zu bewältigen. Um eine vergleichende Auswertung zu ermöglichen, wurde vom ICED ein Gliederungsschema vorgegeben, das den groben Rahmen der Darstellung für die Länderbeiträge festlegte. Sie sind, ebenso wie zwei zusammenfassende Berichte, 1978 in englischer Sprache veröffentlicht worden. Ein Hinweis auf diese Serie und das Vorwort, das ihr von J.A. Perkins, dem Chairman des ICED und N.P. Eurich, der Koordinatorin dieser Studie, vorangestellt wurde, finden sich am Schluß dieses Bandes.

Die hier vorgelegte Bilanzierung bisheriger und künftiger Entwicklungen des Hochschulsystems in der Bundesrepublik bzw. *in den Ländern* der Bundesrepublik – eine Kontroverse, auf die wir nicht schon in der Einleitung eingehen wollen – ist als der deutsche Beitrag zu der ICED-Studie entstanden. Wir haben uns bemüht, der vorgegebenen Gliederung weitgehend zu folgen und die drei Hauptabschnitte im gegebenen Rahmen angemessen zu berücksichtigen. Nach der Beschreibung der *Grundlagen* des Hochschulsystems (Kap. 1) wird in drei Kapiteln seine *Funktionsweise* erläutert. Es wird gezeigt, wie sich seit 1945 schrittweise überregional wirkende zentrale Gremien im dezentralen Hochschulsystem etablieren, zunächst nur reaktiv koordinierend, schließlich planend und entscheidend (Kap. 2). Daran anschließend wird das jetzt in der Entwicklung befindliche Planungs- und Entscheidungssystem dargestellt, seine Planungsverfahren und die gegenwärtigen bildungspolitischen Rahmendaten für die weitere Entwicklung des Hochschulsystems (Kap. 3). Und schließlich wird auf Verfahrensweisen in wichtigen Teilbereichen, von der Finanzierung bis zur Neugründung von Hochschulen eingegangen (Kap. 4). Unter dem Gesichtspunkt der *Leistungsfähigkeit* wird versucht zu analysieren, inwieweit dieses Hochschulsystem in der Lage ist, auf neue Anforderungen zu reagieren. Dabei werden zunächst Konzepte und innovative Ansätze für das im Wandel befindliche System behandelt (Kap. 5). Daran anschließend wird gezeigt, welche Leistungen dieses im Wandel befindliche Hochschulsystem für die Gesellschaft erbringt: Entspricht es dem Bedarf an hochqualifiziert Ausgebildeten? Inwieweit kann es die individuelle Ausbildungsnachfrage befriedigen und dabei die Gleichheit der Bildungschancen gewährleisten? Welchen Platz nimmt die Forschung im Rahmen der Hochschule ein? (Kap. 6). Schließlich werden strukturelle Zusammenhänge des Hochschulsystems herausgestellt, die seine Leistungsfähigkeit zukünftig in besonderem Maße bestimmen werden (Kap. 7).

Von der Proklamierung der deutschen Bildungskatastrophe und der Studentenbewegung der späten 60er Jahre, über die jahrelangen Debatten um die Hochschulgesetzgebung, bis hin zu neuerlichem Katastrophenalarm über Schülerberge und Studentenlawinen hat sich das deutsche Hochschulsystem in den letzten zwei Jahrzehnten beachtlicher Publizität erfreut, die sich in einer kaum noch überschaubaren Flut von Dokumenten und einzelnen Analysen der vielfältigen Aspekte niedergeschlagen hat. Dagegen fehlt es an aktuellen Gesamtdarstellungen, die durch den Dschungel der Materie einige Schneisen schlagen, um die überwiegend isoliert behandelten Teilbereiche zusammenzuknüpfen. Deshalb haben wir uns bemüht, bei diesem zunächst für den ausländischen Leser konzipierten Beitrag eine Darstellung zu finden, die auch dem deutschen Leserkreis zur Orientierung über Struktur und Entwicklungen unseres Hochschulsystems dienlich sein kann. Das Manuskript für die englische Fassung wurde Ende 1977 abgeschlossen. Für die jetzt vorgelegte deutsche Fassung wurde das Manuskript überarbeitet und die wesentlichen Entwicklungen des Jahres 1978 nachgetragen.

Unser besonderer Dank gilt dem International Council for Educational Development, ohne dessen Einladung wir diesen Versuch nicht gewagt hätten. Wir hoffen, daß wir in der teils sehr kontrovers beurteilten Materie die verschiedenen Standpunkte im gegebenen Rahmen hinreichend berücksichtigt haben. Von vielen Seiten haben wir Rat und Informationen erhalten, wofür wir zu danken haben. Die Arbeitsatmosphäre des engeren Kollegenkreises, die Forschungsmöglichkeiten des Zentrum I Bildungsforschung der Universität Konstanz und die Arbeitsbedingungen des European Coordination Center for Research and Documentation in the Social Sciences in Wien waren Voraussetzungen, die es uns ermöglichten, der Einladung des ICED zur Erarbeitung des deutschen Beitrages im Rahmen der internationalen Studie zu folgen.

November 1978   Hansgert Peisert, Konstanz
                                           Gerhild Framhein, Wien

1. Grundlagen des Hochschulsystems

1.1 Klassische Tradition und gegenwärtige Aufgaben

Die deutschen Universitäten blicken auf eine viel gerühmte Tradition zurück, die auf die neuhumanistischen Universitätsreformen zurückgeht und insbesondere mit dem Namen Wilhelm von Humboldt verknüpft ist. Die bei der Gründung der Berliner Universität zu Beginn des 19. Jahrhunderts von Humboldt formulierten Prinzipien, haben der klassischen deutschen Universität ihre spezifische Gestalt gegeben, die bis heute nachwirkt. Kernpunkte der von der Berliner Universitätsgründung ausgehenden Universitätsreform waren die weitgehende innere Autonomie der staatlich getragenen Universitäten, ihre Selbstverwaltung durch die Lehrstuhlinhaber (Ordinarien), die Betonung einer von allen unmittelbaren gesellschaftlichen Interessen freien Forschung und die Absetzung der universitären Bildung von schulischem Unterricht und beruflicher Praxis.

Dem entsprachen die Postulate der *Lehr- und Lernfreiheit* von Professoren und Studenten und der *Einheit von Forschung und Lehre*. Nicht routinisierte Wissensübermittlung sollte im Mittelpunkt von universitärem Lehren und Lernen stehen, sondern die Heranführung und die Beteiligung von Studenten an der Forschung. Diesem Prinzip wurde mit der Formel *Bildung durch Wissenschaft* eine wichtige didaktische Funktion zugesprochen, die nicht nur die beste wissenschaftliche Ausbildung verbürgen sollte, sondern zugleich den Studenten zu selbständigem Denken erziehen und jene allgemeinen persönlichen Eigenschaften entwickeln sollte, die für die herausragenden Funktionen eines *Akademikers* in Beruf und Gesellschaft als wichtig erachtet wurden[1].

Mit dem zuversichtlichen Wort „die deutsche Universität ist im Kern gesund", das der preußische Erziehungsminister Carl Heinrich Becker bei dem Wiederaufbau des Universitätswesens nach dem 1. Weltkrieg geprägt hatte, wurde auch nach dem 2. Weltkrieg an die Universitätsstruktur humboldtscher Prägung angeknüpft und die Universitäten in den Ländern der Bundesrepublik Deutschland weitgehend nach dem Weimarer Vorbild restauriert.

Die Autonomie der Universitäten wurde wiederhergestellt, die von den Ordinarien getragene Selbstverwaltung gestärkt und der weitgehend unstrukturierte Lehr- und Forschungsbetrieb wieder aufgenommen. Hierbei wurde von der Vorstellung ausgegangen, daß Studenten aufgrund ihrer

Vorbildung durch das Gymnasium befähigt seien, sich im Rahmen des Lehrangebots der Universitäten die Qualifikationen für einen erfolgreichen Studienabschluß weitgehend selbständig anzueignen.

Die klassische Universität war auf die wissenschaftliche Bildung einer schmalen Elite ausgerichtet. Der gesellschaftliche Bedarf und die Nachfrage breiter Bevölkerungsschichten nach einer wissenschaftlichen Berufsvorbereitung, wie sie sich entsprechend der Entwicklung in anderen Industriestaaten in den letzten beiden Jahrzehnten artikuliert hat, und die Forderung nach einer Demokratisierung des Hochschulwesens, hat nicht nur zu Ausbau und Veränderung im klassischen Universitätsbereich geführt, sondern auch zu einer Strukturveränderung des tertiären Ausbildungssektors insgesamt. In institutioneller Hinsicht ist diese Entwicklung dadurch gekennzeichnet, daß verschiedene berufsbildende Einrichtungen der Rechtsstellung und den Ausbildungsformen der Universitäten angenähert und mit diesen zu einem neuen Hochschulsystem zusammengeführt wurden.

Als wichtigstes Ziel der Neuordnung des Hochschulbereichs wird in den offiziellen Dokumenten, mit denen die Strukturveränderungen vorbereitet und begleitet wurden, die Überwindung des elitären Universitätssystems und die Bereitstellung eines nachfrageorientierten Bildungsangebots hervorgehoben:

„Bildungspolitik in der demokratischen Gesellschaft hat von dem Grundsatz des Bürgerrechts auf Bildung auszugehen. Die Hochschulreform muß daher zu einer Struktur der Hochschulen führen, die jedem Bürger eine von Einkommen und Bildungsgrad der Eltern unabhängige, seinen Anlagen und Fähigkeiten entsprechende Bildungs- und Berufschance eröffnet."[2]

Die Aufgabenstellung für den gesamten Hochschulbereich, wie sie in dem 1976 in Kraft getretenen *Hochschulrahmengesetz* (HRG) festgelegt ist, knüpft mit der Herausstellung von *Forschung* und *Studium und Lehre* an die beiden klassischen Funktionen der Universitäten an und ergänzt sie durch den expliziten Bezug von Wissenschaft und Praxis:

Aufgaben der Hochschule
„Die Hochschulen dienen entsprechend ihrer Aufgabenstellung der Pflege und Entwicklung der Wissenschaften und der Künste durch Forschung, Lehre und Studium. Sie bereiten auf berufliche Tätigkeiten vor, die die Anwendung wissenschaftlicher Erkenntnisse und wissenschaftlicher Methoden oder die Fähigkeit zu künstlerischer Gestaltung erfordern." (HRG, § 2.1).

Ziel des Studiums
„Lehre und Studium sollen den Studenten auf ein berufliches Tätigkeitsfeld vorbereiten und ihm die dafür erforderlichen Kenntnisse, Fähigkeiten und Methoden dem

jeweiligen Studiengang entsprechend so vermitteln, daß er zu wissenschaftlicher oder künstlerischer Arbeit und zu verantwortlichem Handeln in einem freiheitlichen, demokratischen und sozialen Rechtsstaat befähigt wird." (HRG, § 7).

Aufgaben der Forschung
„Die Forschung in den Hochschulen dient der Gewinnung wissenschaftlicher Erkenntnisse sowie der wissenschaftlichen Grundlegung und Weiterentwicklung von Lehre und Studium. Gegenstand der Forschung in den Hochschulen können unter Berücksichtigung der Aufgabenstellung der Hochschule alle wissenschaftlichen Bereiche sowie die Anwendung wissenschaftlicher Erkenntnisse in der Praxis einschließlich der Folgen sein, die sich aus der Anwendung wissenschaftlicher Erkenntnisse ergeben können." (HRG, § 22).

Im Rahmen dieser gesetzlichen Aufgabenbestimmung wird die Einheit von Forschung und Lehre nicht mehr mit der klassischen Strenge gefordert. Das Verhältnis von Forschung, Lehre und Studium bleibt offen und wird nur insoweit bestimmt, als den Hochschulen im Zusammenwirken mit den staatlichen Stellen zur ständigen Aufgabe gemacht wird, Inhalte und Formen des Studiums im Hinblick auf die Entwicklungen in Wissenschaft und Kunst, wie auch der Bedürfnisse der beruflichen Praxis und der Veränderungen in der Berufswelt zu überprüfen und weiterzuentwickeln (vgl. HRG, § 8).

Die für die deutschen Universitäten charakteristische Lehr- und Lernfreiheit wird begrenzt durch die Festsetzung von Regelstudienzeiten und die Aufstellung von differenzierten Studienordnungen, die Lehrveranstaltungen und Studienleistungen bezeichnen, die für den erfolgreichen Abschluß des Studiums erforderlich sind. Im Rahmen dieser Vorschriften bleibt die Möglichkeit des Hochschulwechsels erhalten, ebenso wie die freie Wahl von Lehrveranstaltungen und das Recht, innerhalb eines Studienganges Schwerpunkte nach eigener Wahl zu bestimmen (vgl. HRG, § 3 und 11).

Die euphorische Programmatik, mit der noch in der Nachkriegszeit das Prinzip der *Bildung durch Wissenschaft* neben dem Fachstudium als eigentliches Ziel der Hochschulbildung hervorgehoben wurde, ist in den letzten Jahren einer gewissen Nüchternheit gewichen. Es wird nicht mehr schamhaft verschwiegen, daß ein Studium vor allem auch der Berufsvorbereitung dient. Zweifellos bleibt zugleich weiterhin die Erwartung bestehen, daß das wissenschaftliche Fachstudium in der Hochschule darüber hinaus in besonderer Weise die allgemeine personale Entwicklung, insbesondere rationale und kritische Fähigkeiten und verantwortliches Handeln von Studenten befördern soll[3]. Während solche personalen Bildungsziele etwa in den USA mit dem Konzept einer breit gefächerten *liberal arts education* ver-

14

folgt werden, hat sich im Hochschulsystem der Bundesrepublik das der deutschen Universitätstradition eigentümliche Vertrauen in die bildende Kraft wissenschaftlicher Spezialbeschäftigung erhalten. Die Betonung des Praxisbezugs in den gesetzlichen Regelungen unterstreicht jedoch, daß Forschung, Lehre und Studium stärker aus dem akademischen Elfenbeinturm herausgeführt und vermehrt auf berufliche und gesellschaftliche Anforderungen ausgerichtet werden sollen.

1.2 Die Institutionen des Hochschulsystems und die Entwicklung der Studentenzahlen

Das Hochschulsystem in der Bundesrepublik knüpfte nach dem zweiten Weltkrieg an die spärlichen Reste des deutschen Universitätswesens der Weimarer Zeit an. Die prinzipielle Wissenschaftsfeindlichkeit des Dritten Reiches hatte zu einem erheblichen Rückgang des Lehrpersonals und der Studierenden an Universitäten geführt. Im Wintersemester 1932/33, dem letzten vor der nationalsozialistischen Machtergreifung, waren an den deutschen Universitäten noch 121 000 Studenten immatrikuliert. Bereits nach fünf Jahren, im Wintersemester 1938/39, kurz vor dem zweiten Weltkrieg, war die Studentenzahl um mehr als die Hälfte auf 56 000 reduziert worden. Von den 24 Universitäten und 14 Technischen Hochschulen des Deutschen Reiches von 1937 befanden sich nach 1945 noch 16 Universitäten und 9 Technische Hochschulen auf dem Gebiet der späteren Bundesrepublik; 6 Universitäten und 3 Technische Hochschulen befanden sich auf dem Gebiet der späteren DDR, 2 Universitäten und 2 Technische Hochschulen auf heute polnischem Gebiet.

Gegenüber der totalitären, zentralstaatlichen Kultusverwaltung des Dritten Reiches wurden in der Bundesrepublik die kulturföderalistischen Kompetenzen der Länder wiederhergestellt. Infolgedessen war der Wiederaufbau des Hochschulwesens vornehmlich Sache der Kultusverwaltungen in den elf Ländern der Bundesrepublik. Private Institutionen haben in der deutschen Hochschullandschaft seit jeher nur eine geringe Rolle gespielt.

Den Kern des Hochschulwesens bildeten zunächst die traditionellen Universitäten und Technischen Hochschulen. Ihre Anzahl hat sich in der Bundesrepublik gegenüber 1945 inzwischen verdoppelt. Mit einem Anteil von zwei Drittel an der Gesamtstudentenzahl stellen sie auch heute noch den quantitativ wichtigsten Bereich des Hochschulwesens dar. Zu den Hochschulen wurden stets auch die quantitativ wenig bedeutenden Theologischen Hochschulen (heute 0,2% aller Studenten) und die Kunsthochschulen gerechnet. Dieses Hochschulsystem ist schrittweise erweitert worden. Als weitere Hochschulart wurden zunächst die Pädagogischen Hochschulen und seit Anfang der 70er Jahre die Fachhochschulen und der neue Typ der Gesamthochschulen in das Hochschulsystem integriert.

Damit setzt sich heute das Hochschulsystem der Bundesrepublik aus sechs Hochschularten zusammen:
– Universitäten (einschließlich Technische Hochschulen/Universitäten und Spezialhochschulen mit Universitätsrang)
– Pädagogische Hochschulen
– Theologische Hochschulen
– Kunsthochschulen
– Fachhochschulen
– Gesamthochschulen.

Als wissenschaftliche Hochschulen werden die Universitäten, Pädagogischen Hochschulen und Theologischen Hochschulen bezeichnet. Das Studium an wissenschaftlichen Hochschulen sowie in wissenschaftlichen Studiengängen von Gesamthochschulen setzt die Hochschulreife voraus. Sie wird überwiegend durch das Abschlußzeugnis der allgemeinbildenden Gymnasien (Abitur) erworben. Daneben ist die fachgebundene Hochschulreife getreten, die an Fachgymnasien erworben wird und nur zum Studium bestimmter Fächer berechtigt.

Das Studium an Fachhochschulen setzt die Fachhochschulreife voraus. Sie wird in der Regel durch das Abschlußzeugnis der Fachoberschule erworben. In einigen Ländern wird die Berechtigung zum Studium an einer Fachhochschule auch mit dem Abschlußzeugnis des zwölften Schuljahrganges eines Gymnasiums erworben.

Die schulischen Anforderungen für das Studium an Kunsthochschulen sind unterschiedlich. Die allgemeine Entwicklung geht jedoch dahin, prinzipiell die Hochschulreife vorauszusetzen. Für alle Studiengänge an Kunsthochschulen ist der Nachweis einer besonderen künstlerischen Begabung (Zulassungsprüfung) notwendig.

Übersicht 1 zeigt grob vereinfacht, in welcher Weise das Hochschulsystem auf dem Primar- und Sekundarschulwesen der Bundesrepublik aufbaut.

– Hochschularten
Die einzelnen Hochschularten, aus denen sich das gegenwärtige Hochschulsystem zusammensetzt, sollen kurz charakterisiert werden[4].

Übersicht 1: Das Ausbildungssystem in der Bundesrepublik Deutschland*

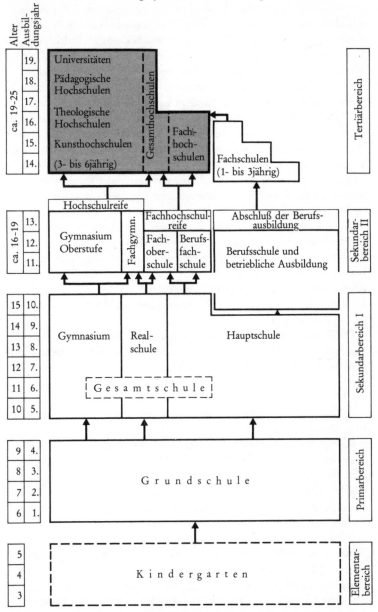

* Das Strukturdiagramm gibt keine quantitativen Proportionen der einzelnen Institutionen wieder.
  Die Pfeile zeigen nur die wichtigsten Übergangswege an.

Universitäten

Bei den Hochschulen mit Universitätsrang lassen sich drei Typen unterscheiden. Zum einen gibt es die „alten" Universitäten (wie z.B. Heidelberg, Freiburg, Tübingen), deren Geschichte bis ins Mittelalter zurückreicht. Ihr Lehrangebot hat sich durch Ausdifferenzierung der klassischen Fakultäten Medizin, Recht, Theologie und insbesondere Philosophie entwickelt, zu denen später die Naturwissenschaften und die Wirtschafts- und Sozialwissenschaften als selbständige Fakultäten hinzutraten.

Den zweiten Typ bilden Institutionen, die als Hochschulen für spezielle Fachrichtungen entstanden sind. Dies gilt insbesondere für die Technischen Hochschulen sowie für die Hochschulen mit medizinischer oder wirtschaftswissenschaftlicher Ausrichtung. Einige Hochschulen dieses Typs bestehen als Spezialhochschulen mit Universitätsrang fort, andere sind durch die Hinzufügung weiterer Fächerbereiche in den letzten Jahren zu Universitäten ausgebaut worden.

Der dritte Typ von Universitäten entstand durch die Neugründungen seit den 60er Jahren. Mit diesen Neugründungen waren vor allem die bildungspolitischen Zielsetzungen verbunden, die Kapazität im Hochschulbereich zu erweitern, das regionale Angebot von wissenschaftlichen Hochschulen breiter zu streuen und zur Strukturreform der traditionellen Universitäten (z.B. hinsichtlich der Fächerstruktur und ihrer inneren Organisation) beizutragen.

Die Forschung und das Prüfungsrecht mit der Verleihung von Diplom-, Magister- und Doktorgraden (Promotionsrecht) sowie der Lehrbefähigung für den Hochschulbereich (Habilitationsrecht) gehören zu den überlieferten und gesetzlich verankerten Grundrechten der Universitäten. Der Nachweis eines erfolgreichen Studiums wird entweder mit einer Staatsprüfung (Staatsexamen) oder mit einer Hochschulprüfung (Diplom, Magister, Promotion) erbracht.

Staatsprüfungen werden von staatlichen Prüfungskommissionen, zu denen in der Regel auch Hochschullehrer hinzugezogen werden, abgenommen. Eine Staatsprüfung, bei der der Staat im öffentlichen Interesse die Anforderungen festsetzt, gibt es nur für eine relativ geringe Anzahl von Berufen: Mediziner (Ärzte, Tierärzte, Zahnärzte), Lehrer (mit derzeit 44 Fachrichtungen), Juristen, Apotheker und Lebensmittelchemiker.

Bei den Hochschulprüfungen gibt es im Bereich der Ingenieur- und Naturwissenschaften sowie der Wirtschafts- und Sozialwissenschaften derzeit 67 Studiengänge, die mit einer Diplom-Prüfung als berufsqualifizierendem Abschluß beendet werden können. Eine Magisterprüfung, zunächst für die Geisteswissenschaften eingeführt, kann in 59 Fachrichtungen abgelegt werden. In einer Reihe von Fächern wie z.B. Biologie, Geographie, Pädagogik, Psychologie und Soziologie können sowohl eine Diplom- oder eine Magisterprüfung wie auch – je nach Ausbildungsziel – Staatsprüfungen abgelegt werden. Die Promotion ist heute in der Regel ein zweiter Abschluß, für den eine Staats-, Diplom- oder Magisterprüfung vorausgesetzt wird.

Die Hälfte der 50 Universitäten zählt zu den „großen" Universitäten mit über 10 000 Studenten. Die größten sind derzeit (WS 1977/78) die Universität München (38 000), die Freie Universität Berlin (34 000) sowie die Universitäten Münster (31 000) und Hamburg (28 000).

Pädagogische Hochschulen
Die Pädagogischen Hochschulen sind aus den „Lehrerbildenden Anstalten" hervorgegangen, von denen Anfang der 50er Jahre etwa 80 bestanden. Bis Ende der 60er Jahre war ihre Zahl auf über 100 angewachsen. Anfang der 70er Jahre wurden etwa 30 von diesen als eigenständige Pädagogische Hochschulen in den Kreis der *wissenschaftlichen* Hochschulen einbezogen, andere wurden an bestehende Universitäten angegliedert.

An den Pädagogischen Hochschulen werden in erster Linie Lehrer für Grund- und Hauptschulen ausgebildet. Diese Ausbildung für die Lehrämter, die in einigen Ländern auch das Lehramt an Realschulen einschließt, wird mit einer Staatsprüfung abgeschlossen.

In Verbindung mit ihren Forschungsaufgaben in der Erziehungswissenschaft und in den Fachdidaktiken haben die Pädagogischen Hochschulen zum Teil das Recht, Diplome (Diplompädagoge, Dipl.-Päd.) zu verleihen und Promotionen zum Doktor der Philosophie (Dr. phil.) oder zum Doktor der Erziehungswissenschaften (Dr. paed.) durchzuführen.

Die Pädagogischen Hochschulen haben in der Regel zwischen 1000 und 3000 Studenten. Die größten Pädagogischen Hochschulen sind in Dortmund, Berlin und Münster mit 1977/78 jeweils über 5000 Studenten.

Theologische Hochschulen
Zu den Theologischen Hochschulen gehören kirchliche und staatliche Hochschulen, die neben den theologischen Fakultäten der Universitäten bestehen; sie haben in der Regel Promotionsrecht. Ein Teil dieser Hochschulen ist in den letzten Jahren in neugegründeten Universitäten oder Gesamthochschulen aufgegangen.

Heute bestehen noch elf selbständige Theologische Hochschulen, die insgesamt nur von etwas über 2000 Studenten besucht werden. Sie spielen daher im Gesamtsystem keine wesentliche Rolle.

Kunsthochschulen

Zu den Kunsthochschulen gehören 26 staatliche Hochschulen für Bildende Künste, Gestaltung, Musik, Film und Fernsehen. Sie widmen sich der künstlerischen Berufsvorbildung, die mit einer staatlichen oder hochschuleigenen Abschlußprüfung abgeschlossen wird. Zu den Aufgaben der Kunsthochschulen gehört auch die Ausbildung von Kunst- und Musikerziehern für Gymnasien und zum Teil auch für Haupt- und Realschulen. Kunsthochschulen sind überwiegend kleinere Institutionen, nur drei Kunsthochschulen hatten 1977/78 mehr als 1000 Studenten.

Fachhochschulen

Die Fachhochschulen wurden 1970/71 aufgrund eines Abkommens der Länder in der Bundesrepublik aus dem Jahr 1968 errichtet. In den Fachhochschulen sind die ehemaligen Ingenieurschulen und andere höhere Fachschulen (z.B. für Wirtschaft oder Sozialpädagogik) aufgegangen, die früher zum berufsbildenden Sekundarschulwesen gerechnet wurden. Neben den Universitäten bilden die Fachhochschulen heute mit einem Anteil von bald einem Fünftel an der Gesamtstudentenzahl und einem Anteil an den Studienanfängern von mehr als einem Viertel den umfangreichsten Teil des Hochschulsystems. Im Gegensatz zu Universitäten, Pädagogischen Hochschulen und Kunsthochschulen befinden sich eine Reihe von Fachhochschulen in privater, überwiegend kirchlicher Trägerschaft; an ihnen studieren jedoch nur weniger als 10% der Fachhochschulstudenten.

Das Studium an Fachhochschulen unterscheidet sich von dem an Universitäten durch seinen stärkeren Praxisbezug, durch kürzere Studienzeiten (in der Regel 3 Jahre), sowie durch längere Berufspraktika während des Studiums. Der Studiengang wird mit einer staatlichen Abschlußprüfung abgeschlossen (Graduierung). Mit der Graduierung wird die allgemeine Hochschulreife erworben, die zum Studium an Universitäten berechtigt.

Von den mehr als 100 Fachhochschulen haben die Hälfte weniger als 1000 Studenten, die fünf größten Fachhochschulen hatten 1977/78 zwischen 4000 und 8000 Studenten.

Gesamthochschulen

Der neue Hochschultyp der Gesamthochschule umfaßt Ausbildungsrichtungen von wissenschaftlichen Hochschulen und Fachhochschulen und zum Teil Kunsthochschulen, die mit den entsprechenden Prüfungen abgeschlossen werden. Im Anschluß an wissenschaftliche Studiengänge kann auch an der Gesamthochschule promoviert werden. Die Studiengänge an Gesamthochschulen können integriert (Kurz- und Langzeitstudium) oder nach Hochschulbereichen getrennt sein (kooperative Gesamthochschule).

Seit 1970 sind teilweise durch Zusammenfassung bereits bestehender Institutionen elf Gesamthochschulen in Nordrhein-Westfalen, Hessen und Bayern errichtet worden. Zu den Gesamthochschulen wird auch die erste Fernuniversität in der Bundesrepublik gezählt, die das Land Nordrhein-Westfalen 1974 gegründet hat, sowie die Hochschule der Bundeswehr in München (die zweite Bundeswehrhochschule in Hamburg wird unter den Hochschulen mit Universitätsrang geführt).

Nach dem Hochschulrahmengesetz von 1976 wird eine Neuordnung des Hochschulwesens der Bundesrepublik angestrebt, nach der die verschiedenen bestehenden Hochschularten zu Gesamthochschulen ausgebaut oder zusammengeschlossen werden bzw. ein Zusammenwirken der verschiedenen Hochschularten durch gemeinsame Koordinierungsgremien erreicht werden soll (vgl. hierzu im einzelnen Kap. 5.1).

Die zahlenmäßige Entwicklung der sechs Hochschularten ist in Tabelle 1 aufgeführt. Dabei wurde die heutige Terminologie auch für die Gliederung der früheren Zeitpunkte verwendet. Die Verringerung der Anzahl von Pädagogischen Hochschulen zwischen 1960 und 1970 erklärt sich durch ihre Aufnahme in das System der wissenschaftlichen Hochschulen, wobei einige der alten Institutionen zusammengefaßt oder mit Universitäten integriert wurden. Für die in den 70er Jahren in das Hochschulsystem aufgenommenen Fachhochschulen läßt sich die Zahl der Vorgängerinstitutionen nicht genau ermitteln, so daß auf diese Angabe verzichtet wurde.

Tabelle 1: Die Institutionen des Hochschulsystems, 1950–1977[5]

Hochschularten	1950	1960	1970	1975	1977
1. Universitäten (Hochschulen mit Universitätsrang)	31	33	40	49	50
2. Gesamthochschulen	–	–	–	11	11
3. Pädagogische Hochschulen	78	77	32	33	31
4. Theologische Hochschulen	16	17	14	11	11
5. Kunsthochschulen	18	25	27	26	26
6. Fachhochschulen (ab 1970)	–	–	98	136	136
Hochschulen, insgesamt	143	152	211	266	265

– Entwicklung der Studentenzahlen
Die Entwicklung der Studentenzahlen in der Bundesrepublik seit 1950 ist
in Tabelle 2 dargestellt. Hierfür wurden auch die Studentenzahlen jener
Institutionen rekonstruiert, die früher nicht zum Hochschulsystem ge-
rechnet wurden, was insbesondere für die Vorgängerinstitutionen der
Fachhochschulen nur annäherungsweise möglich ist.

Tabelle 2: Die Studentenzahlen, 1950–1977[6]
(Deutsche und ausländische Studenten)

Hochschularten	WS1950/51	WS1960/61	WS1970/71	WS1975/76	WS1977/78
1. Universitäten (Hochschulen mit Universitätsrang)	112 000	217 000	350 000	552 000	605 000
2. Gesamthochschulen	–	–	–	43 000	56 000
3. Pädagogische Hochschulen	ca. 10 000	33 000	59 000	79 000	69 000
4. Theologische Hochschulen	5 000	3 000	2 000	2 000	2 000
5. Kunsthochschulen	5 000	8 000	11 000	15 000	15 000
6. Fachhochschulen	ca. 40 000	ca. 68 000	ca. 112 000	145 000	165 000
Hochschulen, insgesamt	ca. 172 000	ca. 329 000	ca. 534 000	836 000	913 000*
1950 = 100 %	= 100 %	= 191 %	= 310 %	= 486 %	= 530 %

* Additionsdifferenz durch Rundungsfehler.

Berücksichtigt man alle im heutigen Hochschulsystem enthaltenen
Hochschularten, so ergibt sich von 1950 bis 1975 eine Zunahme von ca.
172 000 auf 836 000 Studenten. Im Wintersemester 1977/78 erreichte die
Studentenzahl 913 000. Der Anteil der ausländischen Studenten an der Gesamtstudentenzahl lag in den 60er Jahren bei etwa 7 Prozent, seit 1970
beträgt er knapp 6 Prozent.
Dies bedeutet, daß sich die Studentenzahlen seit 1950 mehr als verfünf-
facht haben. Dadurch erhöhte sich der Anteil der Studierenden an der
gleichaltrigen Bevölkerung (18–24jährige) in dem Zeitraum von 1950 bis

1975 von 3,5 Prozent auf 14 Prozent[7]. Der Anteil der Studienanfänger an der gleichaltrigen Bevölkerung (18–20jährige) stieg im gleichen Zeitraum von etwa 6 Prozent auf fast 20 Prozent an[8]. Dabei ist hervorzuheben, daß die Studentenzahlen seit 1950 kontinuierlich gewachsen sind und insbesondere seit 1970 noch einmal rapide angestiegen sind, während zu diesem Zeitpunkt in einer Reihe vergleichbarer Länder die starke Expansion des tertiären Ausbildungsbereichs vorerst abgeschlossen war[9].

Übersicht 2: Die Entwicklung der Studentenzahlen, 1950–1977[10]

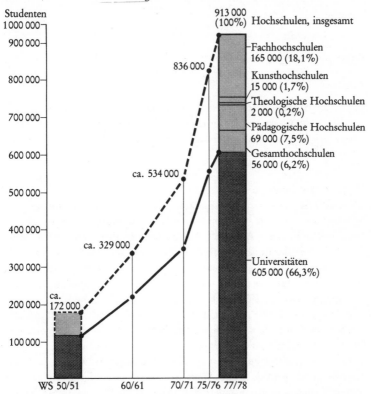

Die Entwicklung der Gesamtstudentenzahl ist in Übersicht 2 noch einmal illustriert. Der dunkel schraffierte Teil stellt den klassischen Universitätsbereich dar und der darüberliegende hellere Teil die Entwicklung der übrigen, großenteils erst später in das Hochschulsystem aufgenommenen Institutionen. Für 1977 sind die Anteile der Hochschularten an der Gesamtstudentenzahl angegeben.

An den Universitäten, die zwei Drittel der Studentenschaft umfassen, verteilen sich die Studierenden folgenderweise auf die Fächergruppen[11]:

Sprach- und Kulturwissenschaften (einschließlich Theologie und Sport mit je 1,8 %)	30,0 %
Rechts-, Wirtschafts- und Sozialwissenschaften	23,5 %
Mathematik und Naturwissenschaften	20,5 %
Ingenieurwissenschaften	12,4 %
Medizin	9,0 %
Kunstwissenschaft	2,3 %
Agrar- und Ernährungswissenschaften	2,2 %
Insgesamt	100 %

Von den Studenten an Fachhochschulen mit einem Anteil von fast einem Fünftel an der Gesamtstudentenzahl entfallen die Hälfte auf ingenieurwissenschaftliche und ein Drittel auf wirtschafts- und gesellschaftswissenschaftliche Fächer.

– Hochschulstandorte
Durch die Neugründungen der letzten Jahre hat sich das Standortnetz der Hochschulen verdichtet. Über die regionale Streuung der Hochschulen gibt die Standortkarte Auskunft. Aus ihr wird deutlich, daß sich im „mittleren Westen" der Bundesrepublik, entlang der Linie Bochum – Frankfurt – Stuttgart, ein dichtes und regional breit gestreutes Netz von wissenschaftlichen Hochschulen befindet, während im Norden und Südosten größere Leerräume bestehen. Für den Fachhochschulbereich ist die Situation ähnlich. Infolge der Spezialisierung dieser Hochschulen ist das regionale Angebot hier aber unter dem Gesichtspunkt des fachspezifischen Angebots wesentlich unausgeglichener als es die Standortkarte erkennen läßt.

In diesem Zusammenhang ist auf einen deutlichen Stilwandel des traditionellen Verhaltens deutscher Studenten hinzuweisen. Entgegen früheren Vorstellungen über den mobilen Studenten, der die Wahl seines Studienortes unabhängig vom elterlichen Wohnsitz trifft und der während des Studiums mehrmals die Hochschule wechselt, möglicherweise auch ein bis zwei Semester im Ausland studiert, neigt die jetzige Studentengeneration zur Seßhaftigkeit und dies möglichst in nächster Nähe zum Heimatort[12].

Im allgemeinen gibt es den angelsächsischen Typ der Campus-Universitäten, die der Mehrzahl der Studenten auch Wohnmöglichkeiten bieten, im

Karte 1: Hochschulstandorte in der Bundesrepublik Deutschland
(Stand WS 1977/78)

Quelle: Fortschreibung der Standortkarte der Bundesforschungsanstalt für Landeskunde und Raumordnung von 1974 anhand
der Hochschulstatistik des Statistischen Bundesamts: Studenten an Hochschulen WS 1977/78 (1978).

25

deutschen Hochschulsystem nicht. Die traditionelle Wohnform deutscher Studenten war das Wohnen zur Untermiete (1956 = 52%) – als „Studentenbude" im sozialen Raum mindestens so verklärt wie im hochschulpolitischen die humboldtsche Universitätskonzeption – und die elterliche Wohnung (1956 = 33%)[13]. Daneben versucht der Staat ein hinreichendes Angebot an Studentenwohnheimen anzubieten, wobei ein Anteil von 30 Prozent der Studentenzahlen angezielt wird[14]. Trotz der Erhöhung der Wohnheimplätze auf 90 150 im Jahr 1975 konnte wegen der raschen Zunahme der Studentenzahlen damit aber erst ein Angebot von 11 Prozent erreicht werden. Das Wohnen auf der „Studentenbude" und bei den Eltern ging in den letzten Jahren zurück (1976: Untermiete = 18%, Eltern = 21%), dagegen nahm das Wohnen in eigener Wohnung (30%) oder in Wohngemeinschaften (18%) zu[15].

1.3 Hochschulverfassung: Von der Ordinarienuniversität zur Gruppenuniversität

Die Hochschulen der Bundesrepublik sind mit wenigen Ausnahmen staatliche Einrichtungen der Länder, mit dem traditionellen Recht der Selbstverwaltung. Das Verhältnis von Staat und Hochschule war in der Nachkriegszeit durch weitgehende Distanz gekennzeichnet. Bis Ende der 60er Jahre gab es kaum gesetzliche Vorschriften, die den inneren Aufbau der Universitäten regelten. Staatliches Handeln beschränkte sich im Wesentlichen auf die Bereitstellung und die Verbesserung der materiellen Bedingungen. Die Universitäten waren sorgsam darauf bedacht, ihre Autonomie wieder herzustellen, ihre Verfassungen knüpften an die aus dem 19. Jahrhundert überlieferten Strukturen der akademischen Selbstverwaltung an.

Wichtigste Grundeinheit der Selbstverwaltung war der Lehrstuhl, mit dem ihm vielfach zugeordneten Institut oder Seminar. Der Ordinarius (Lehrstuhlinhaber) hatte für seinen Lehrstuhlbereich praktisch die alleinige Entscheidungsbefugnis über Forschung und Lehre, Personal- und Haushaltsangelegenheiten. Die Fakultäten, als Versammlungen der Ordinarien, waren für übergreifende Fragen der Forschung und Lehre zuständig, sie übten das Promotions- und Habilitationsrecht aus und hatten das Vorschlagsrecht für Berufungen. An den traditionellen Universitäten gab es in der Regel theologische, philosophische, juristische, medizinische, naturwissenschaftliche und wirtschaftswissenschaftliche Fakultäten.

Die Senate als zentrale Koordinations- und Leitungsgremien der Universität setzten sich aus jährlich wechselnden Repräsentanten der Fakultäten zusammen. Der Rektor, der turnusmäßig aus den Ordinarien der verschiedenen Fakultäten meist ebenfalls für eine einjährige Amtszeit gewählt wurde, stand der Universität als primus inter pares vor. Unabhängig von der akademischen Selbstverwaltung wurde die allgemeine Wirtschaftsverwaltung der Hochschule durch einen vom Kultusministerium bestellten Verwaltungsbeamten wahrgenommen.

Die herausragende Machtposition, die die Ordinarien in der akademischen Selbstverwaltung einnahmen, war der Grund für die Kennzeichnung der deutschen Universität als einer „Ordinarienuniversität". Die übrigen Mitglieder der Universität – Dozenten, Assistenten und wissenschaftliches Personal, Studenten und nicht-wissenschaftliches Personal – waren bis Mitte der 60er Jahre von Entscheidungsprozessen weitgehend ausgeschlossen, auch wenn sie hier und da Vertreter in die Ordinariengremien entsenden durften.

Dieses System der Honoratiorenuniversität erwies sich als ineffektiv, als der quantitative Ausbau der Hochschulen und die Entwicklung der Wissenschaften die Universitäten in Großbetriebe für Forschung und Lehre verwandelten. Als die Zustände an den Universitäten aus diesen quantitativen Gründen und infolge der studentischen Protestaktivitäten teilweise chaotische Formen annahmen und ein zunehmendes Engagement des Staates herausforderten, wurde die Struktur der Selbstverwaltung zu einem zentralen Thema der Reformüberlegungen, an denen sich alle Gruppierungen der Hochschulen, ihre übergeordneten Verbände und schließlich zunehmend auch Parteien, Parlamente und Regierungen beteiligten.

Die Reformüberlegungen richteten sich darauf, die Hochschulen nach dem angelsächsischen Muster der Fachbereichsstruktur wieder in überschaubare Einheiten zu gliedern, die zentrale Verwaltung zu stärken, ihre Leitung durch Präsidenten oder Rektoren mit längerer Amtszeit zu „professionalisieren" und die Entscheidungsprozesse durch die Mitbestimmung aller Gruppen in den universitären Gremien zu demokratisieren.

In der Mitbestimmungsdebatte ging es zunächst darum, auch die Gruppe der nicht-habilitierten wissenschaftlichen Mitarbeiter, die Assistenten bzw. den sogenannten „Mittelbau" und als dritte Gruppe die Studenten an den Entscheidungen mitzubeteiligen. Später wurden als vierte Gruppe die nicht-wissenschaftlichen Hochschulangehörigen, vom Hausmeister bis zum Bibliotheksangehörigen entdeckt. In diesem Zusammenhang wurde der Terminus von der „Gruppenuniversität" geprägt und die Frage der „Paritäten" – Drittelparität oder Viertelparität – wurde im Zusammenhang mit den jeweiligen Abstimmungsmodalitäten ein konfliktreiches hochschulpolitisches Thema.

Ende der 60er Jahre wurden in den einzelnen Bundesländern die ersten Hochschulgesetze vorbereitet, nach deren Vorschriften die Landeshochschulen gehalten waren, ihre Grundordnungen neu zu gestalten. Die Ländergesetze enthielten gerade hinsichtlich der Zusammensetzung und Beteiligung der verschiedenen Gruppen an der Hochschulselbstverwaltung durchaus unterschiedliche Regelungen.

Das „Hochschulurteil" des Bundesverfassungsgerichts von 1973 hat hier gegenüber einigen besonders liberalen Ländergesetzen grundlegende Leitlinien für die Gesetzgeber festgelegt. Danach muß in den unmittelbar wissenschaftsrelevanten Fragen der Forschung und Lehre sowie der Berufung von Hochschullehrern der Gruppe der Professoren in den universitären Entscheidungsgremien die absolute Mehrheit vorbehalten werden[16].

Die Reform der Hochschulverfassungen ist noch im Fluß. Gegenwärtig werden die Hochschulgesetze der Länder, die ihrerseits den gesetzlichen Rahmen für die jeweiligen Grundordnungen der Landeshochschulen bilden, den Vorschriften des Hochschulrahmengesetzes des Bundes angepaßt. Die künftige Struktur der Hochschulverfassung läßt sich jedoch in groben Zügen aus dem Hochschulrahmengesetz ablesen, das eine Reihe von Strukturveränderungen übernimmt, die in den letzten Jahren bereits vorgenommen wurden[17].

Im Hochschulrahmengesetz ist das Prinzip der Gruppenuniversität bestätigt. Aus den Mitgliedern der Hochschule werden vier Gruppen gebildet:
– Die Professoren (Ordinarien und Nicht-Ordinarien)
– Die Studenten
– Die wissenschaftlichen und künstlerischen Mitarbeiter sowie die Hochschulassistenten
– Die sonstigen Mitarbeiter.

Alle Mitgliedergruppen müssen im Fachbereichsrat und in den beiden zentralen Kollegialorganen der Hochschule vertreten sein. Die Festsetzung der Stimmenverhältnisse muß das oben erwähnte Grundsatzurteil des Bundesverfassungsgerichts berücksichtigen.

Die organisatorischen Grundeinheiten der Hochschulen sind die Fachbereiche, die von einem Fachbereichsrat geleitet werden. Vorsitzender des Fachbereichsrates ist ein Professor. In den Fachbereichen werden die Angehörigen eines großen Faches oder mehrerer kleiner verwandter Fächer zusammengefaßt. Der Fachbereich tritt damit an die frühere Stelle der kleineren Lehrstuhl- oder Instituteinheit und der in der Regel größeren Fakultät. Dort wo die verbindende Funktion der früheren Fakultäten mit der neuen Struktur nicht hinreichend erfüllt wird, besteht die Möglichkeit, für bestimmte übergreifende Aufgaben (Prüfungsordnungen, Berufungen etc.) gemeinsame Kommissionen zu bilden.

Die Leitung der Hochschule wird von einem hauptberuflichen Leiter (Präsident oder Rektor) mit mindestens vierjähriger Amtszeit wahrgenommen; sie kann auch durch ein gewähltes Leitungsgremium erfolgen, dem dann aber ein hauptamtliches Mitglied angehören muß.

Für zentrale Aufgaben sind zwei Kollegialorgane vorgesehen. Eines von ihnen (Konzil, Konvent, Großer Senat) entspricht dem „Parlament" der Hochschule. Seine wichtigsten Aufgaben sind die Wahl der Universitätsleitung und die Beschlußfassung über die Grundordnung. Das zweite Kollegialorgan (Senat) ist für die laufenden Geschäfte der Hochschule zuständig. Seine wichtigsten Aufgaben sind Beschlußfassungen über die Entwicklungsplanung und den Haushaltsvoranschlag der Hochschule, die Zahl der aufzunehmenden Studenten, die Einrichtung von Fachbereichen und wissenschaftlichen Einrichtungen, Grundsatzfragen der Forschung und des wissenschaftlichen bzw. künstlerischen Nachwuchses, Prüfungsordnungen sowie Vorschläge für die Berufung von Professoren.

Im Gegensatz zur früheren *dualen* Hochschulverfassung, bei der die akademische und die Wirtschaftsverwaltung deutlich getrennt waren, ist nach dem Hochschulrahmengesetz eine *einheitliche Verwaltung* vorgeschrieben. Dabei führt der Kanzler die Geschäfte der Hochschulverwaltung und wirkt auch bei der Verwaltung der Fachbereiche und der zentralen Einrichtungen mit; insbesondere ist er für den Haushalt zuständig. Seine Funktion hat sich damit vom früheren Kurator als Vertreter der staatlichen Kultusverwaltungen vor Ort, zum Angehörigen der einzelnen Hochschule gewandelt, der diese im Rahmen der gesetzlichen Regelungen gegenüber der Kultusverwaltung vertritt.

Durch das Hochschulrahmengesetz und die jetzt vorgenommene Anpassungsgesetzgebung der Länder, verliert die Selbstverwaltung der Hochschulen an Bedeutung. Zwar sind ihnen eine Reihe von laufenden Verwaltungsaufgaben zugewachsen, dafür werden aber sehr entscheidende Bereiche wie z.B. die Festlegung von Inhalt und Form der Studiengänge künftig stärker der staatlichen Aufsicht unterworfen.

Die in den letzten zehn Jahren in rascher Folge entstandenen gesetzlichen Regelungen von Bund und Ländern für das Hochschulwesen sind ein Anzeichen dafür, daß die Zeit einer „splendid isolation" der Hochschulen vorbei ist. Wie die übergreifenden Aufgaben des Hochschulsystems wahrgenommen werden und welche Koordinations- und Planungsgremien sich hierfür herausgebildet haben, soll in den nächsten Kapiteln gezeigt werden.

2. Zentrale Gremien für Koordination und Planung

2.1 Koordinationsgremien für den dezentralen Wiederaufbau, 1945–1956

Das föderative Staatssystem der Bundesrepublik Deutschland ist unter Wiederanknüpfung an die Traditionen der Weimarer Verfassung als bewußte Reaktion auf die Kompromittierung des Zentralstaates durch die Nationalsozialisten von 1933 bis 1945 entstanden. Insofern gewann das föderative Prinzip für die Bundesrepublik zusätzlich eine „moralische" Qualität, die für das relativ traditionslose Staatsbewußtsein eine wichtige Rolle spielt. Diese spezifisch zeitgeschichtliche Situation und die generelle Tendenz, daß im föderativen Bundesstaat die Einzelstaaten (Länder) im Verlauf des 20. Jahrhunderts aus Sachzwängen Schritt für Schritt Kompetenzen an zentrale Instanzen auf Bundesebene verlieren, machte den kulturellen Bereich zum hervorgehobenen Kernstück der Eigenstaatlichkeit der Länder.

Hiermit verbindet sich die Vorstellung, daß der Kulturföderalismus in besonderer Weise Werte einer demokratischen Staatsform sichern könne. Dies bezieht sich u.a. auf die Wahrung der historisch und regional begründeten kulturellen Vielfalt, den positiven Wettbewerb von kulturpolitischen Konzepten zwischen den einzelnen Ländern, die Bewahrung vor ideologischer Einseitigkeit und Nivellierung der pädagogischen Landschaft und die stärkere Bürger- und Praxisnähe der Verwaltung. Vor diesem Hintergrund der Erfahrung mit der Diktatur des Zentralstaates und des Vertrauens in die positiven Chancen des Kulturföderalismus erklärt sich die nachdrückliche Betonung der Kulturhoheit der Bundesländer und die empfindlichen Reaktionen auf zentralisierende Tendenzen.

Den Ländern wurde daher im Grundgesetz (GG) von 1949 die generelle Zuständigkeit für alle staatlichen Belange (Art. 30 GG), insbesondere im kulturellen Bereich zugesprochen. Der Bund erhielt nur ein Minimum an kulturellen Kompetenzen in Bereichen, für die eine gesamtstaatliche Ordnung erforderlich schien:

– die kulturellen *Beziehungen zu auswärtigen Staaten* (Art. 32, Abs. 1 GG);
– das Gesetzgebungsrecht des Bundes über die Förderung der *wissenschaftlichen Forschung* (Art. 74, Nr. 13 GG);
– die Rahmengesetzgebung über allgemeine Rechtsverhältnisse der *Presse und des Films* (Art. 75, Nr. 2 GG).

Das Prinzip des Kulturföderalismus findet jedoch seine Begrenzung in der ebenfalls verfassungsmäßig vorgeschriebenen Norm über die Wahrung der Einheitlichkeit der Lebensverhältnisse in allen Teilen der Bundesrepublik (Art. 72, Abs. 2, Nr. 3 GG). Die Vereinbarung dieser konträren Prinzipien sollte sich später als grundlegendes Dilemma bei der Entfaltung des Kulturföderalismus erweisen.

Entsprechend dem kulturföderalistischen Prinzip hat sich das Bildungswesen nach dem Krieg für lange Zeit ohne jegliche Einwirkung des Bundes entwickelt. Soweit überregionale Abstimmung notwendig wurde, erfolgte diese auf Länderebene im Rahmen der Kultusministerkonferenz und in Belangen der Universitäten auch auf Hochschulebene im Rahmen der Westdeutschen Rektorenkonferenz.

– Kultusministerkonferenz

Anfang 1948 fanden sich aufgrund ihres verbindenden Interesses die Erziehungsminister der deutschen Länder zur ersten gemeinsamen „Konferenz der Deutschen Erziehungsminister" in Stuttgart-Hohenheim zusammen. Auf ihrer zweiten Sitzung – nach Beginn der Berliner Blockade und damit nun ohne ihre Kollegen aus den Ländern der sowjetischen Besatzungszone – wurde beschlossen, als freiwillige Arbeitsgemeinschaft eine *Ständige Konferenz der Kultusminister der Länder in der Bundesrepublik Deutschland* (KMK) zu schaffen. Der KMK gehören die Kultusminister der elf Länder an[1]. Bei Abstimmungen hat jedes Land eine Stimme und für Beschlußfassung ist Einstimmigkeit erforderlich. Selbst solche einstimmigen Beschlüsse stellen jedoch nur Empfehlungen an die Länder dar, die in ihren bildungspolitischen Entscheidungen prinzipiell frei sind.

Die Gründung der KMK erfolgte ganz sicher nicht aus dem Wunsch nach einer zentralen Planungsinstanz, sondern aus Interesse an einer Kommunikationsinstanz für die Länderkultusminister und ihre gemeinsame Interessenvertretung, nicht zuletzt gegenüber dem Bund. In der Geschäftsordnung wird die Funktion der KMK dahingehend beschrieben, „Angelegenheiten der Kulturpolitik von überregionaler Bedeutung mit dem Ziel einer gemeinsamen Willensbildung und der Vertretung gemeinsamer Anliegen" zu behandeln[2].

Bereits 1948 wurde von der KMK als ständiger Ausschuß der *Hochschulausschuß* eingesetzt. Dabei kam der Koordinierungsaufgabe gerade in diesem Bereich zunächst die traditionelle Einheitlichkeit der deutschen Universitäten entgegen. Die eigentliche Koordinierungsaufgabe im Bereich des Hochschulwesens setzte 1955 mit der Erarbeitung von Rahmenprüfungsordnungen ein und erreichte erst im Zusammenhang mit dem Anwachsen der Studentenzahlen und in Wechselwirkung mit den später eingerichteten konkurrierenden, überregionalen Planungsgremien verstärkte Bedeutung. Das Schwergewicht der Aufgabenstellung der KMK bezog sich in der ersten Phase vor allem auf die von der historischen Eigenstaatlichkeit der Länder stärker geprägte Heterogenität des Schulwesens, oft als „Schulchaos" apostrophiert, das mit dem „Düsseldorfer Abkommen" (1955) zur Vereinheitlichung des Schulwesens wesentlich eingedämmt wurde.

Kaum ein Jahr nach der Gründung der KMK beantragte die Bundestagsfraktion der Freien Demokratischen Partei (FDP) – die Partei, die in späteren Jahrzehnten sogar hin und wieder mit dem Gedanken an ein Bundes-Kultusministerium spielte – einen Bundestagsausschuß für Kulturpolitik. Vor dem Hintergrund einer auseinanderstrebenden Schulpraxis im Primar- und Sekundarbereich der Länder und der daraus folgenden Einschränkung der Freizügigkeit sowie der fehlenden parlamentarischen Instanz für Angelegenheiten der kulturellen Außenvertretung der Bundesrepublik erhielt dieser Antrag eine Mehrheit (entgegen den Argumenten der Bayern Partei (BP) und der Christlich Sozialen Union (CSU).

Drei Wochen nach diesem Bundestagsbeschluß reagierten die Kultusminister der Länder in einem Beschluß zu Bernkastel (18.10.1949) mit einem deutlichen Zeichen, das noch heute an prominenter Stelle des KMK-Handbuches zitiert wird:

„Die Ständige Konferenz der Kultusminister ist davon überzeugt, daß die totalitäre und zentralistische Kulturpolitik der jüngsten Vergangenheit die verhängnisvolle Verwirrung und Knechtung des Geistes und die Anfälligkeit vieler Deutscher gegenüber dem Ungeist mitverschuldet hat. Sie sieht deshalb in der Verpflichtung und Gebundenheit an die landsmannschaftliche und geschichtlich gewordene Eigenständigkeit sowie an die Mannigfaltigkeit der sozialen Gegebenheiten die Gewähr für die innere Gesundung des deutschen Volkes und für das organische Wachstum einer von ihm selbst getragenen Kultur . . . Die Ständige Konferenz der Kultusminister wird daher darauf hinwirken, daß die Kulturhoheit der Länder bei allen Maßnahmen der Bundesorgane und der Bundesbehörden gewahrt bleibt und darüber wachen, daß ihre kulturpolitische Arbeit keine Einschränkung erfährt."[3]

– Westdeutsche Rektorenkonferenz

Als akademisches Pendant zum länderstaatlichen Kommunikationsgremium wurde 1949 die Westdeutsche Rektorenkonferenz (WRK) gegründet. In der WRK sind alle wissenschaftlichen Hochschulen Mitglieder, die das Habilitations- und Promotionsrecht haben. Dies waren zunächst etwa 25 Universitäten und Technische Hochschulen sowie einige Theologische Hochschulen. Anfang der 70er Jahre wurde die Aufnahme aller Hochschulen des tertiären Bildungsbereiches in die WRK ermöglicht. Bis 1977 sind damit 157 Hochschulen Mitglied geworden. Die Stimmberechtigung ist nach Hochschularten unterschiedlich geregelt und sichert den wissenschaftlichen Hochschulen mit Promotionsrecht in allen Organen die Mehrheit. Tabelle 3 gibt über die Anzahl der Mitglieder und die Stimmverhältnisse Aufschluß.

Tabelle 3: Die Mitglieder der Westdeutschen Rektorenkonferenz, 1977[4]

Gruppe	Anzahl	Stimmberechtigungen im Senat	im Plenum
1. Universitäten, Technische Hochschulen, Pädagogische Hochschulen, Gesamthochschulen mit Promotionsrecht	64	19	64
2. Pädagogische Hochschulen ohne Promotionsrecht	11	1	2
3. Fachhochschulen	57	3	11
4. Kunst- und Musikhochschulen	16	1	2
5. Philosophisch-Theologische und Kirchliche Hochschulen	6	1	2
6. Sonstige Hochschulen	3	1	1
Insgesamt	157	26	82

Nach der „Ordnung der WRK" wirken „die Mitgliedshochschulen zur Erfüllung ihrer Aufgaben in Forschung, Lehre und Studium ständig zusammen und nehmen ihre gemeinsamen Belange wahr", eine Zielsetzung, die in dieser generellen Formulierung der der KMK sehr ähnlich ist. Die Beschlüsse der WRK werden mit einfacher Mehrheit gefaßt und stellen lediglich Empfehlungen an die Mitgliedshochschulen dar.

Die Tätigkeit der WRK hat insbesondere zum Ziel:

– eine gemeinsame Lösung der die Hochschulen betreffenden Probleme zu bewirken;
– der Öffentlichkeit die Aufgaben, Notwendigkeiten, Bedürfnisse der Hochschulen und die ihnen eigentümlichen Arbeitsbedingungen darzustellen;
– die verantwortlichen politischen Entscheidungsträger in Legislative und Exekutive durch Empfehlungen zu beraten;
– die hochschulpolitischen Entwicklungen zu beobachten, zu dokumentieren und darüber den Mitgliedshochschulen zu berichten;
– die Zusammenarbeit mit den staatlichen Instanzen, mit den anderen Wissen-

schaftsorganisationen und mit bildungs- und hochschulpolitischen Verbänden und Gremien zu pflegen;
- ihre Mitglieder in internationalen und supranationalen Organisationen und Einrichtungen zu vertreten;
- die Zusammenarbeit mit den Rektorenkonferenzen oder gleichartigen Einrichtungen anderer Länder zu sichern.[5]

Die Empfehlungen der WRK zu hochschulpolitischen Themen werden als Meinungsbild der Hochschulen von der Öffentlichkeit und den einschlägigen Planungsinstanzen mit Aufmerksamkeit verfolgt und die WRK wird von Fall zu Fall aus ihrem Arbeitsbereich heraus beratend tätig. Als Beispiel für besonders wichtige Erklärungen sind die „Godesberger Rektorenerklärung zur Hochschulreform" von 1968 sowie die „Alternativ-Thesen zum Hochschulrahmengesetz" von 1970 hervorzuheben.

Um eine größere hochschulpolitische Wirkung erreichen zu können, hatte die WRK bei der Diskussion des ersten Referentenentwurfs zum Hochschulrahmengesetz (1.7.70) vorgeschlagen, einer „Bundeshochschulkonferenz" gesetzlich legitimierte Planungsfunktionen auf Bundesebene zuzuweisen. In ihren Alternativ-Thesen zu den „Thesen für ein Hochschulrahmengesetz" hatte die WRK im Mai 1970 eine solche Mitwirkung im Planungsprozeß u.a. so begründet: „Angesichts der sich entwickelnden Machtverlagerung von den Parlamenten auf die Exekutive hält die Westdeutsche Rektorenkonferenz die Alternativplanung durch eine Hochschulplanungsorganisation für ein notwendiges Korrektiv gegenüber der Exekutive."[6] Eine solche Mitwirkung ist im weiteren Verlauf der Ausarbeitung des Hochschulrahmengesetzes jedoch nicht berücksichtigt worden.

Dieser Vorgang beleuchtet ausschnitthaft die problematischen Gewichtsverlagerungen zwischen Hochschulbereich, Exekutive und Legislative, die mit einer gewissen Zwangsläufigkeit aus der schrittweisen Etablierung eines Planungssystems folgen, bei dem die nicht beteiligten Institutionen Informationsrückstand und Machtverlust befürchten müssen.

Am Rande sei erwähnt, daß kurz nach der WRK-Gründung noch zwei weitere überregionale Institutionen der akademischen Selbstverwaltung gegründet wurden, die an alte Traditionen anknüpfen: der Deutsche Akademische Austauschdienst, 1950 und die Deutsche Forschungsgemeinschaft, 1951. Im Deutschen Akademischen Austauschdienst (DAAD) sind die wissenschaftlichen Hochschulen durch ihre Rektoren und Studentenschaften vertreten. Über den DAAD wickelt sich der größte Teil des aus öffentlichen Mitteln geförderten akademischen Austausches der Hochschulen mit dem Ausland ab. 1977 waren rund 7900 ausländische Studenten

34

und Wissenschaftler sowie 4500 deutsche Studenten, Lektoren und Wissenschaftler an den verschiedenen Programmen beteiligt[7].

Die Deutsche Forschungsgemeinschaft (DFG) wird von den wissenschaftlichen Hochschulen, den Akademien der Wissenschaften und von wichtigen wissenschaftlichen Gesellschaften getragen (Max-Planck-Gesellschaft etc.). Die DFG ist die entscheidende Finanzierungsinstitution für die Forschung an den Hochschulen geworden. Sie ergänzt die von den Ländern etatisierten Forschungsmittel der Hochschulen in erheblichem Maße. Da die DFG eine zentrale Selbstverwaltungsinstitution der Wissenschaft darstellt, ergibt sich für die Forschung an den Hochschulen auf der Grundlage einer vorwiegend von den Kultusverwaltungen getragenen dezentralen Basisfinanzierung eine von der akademischen Selbstverwaltung zentral gesteuerte Ergänzungsfinanzierung[8]. (Zur Funktion der DFG für die Hochschulforschung vgl. Kap. 6.3).

Im ersten Jahrzehnt nach dem zweiten Weltkrieg, das wir als Wiederaufbauphase des Hochschulsystems bezeichnen, entwickelten sich die Hochschulen und das Hochschulwesen der Länder praktisch ohne eine überregionale zentrale Planungskonzeption. Die Funktion der beiden zentralen Koordinationsinstitutionen, der Kultusministerkonferenz und der Westdeutschen Rektorenkonferenz, lag primär in ihrer Eigenschaft als Kommunikationsforum und Interessenvertretung ihrer Mitglieder.

2.2 Die überregionalen Konzepte des Wissenschaftsrates und das zunehmende Engagement des Bundes, 1957–1969[9]

Erst nach dem Erreichen des Status quo ante, als die einzelnen Hochschulen in Anlehnung an alte Traditionen wieder funktionsfähig geworden waren, begann der Wissenschaftsbereich als Ganzes an öffentlichem Interesse zu gewinnen. Dieses richtete sich zunächst eher auf den Forschungsbereich und seine internationale Konkurrenzfähigkeit als auf das sich abzeichnende überproportionale Wachstum der Studentenzahlen.

Die Finanzierung der Universitätsforschung, aber auch die Förderung überregionaler Forschungseinrichtungen, allen voran der Deutschen Forschungsgemeinschaft und der Max-Planck-Gesellschaft mit ihren eigenen Instituten, war gemäß dem 1949 zwischen den Ländern getroffenen *Königsteiner Abkommen* über die Finanzierung wissenschaftlicher Forschungseinrichtungen grundsätzlich Aufgabe der Länder. Seit 1956 hatte sich der Bund an der Finanzierung der Forschungseinrichtungen wie auch des

Hochschulausbaues beteiligt. Die großen Wirtschaftsunternehmen bauten ihre eigenen Forschungsabteilungen oftmals mit Unterstützung öffentlicher Mittel aus. Verschiedene Bundes- und Länderministerien initiierten ihre eigene Ressortforschung. Als sich die Aufgaben der Atom- und Weltraumforschung in ihren technischen, finanziellen und politischen Dimensionen deutlicher abzeichneten, führte die Entwicklung zwangsläufig zur Etablierung eines Ministeriums auf Bundesebene. Aus dem 1955 gegründeten Bundesministerium für Atomfragen entstand über einige Zwischenstufen 1969 das heutige Bundesministerium für Bildung und Wissenschaft (BMBW), von dem 1972 das Bundesministerium für Forschung und Technologie (BMFT) abgetrennt wurde.

In dieser Situation forschungspolitischen Wildwuchses bei günstiger Vermögensentwicklung des Bundes – im sogenannten „Juliusturm" des Bundesfinanzministers wuchsen die Finanzreserven an – setzte sich die Forderung nach einem langfristigen Plan für die Wissenschaft durch, dessen Erarbeitung und kontinuierliche Weiterentwicklung durch die Gründung einer zentralen Institution, dem Wissenschaftsrat, gewährleistet werden sollte[10].

Vier Gruppen waren als „Lobby" aktiv an der Entstehung des Wissenschaftsrates beteiligt, der 1957 durch ein Verwaltungsabkommen zwischen Bund und Ländern errichtet wurde: Bund, Länder (KMK), Politiker aller Parteien und vor allem die deutschen Wissenschaftler, vertreten insbesondere durch ihre wichtigen Selbstverwaltungsorganisationen, „die heilige Allianz" der Deutschen Forschungsgemeinschaft, der Westdeutschen Rektorenkonferenz und der Max-Planck-Gesellschaft.

Mit dem Wissenschaftsrat wurde das erste zentrale Gremium geschaffen, in dem Bund und Länder als solche zusammenwirken; zugleich wurde die Kooperation zwischen Staat und Wissenschaft institutionalisiert. Welcher Stellenwert der Errichtung des Wissenschaftsrates beigemessen wurde, läßt sich daraus ersehen, daß die wissenschaftlichen Mitglieder vom Bundespräsidenten berufen werden und die Einladung zur ersten Sitzung durch den Bundespräsidenten erfolgte. Dabei mag auch mitgespielt haben, daß die Länder ein Übergewicht des Bundes vermeiden wollten und der Einladung durch die übergeordnete Autorität des Bundespräsidenten gegenüber der Einberufung durch eine Bundesbehörde der Vorzug gegeben wurde – ein Indiz dafür, wie prekär sich die Institutionalisierung der Zusammenarbeit zwischen Bund und Ländern vor dem Hintergrund des Kulturföderalismus gestaltete.

Der Wissenschaftsrat hat 39 Mitglieder, die in zwei Kommissionen, der Verwaltungskommission und der Wissenschaftskommission, zusammenwirken. Die Verwaltungskommission setzt sich aus den Vertretern der elf Länder (in der Regel die Kultusminister) und sechs Vertretern des Bundes (mit elf Stimmen) zusammen. Die Wissenschaftskommission setzt sich zusammen aus 16 Wissenschaftlern, die auf gemeinsamen Vorschlag der Westdeutschen Rektorenkonferenz, der Deutschen Forschungsgemeinschaft und der Max-Planck-Gesellschaft berufen werden und aus sechs Persönlichkeiten des öffentlichen Lebens, die auf gemeinsamen Vorschlag von Bund und Ländern berufen werden. Die Arbeitsteilung zwischen den Kommissionen wird häufig so charakterisiert, daß die Wissenschaftskommission für das Wünschbare, die Verwaltungskommission für das Mögliche zuständig sei; de facto kann man jedoch sagen, daß sich die Verwaltungsseite auch an der konzeptionellen Planung voll beteiligt. Den Vorsitz des Wissenschaftsrates hat bisher stets ein Wissenschaftler innegehabt. Die Beschlüsse in den Kommissionen und in der gemeinsamen Vollversammlung bedürfen der Zweidrittelmehrheit[11].

Der Wissenschaftsrat beschließt lediglich Empfehlungen, die formal gesehen Bund und Ländern gegenüber unverbindlich sind. Jedoch haben diese Empfehlungen praktisch eine große Wirkung ausgeübt. Dies ist auf die Zusammensetzung des Wissenschaftsrates zurückzuführen, an dessen Beschlußfassung die Vertreter der beratenen Instanzen von Bund und Ländern bereits selbst aktiv beteiligt sind.

Als Aufgaben des Wissenschaftsrates wurden festgelegt:

1. Auf der Grundlage der von Bund und Ländern im Rahmen ihrer Zuständigkeit aufgestellten Pläne einen Gesamtplan für die Förderung der Wissenschaften zu erarbeiten und hierbei die Pläne des Bundes und der Länder aufeinander abzustimmen. Hierbei sind die Schwerpunkte und Dringlichkeiten zu bezeichnen.
2. Jährlich ein Dringlichkeitsprogramm aufzustellen.
3. Empfehlungen für die Verwendung derjenigen Mittel zu geben, die in den Haushaltsplänen des Bundes und der Länder für die Förderung der Wissenschaft verfügbar sind.[12]

Entgegen dem Gründungsauftrag hat der Wissenschaftsrat bis heute keinen Gesamtplan für die Förderung der Wissenschaft erarbeitet und konnte dies wohl auch nicht, weil – wie schon der erste Vorsitzende betonte – er keine Förderungspläne von Bund und Ländern vorgefunden hat, die er zu einem Gesamtplan hätte vereinigen können[13]. Vielmehr richtete der Wissenschaftsrat sehr bald sein Hauptinteresse auf den Ausbau und die Weiterentwicklung des Hochschulsystems. Dabei konnte er sich weder auf besonders hilfreiche statistische Daten oder bildungswissenschaftliche Vorarbeiten noch auf bildungspolitische Planungskonzepte stützen. Daher stellen die Arbeiten des Wissenschaftsrates in mehrerer Hinsicht Pionierleistungen dar.

In den zwei Jahrzehnten seines Wirkens hat der Wissenschaftsrat eine Fülle von Empfehlungen zur Gesamtkonzeption und zu Teilproblemen des Hochschulsystems erarbeitet und beschlossen. Beispielhaft sind besonders die folgenden Empfehlungen hervorzuheben:

- Empfehlungen zum Ausbau der wissenschaftlichen Einrichtungen, Teil I–III (1960–65).
- Anregungen zur Gestalt neuer Hochschulen (1962).
- Empfehlungen zur Neuordnung des Studiums an den wissenschaftlichen Hochschulen (1966).
- Empfehlungen zum Ausbau der wissenschaftlichen Hochschulen bis 1970 (1967).
- Empfehlungen zur Struktur und zum Ausbau des Bildungswesens im Hochschulbereich nach 1970 (1970).
- Empfehlungen des Wissenschaftsrates zur Organisation, Planung und Förderung der Forschung (1975).
- Empfehlungen zu Umfang und Struktur des Tertiären Bereichs (1976).

Die Einrichtung des Wissenschaftsrates und die Bundeszuschüsse für Forschung und Hochschulausbau waren nur kleine Schritte bei der langsamen aber steten Zunahme zentralistischer Tendenzen im kulturellen Bereich, die den Vorstellungen strenger Föderalisten zuwiderlief. An der Kontroverse über die Verfassungsmäßigkeit einer vom Bund gegründeten Fernsehanstalt und ihrer Behandlung vor dem Bundesverfassungsgericht traten diese Fronten anfang der 60er Jahre deutlich zu Tage.

Das Bundesverfassungsgericht selbst rügte die mangelnde Länderfreundlichkeit des Bundes und unterstrich nachdrücklich die Kulturhoheit der Länder. In der Urteilsbegründung heißt es u.a.:

„Soweit kulturelle Angelegenheiten überhaupt staatlich verwaltet und geregelt werden können, fallen sie (aber) nach der Grundentscheidung des Grundgesetzes (Art. 30, 70 ff., 83 ff. GG) in den Bereich der Länder, soweit nicht besondere Bestimmungen des Grundgesetzes Begrenzungen oder Ausnahmen zugunsten des Bundes vorsehen. Diese Grundentscheidung der Verfassung, die nicht zuletzt eine Entscheidung zugunsten des föderalistischen Staatsaufbaues im Interesse einer wirksamen Teilung der Gewalten ist, verbietet es gerade im Bereich kultureller Angelegenheiten ohne eine hinreichend deutliche grundgesetzliche Ausnahmeregelung anzunehmen, der Bund sei zuständig."[14]

Drei Wochen nach diesem Urteil forderte die Kultusministerkonferenz „daß keine neuen kulturpolitischen Ansätze im Bundeshaushalt ausgebracht und daß deren Abbau in dem Maße erfolgt, in dem die Länder mit den entsprechenden Mitteln für diese Zwecke ausgestattet werden"[15].

Dieser Wunsch nach einer Reduktion des Bundesengagements blieb folgenlos, im Gegenteil die 60er Jahre führten zu quantitativen und qualitativen Problemen des Bildungswesens als Ganzem und des Hochschulsystems im besonderen, die eine Verstärkung der Mitwirkung des Bundes herausforderten. Quantitativ lassen sich die Veränderungen zwischen 1960 und 1970 durch die Zunahme der Studenten von rd. 300 000 auf 500 000 kennzeichnen und eine Zunahme der Ausgaben für Hochschulen und Forschungsförderung von jährlich ca. 2 Mrd. auf 8 Mrd. DM[16].

Die kulturpolitischen Aufwendungen des Bundes wurden in diesem Zeitraum keineswegs „abgebaut", sondern erhöhten sich schon allein im Hinblick auf die Hochschulen und die Forschungsförderung von ca. 151 Millionen im Jahr 1960 auf 1,5 Milliarden im Jahr 1970[17]. Mit diesen Aufwendungen beteiligte sich der Bund vor allem am Hochschulausbau, der Forschungsförderung und der Ausbildungsförderung (Stipendien). Diese Praxis wurde 1964 durch ein Verwaltungsabkommen zwischen Bund und Ländern auf eine vertragliche Grundlage gestellt, da die Länder die wachsenden finanziellen Anforderungen vor allem im nun schneller expandierenden Wissenschafts- bzw. Hochschulbereich nicht mehr allein tragen konnten.

1964, im gleichen Jahr als der Bund infolge des Verwaltungsabkommens – eigentlich etwas außerhalb der Legalität des Grundgesetzes – einen deutlichen Schritt ins Hochschulsystem tut, fordert der Bundestag von der Bundesregierung einen Bericht über den Stand und die Maßnahmen auf dem Gebiet der Ausbildungsförderung und der Bildungsplanung. Nach fast dreijähriger Bearbeitung der in dieser Materie natürlicherweise ungeübten Bundesverwaltung und bei möglicherweise erschwerenden Koordinationsproblemen zwischen den 12 Partnern, legen der Bundeskanzler und die Konferenz der elf Kultusminister im Oktober 1967 den *Bericht über den Stand der Maßnahmen auf dem Gebiet der Bildungsplanung* vor.

Der 500 Seiten starke Band enthält einen Bericht des Bundes, der „die wirtschaftliche und gesellschaftliche Gesamtentwicklung und ihre Bedeutung für das Bildungswesen in den Vordergrund zu rücken" versucht, und einen Länderteil mit einem Vorspann über die Zusammenarbeit sowie elf getrennte Länderberichte „. . . da trotz zunehmender Vereinheitlichung die Eigenarten in der Entwicklung jedes einzelnen Landes plastisch werden sollten".

Im Bericht der Bundesregierung finden sich bereits die meisten Argumente für die zwei Jahre später erreichte Grundgesetzänderung zugunsten einer Zuständigkeitserweiterung für den Bund. Unter anderem heißt es:

„Bei der endgültigen Klärung dessen, was unter Bildungsplanung zu verstehen ist, sollte der föderative Aufbau der Bundesrepublik Anlaß zu zusätzlichen Überlegungen geben, insbesondere darüber, wie die Beteiligten zu einer Planung im Bereich des Bildungswesens – über das bisherige Zusammenwirken hinaus – am wirksamsten beitragen können."[18]

Stellvertretend für die abschließenden Stellungnahmen der Länder seien die Ausführungen Baden-Württembergs zitiert, die deutlich das Spannungsfeld bezeichnen, in dem sich überregionale Bildungsplanung im föderativen Bundesstaat einrichten muß.

„Die bisherigen Erfahrungen auf dem Gebiet der Bildungsplanung zeigen, daß der ‚Kulturföderalismus' ein bewährtes Mittel ist, Planung vor der Gefahr des Dirigismus zu bewahren. Allerdings zeigen sie auch, daß die bloße planerische ‚Binnenbetrachtung' der einzelnen Bundesländer nicht ausreicht. Die Bildungsplanung eines Landes bedarf der überregionalen und internationalen Ergänzung, soll sie imstande sein, die ihr von der modernen Welt gestellten Aufgaben zu erfüllen."[19]

Aus der heutigen Perspektive der Hochschulen ist freilich fraglich, ob eine zentrale Planung auf Landesebene weniger Gefahr birgt, dirigistische Züge anzunehmen als eine Planung auf Bundesebene.

2.3 Der kooperative Kulturföderalismus von Bund und Ländern seit 1970

Der Bericht zur Bildungsplanung an den Bundestag gibt deutliche Hinweise auf die Notwendigkeit zu einer zentralstaatlichen Planung in Ergänzung zu den dezentralen Planungen der Länder. Gleichzeitig signalisiert diese Bundestagsdrucksache das wachsende Engagement des Bundestages an einer gesamtstaatlichen Bildungspolitik und -konzeption. Damit nähert sich eine Periode weitgehend dezentraler Hochschulpolitik dem Ende.

In diesem Zusammenhang stellt sich die Frage, ob es angesichts der mannigfachen Vorzüge des Kulturföderalismus seinen Befürwortern bzw. den Ländern nicht hätte gelingen können, die verfahrenstechnischen und verfassungsrechtlichen Schwierigkeiten zu meistern, die zentralen Entscheidungsverfahren durch dezentral legitimierte Länderrepräsentanten entgegenstehen, und den Erfordernissen gesamtstaatlicher Planung auch ohne Beteiligung des Bundes zu genügen. Angesichts des wachsenden Finanzbedarfs, insbesondere für den Hochschulbau, wäre eine materielle Voraussetzung für die Erhaltung und Stärkung der föderativen Gesamtplanung eine Steuerumverteilung zugunsten der Länder gewesen. Es muß dahingestellt bleiben, ob bei einem noch so überzeugenden Konzept das Bundesparlament zu einem solchen Einnahme- und damit auch Einflußverzicht bereit gewesen wäre.

Bei dem Wunsch nach einer Verstärkung der Bundeskompetenz spielte die verfassungsmäßig geforderte gesellschaftspolitische Maxime zur Wahrung der Einheitlichkeit der Lebensverhältnisse in allen Teilen des Bundesgebietes eine wichtige Rolle[20]. Dieser Gesichtspunkt steht generell unter einer zentralistischen Beurteilungsperspektive im Gegensatz zum Ausgangspunkt des Kulturföderalismus mit seinem Interesse an der Wahrung der Vielfalt.

Dieser Zusammenhang war schon seit 1964 Gegenstand einer Sachverständigenkommission zur Vorbereitung einer Finanzreform, die den Auftrag hatte, die Verteilung des Steueraufkommens zwischen Bund, Ländern und Gemeinden mit den sachlichen Zuständigkeiten, deren Proportionen sich im Laufe der Zeit unterschiedlich verschoben hatten, wieder in Einklang zu bringen[21]. Diese Kommission hatte den Vorschlag gemacht, den Bund an solchen Aufgaben der Länder zu beteiligen, die für die Allgemeinheit bedeutsam sind, und bei denen die Mitwirkung des Bundes für die Entwicklung gleicher Lebensverhältnisse notwendig ist. Diese Aufgaben wurden als „Gemeinschaftsaufgaben" bezeichnet.

Diesem Vorschlag folgend wurde 1969 durch das Finanzreformgesetz das Grundgesetz durch die Einrichtung der *Gemeinschaftsaufgaben* von Bund und Ländern erweitert[22].

Neben Maßnahmen zur Verbesserung der regionalen Wirtschafts- und Agrarstruktur und des Küstenschutzes beziehen sich die Gemeinschaftsaufgaben in besonderem Maße auf den Bereich von Bildung und Wissenschaft:

– den Ausbau und Neubau von Hochschulen, für die eine gesetzlich zu regelnde gemeinsame Rahmenplanung vorgesehen wurde (vgl. Art. 91a GG);
– die Möglichkeit, aufgrund von Vereinbarungen, bei der Bildungsplanung und bei der Förderung von Einrichtungen und Vorhaben der wissenschaftlichen Forschung von überregionaler Bedeutung zusammenzuwirken (vgl. Art. 91b GG).

Gleichzeitig erhielt der Bund im Rahmen der konkurrierenden Gesetzgebung das Recht

– Rahmenvorschriften über die allgemeinen Grundsätze des Hochschulwesens zu erlassen (vgl. Art. 75, Nr. 1a GG).

Die Grundgesetzänderung stellt einen Kompromiß dar, der den Föderalisten in den Ländern zu weit ging, und den Zentralisten auf Bundesebene ungenügend erschien. Er war das Werk der Großen Koalition zwischen

CDU/CSU und SPD und bot der im Herbst 1969 antretenden Koalition zwischen SPD und FDP bei allem Ungenügen die Chance zu einem jungfräulichen Start in die Bildungs- und speziell Hochschulpolitik, von großen Hoffnungen und viel Skepsis begleitet.

Das herausragende Engagement des Bundes für die neu gewonnenen Zuständigkeiten kennzeichnet die programmatische Feststellung des Bundeskanzlers in seiner Regierungserklärung von 1969: „Bildung und Ausbildung, Wissenschaft und Forschung stehen an der Spitze der Reformen, die es bei uns vorzunehmen gilt."

Mit der Grundgesetzänderung wurde die Basis für eine Beteiligung des Bundes an den Aufgaben der Bildungsplanung und eine Mitverantwortung, insbesondere für den Hochschulbau, geschaffen, die zuvor auf die Mitwirkung an den Planungsempfehlungen des Wissenschaftsrates beschränkt gewesen war. Die Grundgesetzänderung markiert offiziell die Abkehr vom Prinzip des reinen Kulturföderalismus. Für die neue Form des Zusammenwirkens von Bund und Ländern wurde die Formel des *kooperativen Kulturföderalismus* geprägt.

Für die Wahrnehmung der Zuständigkeiten, die der Bund im Rahmen des kooperativen Kulturföderalismus für das Bildungswesen erhalten hat, wurde 1969 das bisherige Bundesministerium für wissenschaftliche Forschung (BMwF) zum Bundesministerium für Bildung und Wissenschaft (BMBW) erweitert, von dem 1972 das Bundesministerium für Forschung und Technologie (BMFT) abgetrennt wurde. Das BMBW nimmt die Bundeskompetenzen im Sinne einer Stabsstelle wahr. Bereits 1970 legte das BMBW den *Bildungsbericht '70* als bildungspolitisches Programm der Regierung vor, das – vom Reformenthusiasmus und der günstigen Haushaltslage geprägt – auch für das Hochschulwesen, ein weitgehendes expansives Konzept enthält. Im Verlauf der nachfolgenden praktischen Zusammenarbeit zwischen Bund und Ländern und den für die Finanzierung zuständigen Bundes- und Landesministern hat dieses Programm manche Abstriche erfahren. Im Hinblick auf den „Bildungsbericht '70" mußte sich der Bund von seinen neuen Partnern sagen lassen, daß ein solches Konzept im Prinzip zwar begrüßenswert sei, die Länder es aber nicht unbedenklich finden, daß die Bundesregierung ein umfassendes und detailliertes Programm allein und nicht gemeinsam mit den Ländern vorlegt, denn trotz der Grundgesetzänderung bleibt die wesentliche Kompetenz der Länder für das Bildungswesen voll erhalten[23].

Zum Abschluß der Darstellung über die Entwicklung zentraler Koordinations- und Planungsgremien im föderativen System der BRD soll gezeigt werden, in welcher Weise die oben genannten, im Grundgesetz neu formulierten Aufgaben institutionalisiert wurden.

– Gemeinschaftsaufgabe Hochschulbau
Für die Institutionalisierung der Gemeinschaftsaufgabe Hochschulbau trat 1969 das Hochschulbauförderungsgesetz (HBFG) in Kraft, mit dem der *Planungsausschuß für den Hochschulbau* geschaffen wurde[24]. Dem Planungsausschuß gehören auf der Seite des Bundes der Bundesminister für Bildung und Wissenschaft (Vorsitz) und der Bundesminister für Finanzen an sowie ein Minister jedes Landes, in der Regel der Kultusminister. Bund und Länder haben je 11 Stimmen. Beschlüsse werden mit Dreiviertelmehrheit gefaßt. Der Planungsausschuß faßt Beschlüsse, die für die Regierungen von Bund und Ländern insoweit verbindlich sind, als sie in den jährlichen Haushaltsentwurf aufgenommen werden müssen. Das endgültige Entscheidungsrecht liegt jedoch bei den Parlamenten, die den Haushaltsentwurf bewilligen müssen und das Haushaltsgesetz verabschieden, so daß die gemeinsame Rahmenplanung der Exekutiven von Bund und Ländern durch ihre legislativen Gremien desavouiert werden kann.

– Gemeinschaftsaufgabe Bildungsplanung und Forschungsförderung
Für die Gemeinschaftsaufgabe Bildungsplanung und Forschungsförderung wurde 1970 durch ein Verwaltungsabkommen zwischen Bund und Ländern die *Bund-Länder-Kommission für Bildungsplanung (BLK)* errichtet[25]. Der Aufgabenbereich der Kommission bezieht sich nicht nur auf das Hochschulsystem, sondern auf den gesamten Bildungsbereich. Im Vordergrund der Kommissionsarbeit steht die Entwicklung eines langfristigen Rahmenplanes für das gesamte Bildungswesen und entsprechende Stufenpläne sowie die Aufstellung eines gemeinsamen Bildungsbudgets. Der Aufgabenbereich wurde 1971 durch eine Rahmenvereinbarung über die koordinierte Durchführung von Modellversuchen im Bildungswesen ergänzt.

Der BLK gehören sieben Mitglieder seitens der Bundesregierung (mit 11 Stimmen) und je ein Vertreter der elf Länderregierungen, in der Regel die jeweiligen Kultusminister an (11 Stimmen). Obwohl die BLK auf Regierungsebene von Bund und Ländern angesiedelt ist, ist sie – im Gegensatz zum Planungsausschuß – selbst kein Beschluß-, sondern ein Beratungsgremium, das nur Empfehlungen ausspricht. Das Beschlußfassungsverfahren über die langfristige Bildungsplanung stellt sich für den Außenstehenden damit als ziemlich schwerfällig dar. Die Kommission verabschiedet ihre Empfehlungen mit einer Mehrheit von $^3/_4$ der Stimmen der Mitglieder. Überstimmte Mitglieder können ihre abweichende Meinung in Minderheitenvoten darlegen. Die Empfehlungen der BLK und die Minderheitenvoten werden den Regierungschefs von Bund und Ländern zur Beschlußfassung vorgelegt. Ein Beschluß setzt die Zustimmung von mindestens neun der Regierungschefs voraus. Er bindet nur diejenigen, die ihm zugestimmt haben und diese nur – ebenso wie bei den Beschlüssen des Planungsausschusses für den Hochschulbau – vorbehaltlich der Zustimmung ihrer Parlamente bezüglich der haushaltswirksamen Konsequenzen.

Seit der 1975 geschlossenen Rahmenvereinbarung zwischen Bund und Ländern über die gemeinsame Forschungsförderung führt die Kommission den Namen *Bund-Länder-Kommission für Bildungsplanung und Forschungsförderung*. Wenn die Kommission Aufgaben nach der „Rahmenvereinbarung Forschungsförderung" wahrnimmt, tritt bei unveränderter Stimmenzahl jeweils ein zweiter Vertreter der Landesregierungen hinzu, in der Regel der Finanzminister.

– Rahmenvorschriften für das Hochschulwesen
In Ausführung des grundgesetzlichen Rechtes des Bundes, Rahmenvorschriften über die allgemeinen Grundsätze des Hochschulwesens zu erlassen, hat das BMBW federführend das *Hochschulrahmengesetz* vorbereitet. Ausgehend von den 14 Thesen des Bundesministers für Bildung und Wissenschaft aus dem Jahr 1970[26] und mehreren Referentenentwürfen, ist die endgültige Fassung nach Beschlußfassung durch Bundestag und Bundesrat Anfang 1976 in Kraft getreten. Obwohl dabei die ursprüngliche Konzeption im parlamentarischen Meinungsbildungsprozeß erhebliche Abstriche erfahren hat, ist damit zum erstenmal ein einheitlicher Rahmen für die Ordnung des Hochschulwesens geschaffen worden, dem die Ländergesetze bis 1979 angepaßt werden sollen.

Mit der Stabsfunktion des BMBW und den zwei neuen zentralen Gremien (BLK und Planungsausschuß) hat sich die überregionale Planungsszene belebt, die für den Hochschulbereich zwölf Jahre allein vom Wissenschaftsrat – in gewissem Dialog mit den Länder- und Hochschulrepräsentanten (KMK und WRK) – beherrscht wurde. In der folgenden Übersicht ist die Entwicklung der wichtigsten überregionalen Gremien für die Koordination und Planung des Hochschulwesens schematisch dargestellt.

Übersicht 3: Die wichtigsten überregionalen Planungs- und Koordinationsinstanzen des Hochschulwesens, 1948–1977

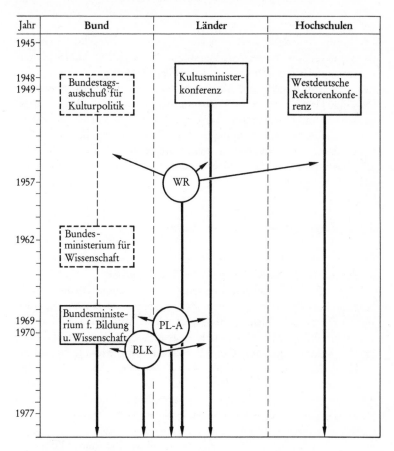

WR: Wissenschaftsrat
PL-A: Planungsausschuß für den Hochschulbau
BLK: Bund-Länder-Kommission für Bildungsplanung

3. Planung

Ein Ziel der Grundgesetzänderung von 1969 lag in der Absicht, die Voraussetzungen für eine überregional abgestimmte Entwicklung des Hochschulsystems zu schaffen. Die hieraus folgenden Planungsaufgaben beziehen sich auf einen weiten Bereich. Sie reichen von der „verordneten" Studienreform über neue Verfahren der Zulassung, der Festlegung der Ausbildungskapazitäten und Forschungsschwerpunkte bis zur Planung der Bau-, Sachmittel- und Personalentwicklung sowie der Finanzierung. Unter dem Gesichtspunkt einer institutionalisierten Gesamtplanung ist hierfür ein ausgeklügeltes System von Planungswerken und Planungsinstitutionen auf allen Ebenen vorgesehen[1].

3.1 Das im Aufbau befindliche Planungssystem

Die Grundzüge für das Planungssystem sind im Hochschulrahmengesetz dargelegt, das 1976 in Kraft getreten ist (HRG § 67–69).

Das Hochschulrahmengesetz fordert von den Hochschulen die Aufstellung und Fortschreibung von mehrjährigen *Hochschulentwicklungsplänen* (HEP). Der Hochschulentwicklungsplan soll die Aufgaben und die vorgesehene Entwicklung der Hochschule für Forschung, Lehre, Dienstleistung und Verwaltung darstellen. Unter Berücksichtigung ihres Hochschulentwicklungsplanes sollen die Hochschulen *Ausstattungspläne* für ihre Organisationseinheiten (Fachbereiche etc.) aufstellen. Die Ausstattungspläne sollen so gegliedert sein, daß sie eine Ermittlung der in den einzelnen Studiengängen entstehenden Kosten sowie einen Kostenvergleich zwischen den Hochschulen ermöglichen. Diese Forderung trägt ganz neuen betriebswirtschaftlichen Effizienzgesichtspunkten Rechnung. Das Land soll für Hochschulentwicklungs- und Ausstattungspläne allgemeine Grundsätze, Richtwerte und Muster festlegen. Die Hochschulentwicklungspläne sind Unterlagen für die Hochschulgesamtplanung des Landes und die Festsetzung der Zulassungszahlen.

Die Länder sollen nach gemeinsamer Beratung mit den Hochschulen einen mehrjährigen *Hochschulgesamtplan* (HGP) aufstellen, der für das Hochschulwesen des Landes und für jede Hochschule den gegenwärtigen Ausbaustand und die vorgesehene Entwicklung darstellt. Bei der Aufstellung des Hochschulgesamtplanes des Landes sollen die mehrjährige Finanzplanung, die überregionale Rahmenplanung für die Hochschulbauförderung und die Maßstäbe für die Festsetzung der Ausbildungskapazität (gemäß § 29 HRG) berücksichtigt werden. Außerdem sollen die Erfordernisse der Raumordnung und der Landesplanung beachtet werden. Unter Berücksichtigung der Aufgabenstellung des Wissenschaftsrates und der Bund-Länder-Kommission für die Planung des Hochschulwesens läßt sich das angezielte Planungsverbundsystem durch das folgende Grobschema darstellen.

Übersicht 4: Das im Aufbau befindliche Planungssystem[2]

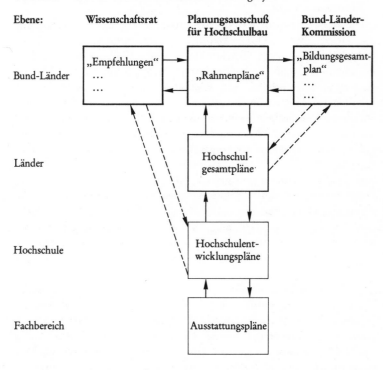

Der bisherige Realisierungsgrad des anspruchsvollen Planungssystems nimmt von der untersten Ebene ausgehend von Stufe zu Stufe zu. Von einer systematischen längerfristigen Ausstattungsplanung auf der *Fachbereichsebene* kann bisher kaum gesprochen werden, wobei zunächst auch offen ist, inwieweit die Planung von den einzelnen Organisationseinheiten selbst oder von zentralen Gremien der Universität zu leisten ist.

Auch die Erstellung von Hochschulentwicklungsplänen auf der *Hochschulebene* ist noch im Anfangsstadium. Bis 1975 hatten 10 von 60 Universitäten und Gesamthochschulen einen Hochschulentwicklungsplan aufgestellt, fast alle Universitäten planten jedoch zu diesem Zeitpunkt, die Arbeit an einem Hochschulentwicklungsplan aufzunehmen oder hatten dies bereits getan[3]. Bei den Pädagogischen Hochschulen und Fachhochschulen sind dagegen nur vereinzelt Ansätze zur Hochschulentwicklungsplanung vorhanden. Dies hat zum Teil seine Begründung darin, daß in diesen Hochschulen bisher kaum Planungsreferate vorhanden sind, die an den großen Universitäten und Gesamthochschulen in den letzten Jahren durchweg etabliert worden sind.

Die bereits entstandenen oder geplanten Hochschulentwicklungspläne sind Pionierarbeiten auf dem Gebiet der Hochschulplanung, die sich sowohl hinsichtlich ihrer Planungsschwerpunkte (Ziele, Struktur, Lehre, Forschung, Verwaltung, Ausstattung an Personal, Sachmitteln, Räumen etc.) als auch hinsichtlich ihres Planungszeitraumes (zwischen vier und zehn Jahren) erheblich unterscheiden. Einerseits stellen die Hochschulentwicklungspläne das Instrument dar, mit dem die Hochschulen ihre eigenen Vorstellungen für ihre Weiterentwicklung erarbeiten können, andererseits sollen sie auf der Grundlage vorgegebener Rahmendaten allgemeine Planungsziele für die Hochschulentwicklung konkretisieren und gegebenenfalls aufzeigen, wo sie von den allgemeinen Planungszielen abweichen. Dabei werden die größten Schwierigkeiten für die Erstellung der Hochschulentwicklungspläne von den Universitäten in unzureichenden staatlichen Vorgaben – die Hochschulgesamtpläne der Länder sind großenteils erst in Arbeit – und teilweise auch in der unzureichenden personellen Kapazität oder Kompetenz für diesen neuartigen Aufgabenbereich gesehen[4].

Um die mangelnden Voraussetzungen auf diesen untersten Planungsebenen zu verbessern, wurde bereits 1969 von der Volkswagenstiftung die Hochschul-Informationssystem GmbH (HIS) initiiert, die 1976 von Bund und Ländern übernommen wurde[5]. Die HIS GmbH hat die Ausbildung von Hochschulplanern wesentlich gefördert. Ihr Arbeitsschwerpunkt liegt in der Entwicklung von Informationssystemen und Planungsverfahren für die Hochschulen. Seit 1976 erstreckt sich die Arbeit insbesondere auf die Bereiche Rationalisierung und Informationsinfrastruktur sowie Kapazitäts- und Organisationsuntersuchungen. Die notwendigen Entwicklungsarbeiten der HIS GmbH haben sich in einer großen, teilweise verwirrenden Fülle von Modellen für die Hochschulplanung niedergeschlagen, deren geeignete Auswahl und Anwendung vor Ort den Planern teilweise Schwierigkeiten bereitet. Dabei ist unbestritten, daß die Hochschulen, die sich zu Großbetrieben entwickelt haben, rationeller Steuerungssysteme bedürfen. Kürzlich hat das Bundesministerium für Bildung und Wissenschaft mit der Darstellung von nicht weniger als 16 Betriebsoptimierungssystemen[6] eine Übersicht über die für Hochschulen entwickelten Steuerungssysteme, ihre Anwendungsmöglichkeiten und Voraussetzungen herausgegeben. Ihre Komplexität macht deutlich, daß Hochschulen ohne kompetentes Planungspersonal nicht mehr auskommen können.

Auf der *Länderebene* setzte eine systematische „Binnenplanung" des Hochschulbereichs Mitte der 60er Jahre ein. Vorreiter war hier Baden-Württemberg, das 1964 als erstes Land eine Planungsabteilung im Kultusministerium errichtete und bereits 1966 eine Modellstudie zur Bildungsplanung veröffentlichte, die für die Planungsperiode bis 1981 Angebots- und Nachfrageentwicklung prognostizierte[7]. Als bildungspolitischen Zielwert hatte das Kultusministerium damals eine Abiturientenquote von 15 Prozent angegeben, die bis zum Jahr 1981 erreicht sein sollte – nach dem damaligen Stand eine expansive Vorstellung, die heute schon überschritten ist (1977 = 17,7%).

Baden-Württemberg legte 1969 auch als erstes Land einen Hochschulgesamtplan vor[8]. Vergleichbare Ansätze zur Hochschulgesamtplanung stellen der „Große Hessenplan" und das „Nordrhein-Westfalen-Programm" von 1970 dar. Hochschulgesamtpläne liegen seit 1974 für Berlin und seit 1977 für Bayern und Hamburg vor.

Inzwischen wird in allen Ländern an Hochschulgesamtplänen gearbeitet, die bereits in den meisten Landeshochschulgesetzen gefordert waren und durch das Hochschulrahmengesetz verbindlich geworden sind. Die nähere Regelung für die Aufstellung der Hochschulgesamtpläne wird nach Landesrecht festgelegt und ist nicht bundeseinheitlich geregelt. Die gesetzlichen Regelungen, die in den meisten Ländern für die Aufstellung von Hochschulgesamtplänen bereits existieren, unterscheiden sich daher – ähnlich wie die Entwicklungspläne auf Hochschulebene – nach Inhalt, Laufzeit, Fortschreibungsweise und methodischen Prinzipien[9]. Das Zusammenwirken mit den Hochschulen ist unterschiedlich geregelt und beruht teils auf informeller Zusammenarbeit, teilweise sind hierfür besondere Kooperationsgremien eingerichtet. Eine Beschlußfassung über den langfristigen Hochschulgesamtplan durch die Landesparlamente ist bisher nur in drei Bundesländern vorgesehen (Bayern, Berlin, Rheinland-Pfalz).

Als administrative Voraussetzung für die Hochschulplanung sind in den letzten Jahren in allen Kultusministerien Planungsabteilungen oder -referate eingerichtet worden, deren Planungsaktivität durch die Institutionalisierung der überregionalen Planung auf Bund-Länder-Ebene einem zusätzlichen Zugzwang unterliegt. Nachgeordnete staatliche Planungs- und Forschungsinstitute, die die Planungsabteilungen der Kultusministerien unterstützen, wurden bisher nur in Baden-Württemberg und Bayern eingerichtet. Die Einrichtung von Planungsabteilungen bzw. -referaten in den Kultusministerien der Länder ist ein deutliches Zeichen für die nach wie vor bei den Ländern liegende Primärkompetenz für die Hochschulplanung. Dies wird beispielsweise auch dadurch sehr deutlich, daß sich der überregionale Planungsausschuß für den Hochschulbau nur mit Ausbauprojekten befassen kann, die von den Ländern angemeldet werden. Prinzipiell steht es den Ländern frei, Hochschulen auch ohne Berücksichtigung des Bundes und anderer Länder zu planen und auszubauen – allerdings dann ohne zusätzliche Finanzierungshilfen. Die Zuständigkeit für die Personal- und Sachplanung liegt formal allein bei den Ländern, wobei hierfür allerdings aufgrund des von Bund und Ländern gemeinsam beschlossenen Bildungsgesamtplanes teilweise Orientierungsdaten für die langfristige Entwicklung vorliegen.

Wenn auch unbestritten ist, daß die Primärkompetenz für die Hochschulplanung nach wie vor bei den Ländern liegt, so liegt im Hinblick auf die Erfordernisse gesamtstaatlicher Planung das größte Gewicht bei den überregionalen Instanzen, die aufgrund der neuen Zuständigkeiten auf *Bund-Länder-Ebene* entwickelt wurden. Im folgenden soll zunächst auf die Arbeit der Bund-Länder-Kommission eingegangen werden, deren weitgreifende Aufgabenstellung signalisiert, daß die Rahmenplanung für das Hochschulsystem nicht isoliert, sondern nur im Zusammenhang mit dem gesamten Bildungssystem erfolgen kann. Sodann wird auf den Planungsausschuß für den Hochschulbau eingegangen, dessen Aufgabenstellung sich auf die konkreten Ausbaufragen des Hochschulsystems bezieht. Beide Gremien arbeiten eng mit dem Wissenschaftsrat zusammen, dessen Beratungsfunktion für das Hochschulwesen auch nach Etablierung der neuen Gremien unvermindert fortbesteht.

Ebenso zeichnet sich ab, daß die Funktion der Kultusministerkonferenz als Abstimmungs- und Koordinationsgremium der Länder durch die Planungsaktivitäten auf Bund-Länder-Ebene sich eher verstärkt hat. Darüber hinaus ist der KMK im Zusammenhang mit der Zuspitzung der Numerus clausus-Problematik und der Regelung der Zulassungsverfahren ein neuer Aufgabenbereich zugewachsen (vgl. 4.2). Ähnlich gilt für die Westdeutsche Rektorenkonferenz, daß sie – obwohl an der überregionalen Planung nicht beteiligt – durch deren Ergebnisse vermehrt zu Reaktionen und Stellungnahmen herausgefordert wird, um dem Standpunkt der Hochschulen Ge-

hör zu verschaffen. Da die KMK und die WRK bezüglich des Hochschulsystems keine eigentlichen Planungsfunktionen wahrnehmen, sondern
eher reaktiv tätig sind, beschränken wir uns im folgenden auf die Planungsfunktionen der Bund-Länder-Kommission und des Planungsausschusses
für den Hochschulbau sowie auf die Empfehlungen des Wissenschaftsrates,
soweit diese in den überregionalen Entscheidungsprozeß einfließen.

3.2 Die Pläne der überregionalen Instanzen

– Der Bildungsgesamtplan der Bund-Länder-Kommission (BLK)
Trotz der oben angeführten Schwerfälligkeit des Beschlußverfahrens und
erheblicher parteipolitischer Meinungsdifferenzen zwischen ihren Mitgliedern hat die Bund-Länder-Kommission nach ihrer Einrichtung innerhalb
erstaunlich kurzer Frist das Kernstück ihres Auftrages für die Bildungsplanung gemeistert: bereits 1971 verabschiedete sie einen detaillierten Zwischenbericht[10], auf dessen Grundlage bis 1973 der *Bildungsgesamtplan*[11]
erarbeitet wurde, dessen Planungszeitraum von 1973 bis 1985 reicht. Der
Bildungsgesamtplan konnte – wie schon der Bildungsbericht '70 – auf den
Arbeiten des Wissenschaftsrates und jenen des Bildungsrates aufbauen, der
1966 als Pendant zum Wissenschaftsrat für die Beratung der Länder im
Schulwesen eingesetzt worden war[12]. Der Bildungsgesamtplan enthält
– wenn auch bereits mit Abstrichen gegenüber dem Bildungsbericht '70
– ein expansives, quantitatives Entwicklungsprogramm und allgemeine
Grundsatzentscheidungen über die angestrebte Struktur des Bildungswesens. Als erster gemeinsamer Rahmenplan von Bund und Ländern gibt er
– noch vor der Verabschiedung des Hochschulrahmengesetzes – auch für
den Bereich der Hochschule Grundsätze an, nach denen organisatorische
und inhaltliche Reformen eingeleitet werden sollen.

Die langfristigen bildungspolitischen Zielsetzungen, auf die sich Bund
und Länder im Bildungsgesamtplan geeinigt haben, lassen sich aus den
sogenannten Strukturquoten ablesen. Beispiele hierfür sind der Anteil von
Studienanfängern an der gleichaltrigen Bevölkerung, für den eine Steigerung von 14,2 Prozent im Jahr 1970 auf 22 bis 24 Prozent im Jahr 1985
angezielt wurde; die Verteilung von Studenten auf drei- und vierjährige
Studiengänge; oder fächerspezifische Relationen von Studenten und wissenschaftlichem Personal (für 1985: Medizin 3:1; Natur- und Ingenieurwissenschaften 8–10:1; Geisteswissenschaften 15–16:1). Für 1985 war eine
Deckung der Anzahl von Studenten und flächenbezogenen Studienplätzen
angestrebt.

Mit dem Bildungsgesamtplan wurde zum ersten Mal für einen öffentlichen Bereich eine langfristige Aufgabenplanung und Kostenkalkulation vorgelegt, die über den Zeitraum der von Bund und Ländern praktizierten mittelfristigen Finanzplanung mit vierjähriger Laufzeit weit hinausreicht, und aus der deutlich hervorgeht, daß die Verwirklichung eines expansiven bildungspolitischen Konzepts nur zu erreichen ist, wenn dem Bildungsbereich auch finanziell Prioritäten eingeräumt werden.

Es liegt auf der Hand, daß eine solche langfristige Zielplanung ein gewisses Maß an Unverbindlichkeit enthält. Dies gilt für die Zielvorstellungen selbst wie auch für die Finanzplanung.

Die langfristigen Zielvorstellungen können sich durch unvorhergesehene Entwicklungen ändern und müssen ein gewisses Maß an Flexibilität haben. So läßt sich beispielsweise im Bereich der Strukturquoten nicht mit Sicherheit voraussehen, wie sich die Studienanfängerquote entwickeln wird; hinsichtlich der angestrebten Verteilung auf drei- und vierjährige Studiengänge zeigt die bisherige Entwicklung, daß sie der Nachfrage nicht entspricht und nur durch extrem dirigistische Maßnahmen erreicht werden könnte.

Die Finanzplanung ist von gesamtwirtschaftlichen Faktoren abhängig, für die der Bildungsgesamtplan von einer zu optimistischen Prognose ausgegangen war, so daß bereits bei seiner Verabschiedung Abstriche an den für die Reformvorhaben notwendigen Finanzforderungen notwendig waren. Die Unverbindlichkeit der längerfristigen Finanzplanung für einen isolierten öffentlichen Bereich muß auch vor dem Hintergrund der in der BRD üblichen Finanz- und Haushaltsplanung gesehen werden. Seit 1967 müssen die Regierungen von Bund und Ländern eine vierjährige mittelfristige Finanzplanung vorlegen, die jährlich fortgeschrieben wird. Im Gegensatz zum einjährigen Haushaltsvoranschlag, der durch die parlamentarische Verabschiedung als Haushaltsgesetz legislativer Kontrolle unterliegt, stellt die mittelfristige Finanzplanung, in der die Detailpläne der Ressorts aufeinander abgestimmt werden, eine Absichtserklärung der Regierung dar. Sie hat nicht die rechtliche Verbindlichkeit des Haushaltsgesetzes, da sie im Gegensatz zum Haushalt nicht vom Parlament verabschiedet wird. Eine längerfristige systematische Finanzplanung der öffentlichen Haushalte gibt es in der BRD weder auf Bundes- noch auf Länderebene und daher auch nicht die Möglichkeit, daß einem Ressort globale Zusagen gemacht werden, insbesondere wenn Teilpläne der anderen Ressorts zur Abstimmung noch gar nicht vorliegen.

Die Problematik der Korrekturnotwendigkeiten für die Aufgaben- und Finanzplanung hat die Bund-Länder-Kommission aufgenommen, indem die Berechnungen des Bildungsbudgets aufgrund eines Modells vorgenommen wurden, das den Charakter eines „What-if-Modells" hat[13]. Mit Hilfe dieses Modells können für variierbare Zielsetzungen für das Ausbildungswesen der entsprechende Personal- und Flächenbedarf sowie die Kosten des Hochschulbereichs und des gesamten Bildungsbereichs berechnet werden; umgekehrt können ebenso die bei vorgegebener Kosten- oder Personalgrenze erreichbaren Ziele ermittelt werden. Auf diese Weise wurde beispielsweise bis Ende 1974 der erste mittelfristige Durchführungsplan zum Bildungsgesamtplan erstellt. Dieser „Mittelfristige Stufenplan für das Bildungswesen bis 1980"[14], der im wesentlichen einen Kosten- und Finanzierungsplan darstellt, erforderte aufgrund der Informationen über den tatsächlich erreichten Stand des Bildungswesens bis 1973 und der langsameren Entwicklung der Gesamtwirtschaft einen komplizierten Umrechnungsprozeß, demzufolge sich auch für die Expansion im Hochschulbereich gegenüber dem ursprünglichen Bildungsgesamtplan bereits Restriktionen ergeben.

Der Bildungsgesamtplan, für den 1977 die Fortschreibung bis zum Jahre 1990 beschlossen wurde, ist kein auf Länderebene detaillierter Plan, sondern – wie gerade von den Ländern besonders betont wird[15] – ein Rahmenplan, der Orientierungsdaten für eine bundeseinheitliche Entwicklung des Bildungswesens enthält, jedoch den Ländern entsprechend ihrer Zuständigkeit für den Bildungsbereich einen Gestaltungsspielraum offenläßt. „Man darf den Bildungsgesamtplan nicht als Gesetz verstehen, dessen Einzelheiten buchstabengetreu erfüllt werden müssen . . . Es sind Richtlinien der Bildungspolitik, vergleichbar mit den Richtlinien der Politik wie sie ein Regierungschef zu Beginn einer Regierungsperiode vorträgt".[16, 17]

– Die Rahmenpläne des Planungsausschusses für den Hochschulbau
Während im Bildungsgesamtplan der Bund-Länder-Kommission die allgemeinen langfristigen Ausbauziele auch für den Hochschulbereich bestimmt werden, erfolgt im Rahmen der Gemeinschaftsaufgabe Hochschulbau eine konkrete Zusammenarbeit von Bund und Ländern bei der Planung und Realisierung des flächenmäßigen Aus- und Neubaues von Hochschulen. An der Finanzierung beteiligen sich Bund und Länder zu jeweils 50 Prozent.

Für die Durchführung dieser Gemeinschaftsaufgabe wird ein vierjähriger *Rahmenplan* aufgestellt, der jährlich fortgeschrieben wird und sämtliche Ziele und Vorhaben enthalten soll, die beim Hochschulbau gemeinschaftlich verwirklicht werden sollen. Hierfür ist ein, im Hochschulbauförderungsgesetz (HBFG) gesetzlich festgelegter, straffer Zeitplan charakteristisch: Die Aufstellung des jährlichen Rahmenplanes geht von den Anmeldungen der Länder aus, die zum 1. März erfolgen. Die Anmeldungen der Länder werden über das Bundesministerium für Bildung und Wissenschaft, das als „Geschäftsstelle" des Planungsausschusses fungiert, dem Wissenschaftsrat zugeleitet, der bis zum 15. April jeden Jahres Empfehlungen für den Rahmenplan aussprechen soll. Die Empfehlungen des Wissenschaftsrates bilden die Beratungsgrundlage, auf der der Rahmenplan bis zum 1. Juli jeden Jahres beschlossen wird. Der erste Rahmenplan wurde 1971 beschlossen und seitdem programmgemäß jährlich fortgeschrieben[18].

Gegenstand der Rahmenplanung ist die Bereitstellung und Finanzierung von flächenbezogenen Studienplätzen, d. h. jener Fläche, die zur Ausbildung eines Studenten in Lehre und Forschung bereitgestellt werden muß (*Hauptnutzfläche pro Studienplatz*, HNF). Hierin sind u. a. die Flächen der Seminar- und Verwaltungsräume, Seminarbibliotheken, Hörsäle und Labors enthalten, die sich aus den Erfordernissen von Fachrichtung und Studiengang, Zeitbudget und Ausnutzung ergeben; auch das Betreuungsverhältnis (Personalrelation) und der darauf abgestellte Raumbedarf des Personals werden erfaßt. Der Raumbedarf für besonderen Forschungsbedarf (Sonderforschungsbereiche etc.) und für zentrale Einrichtungen mit Dienstleistungsaufgaben wird gesondert ermittelt.

Für die Rahmenplanung hat der Planungsausschuß ein ausgefeiltes Flächen- und Kostenrichtwertsystem aufgestellt, das ständig weiterentwickelt wird. Dem achten Rahmenplan von 1978 liegen die Flächenrichtwerte zugrunde, die vom Planungsausschuß im vierten Rahmenplan festgesetzt wurden:

Tabelle 4: Flächenrichtwerte für den Hochschulbau, 1978
(Hauptnutzfläche pro Studienplatz, HNF)

Geisteswissenschaftliche Fächer	
Universitäten	4–4,5 qm HNF
Gesamthochschulen	4–4,5 qm HNF
Fachhochschulen	4 qm HNF
Natur-, ingenieurwissenschaftliche und medizinisch-theoretische Fächer	
Universitäten	15–18 qm HNF
Gesamthochschulen	15–18 qm HNF
Fachhochschulen	12 qm HNF
Pädagogische Hochschulen	5,4 qm HNF
Kunsthochschulen	12 qm HNF

Mit Hilfe dieser Flächenrichtwerte kann aufgrund des vorhandenen Raumbestandes durch einfache Division das vorhandene flächenbezogene Studienplatzangebot ermittelt werden[19]. Durch Multiplikation mit der für den Endausbau geplanten Studienplatzzahl kann so das noch zu planende Bauvolumen berechnet werden.

Bei der Umsetzung der flächenbezogenen Planung in die Investitionsplanung wird 1978 von folgenden Kostenrichtwerten ausgegangen:

Tabelle 5: Kostenrichtwerte für den Hochschulbau, 1978[20]

	Gebäude-kosten DM/qm HNF	Gesamtbau-kosten DM/qm HNF
Institutsbauten		
Geisteswissenschaften	2310,–	2850,–
Physik, Elektrotechnik	2900,–	3610,–
Chemie, Biologie	4100,–	5090,–
Sonstige Gebäude (Orientierungswerte)		
Mensen	3200,–	3700,–
Pflegepersonalwohnheime	1900,–	2440,–
Verwaltungsbauten	2140,–	2490,–
Sportbauten (Turnhallen)	1720,–	1990,–
Bibliotheken (über 50% Magazinanteil)	1820,–	2090,–
Hörsaalgebäude	3940,–	4860,–

Die Kostenrichtwerte sollen später noch durch Richtlinien für eine zweckmäßige, den Aufgaben entsprechende Ausstattung ergänzt werden. Hierfür hat das BMBW einen Forschungsauftrag vergeben.

Die Aufstellung und Fortschreibung des Rahmenplanes steht in enger Wechselbeziehung zur mittelfristigen Finanzplanung. Einerseits ist im Hochschulbauförderungsgesetz gefordert, daß der Rahmenplan unter Berücksichtigung der jeweils vorliegenden Finanzplanung aufgestellt wird, andererseits ist er als Element der mittelfristigen Programmplanung des BMBW bzw. der jeweiligen Länderressorts Bestandteil der Finanzplanung.

Der Aufgabenbereich Hochschulbau mag manchem Außenstehenden als eine Sache von Technik und Routine erscheinen und darauf ist es wohl zurückzuführen, daß den Rahmenplänen des Planungsausschusses in der Öffentlichkeit weniger Aufmerksamkeit geschenkt wurde als dem Bildungsgesamtplan der Bund-Länder-Kommission. Damit wird die Bedeutung, die den im Planungsausschuß getroffenen Entscheidungen für die Entwicklung des gesamten Hochschulsystems faktisch zukommt, jedoch verkannt. Sie läßt sich aus den im Hochschulbauförderungsgesetz festgelegten Grundsätzen für den Hochschulbau ablesen. Danach soll die Gemeinschaftsaufgabe so erfüllt werden, daß die Hochschulen als Bestandteil des gesamten Forschungs- und Bildungssystems künftigen Anforderungen genügen. Dabei sollen Bund und Länder darauf hinwirken, daß

1. die Hochschulen nach Aufgabenstellung, Zahl, Größe und Standort ein zusammenhängendes System bilden, durch das ein ausreichendes und ausgeglichenes Angebot an Ausbildungs- und Forschungsplätzen gewährleistet wird;
2. an den Hochschulen nach Maßgabe ihrer jeweiligen Aufgabenstellung Forschungsschwerpunkte unter Berücksichtigung der hochschulfreien Forschungseinrichtungen gefördert werden;
3. die baulichen Voraussetzungen für ein ausgewogenes Verhältnis von Forschung und Lehre und für eine funktionsgerechte Hochschulstruktur und Neuordnung des Studiums geschaffen werden;
4. eine möglichst günstige Ausnutzung der vorhandenen und neuen Einrichtungen, unter Berücksichtigung der voraussehbaren Nachfrage nach Studienplätzen und des langfristig zu erwartenden Bedarfs gewährleistet ist;
5. die Grundsätze und Ziele der Raumordnung und Landesplanung beachtet werden. (HBFG § 2).

Durch diese Grundsätze wird die Aufstellung des quantitativen Bauprogramms mit weitreichenden qualitativen Zielvorstellungen verknüpft. Sie erfordern bildungspolitische Entscheidungen, die sich auf die Höhe des langfristigen Ausbauzieles an flächenbezogenen Studienplätzen sowie seine regionale und fachliche Strukturierung und seine Aufgliederung nach Hochschularten beziehen; sie greifen sogar auf Aspekte der Studienorganisation über, wenn beispielsweise darüber entschieden wird, welches Verhältnis von großen Hörsälen und kleineren Übungsräumen bei der Gestaltung von Bauvorhaben vorzusehen ist.

Um den Rahmen für die Ausbauplanung abzustecken, ist es notwendig, sich an Zielsetzungen zu orientieren, die über den mittelfristigen Planungszeitraum hinausreichen. Dies geschieht in Abstimmung mit dem längerfristigen Plan der Bund-Länder-Kommission. Durch die gegenüber der Bund-Länder-Kommission kontinuierlichere Praxis der jährlichen Fortschreibung der Rahmenpläne werden hier jedoch Zielmodifikationen vorgenommen, die ihrerseits auf den langfristigen Bildungsgesamtplan zurückwirken. Ein wichtiges Beispiel hierfür ist die im sechsten Rahmenplan getroffene Entscheidung, von der im Bildungsgesamtplan aufgestellten

Maxime abzugehen, nach der bis zum Jahre 1985 die Anzahl von Studenten und Studienplätzen deckungsgleich sein sollte.

– Die Empfehlungen des Wissenschaftsrates
Der Wissenschaftsrat ist das Gremium gewesen, von dem die ersten Anstöße für eine übergreifende Planung des Hochschulwesens ausgingen und in dem die Zusammenarbeit von Bund und Ländern zuerst erprobt und vorbereitet wurde, bevor sie eine eigenständige Institutionalisierung fand. Damit, so ist spekuliert worden, hätte sich der Wissenschaftsrat paradoxerweise selbst zu einem großen Teil überflüssig gemacht[21]. Die Praxis zeigt jedoch, daß er damit an Gewicht vielleicht eher noch gewonnen hat.

Wie bereits erwähnt, hat sich die Arbeit des Wissenschaftsrates in den 20 Jahren seines Bestehens weniger auf das ursprüngliche Ziel eines Gesamtplanes für die Wissenschaft, sondern schwerpunktmäßig auf Ausbau- und Strukturempfehlungen für das Hochschulwesen gerichtet. Dementsprechend ist seine Aufgabenstellung im Verlängerungsabkommen von 1975 neu formuliert worden. Danach hat der Wissenschaftsrat die Aufgabe,

„im Rahmen von Arbeitsprogrammen Empfehlungen zur inhaltlichen und strukturellen Entwicklung der Hochschulen, der Wissenschaft und der Forschung zu erarbeiten, die den Erfordernissen des sozialen, kulturellen und wirtschaftlichen Lebens entsprechen. Die Empfehlungen sollen mit Überlegungen zu den quantitativen und finanziellen Auswirkungen und ihrer Verwirklichung verbunden sein. Im übrigen hat der Wissenschaftsrat die ihm durch besondere Vorschriften, insbesondere durch das Hochschulbauförderungsgesetz übertragenen Aufgaben. Der Wissenschaftsrat hat ferner die Aufgabe, auf Anforderung eines Landes, des Bundes, der Bund-Länder-Kommission für Bildungsplanung oder der Ständigen Konferenz der Kultusminister der Länder gutachtlich zu Fragen der Entwicklung der Hochschulen, der Wissenschaft und der Forschung Stellung zu nehmen"[22].

Von besonderer Wichtigkeit für die Planung des Hochschulbereichs ist die im Hochschulbauförderungsgesetz gesetzlich geregelte Mitwirkung des Wissenschaftsrates bei der Gemeinschaftsaufgabe Hochschulbau, derzufolge seine Empfehlungen zur Beratungsgrundlage bei der Aufstellung und den jährlichen Fortschreibungen des Rahmenplans für den Hochschulbau gemacht werden. Nach der inzwischen eingespielten Praxis enthalten diese sowohl grundsätzliche Überlegungen, die in den Rahmenplänen weitgehend übernommen worden sind, wie auch detaillierte Bewertungen des vorhandenen und geplanten Flächenbestandes, die bis zur Hochschulebene aufgegliedert sind. Während sich die Entscheidungen des Planungsausschusses auf die Abstimmung der Vorstellungen des Bundes und der Anmeldungen der Länder im Rahmen des gemeinsamen Planungskonzepts konzentrieren, können von den Länderanmeldungen abweichende Vorstellungen der Hochschulen über die Begehungen des Wissenschaftsrates, die bei wichtigen Ausbauentscheidungen stattfinden, auch direkt Eingang in die Vorbereitung der Entscheidungen des Planungsausschusses finden. Damit ist in dem sich entwickelnden Planungsverbundsystem ein wichtiger Rückkoppelungsmechanismus zwischen Hochschulebene und Bund-Länder-Ebene institutionalisiert worden.

Resümiert man Struktur und Reichweite des überregionalen Planungssystems, so läßt sich feststellen, daß mit dem Bildungsgesamtplan eine langfristige Zielkonzeption für das Hochschulsystem vorliegt, die jedoch aufgrund unvorhersehbarer Entwicklungen und des Entscheidungsspielraumes der Länder durch ein gewisses Maß an Unverbindlichkeit gekennzeichnet ist. Für die Kapazitätsentwicklung des Hochschulsystems erfolgt eine verbindliche Planung nur hinsichtlich des flächenmäßigen Ausbaus der Hochschulen im Rahmen der Arbeit des Planungsausschusses für den Hochschulbau. Eine verbindliche Planung der Personalausstattung liegt prinzipiell nicht im Zuständigkeitsbereich der Bund-Länder-Gremien, sondern in der alleinigen Kompetenz der Länder. Im Hinblick auf eine längerfristige Personalplanung bestehen jedoch Schwierigkeiten, „weil selbst eine mittelfristige verbindliche Personalplanung im öffentlichen Bereich bisher nicht üblich, vielleicht auch nur begrenzt möglich ist"[23]. Hierin liegt eine entscheidende Schwäche des überregionalen Planungsverfahrens. Um eine optimale Nutzung der flächenmäßig zur Verfügung stehenden Kapazitäten zu gewährleisten, wäre es notwendig, die Raum- und Personalplanung besser aufeinander abzustimmen. Deshalb ist vorgesehen, daß die Länder dem Planungsausschuß künftig mit ihren Bauanmeldungen zumindest mitteilen, ob die personalmäßige Ausstattung der Bauvorhaben entsprechend der Zahl der vorgesehenen Studienplätze sichergestellt wird – eine Absichtserklärung, die jedoch keine Verbindlichkeit besitzt und die fehlende mittelfristige Personalplanung nicht ersetzen kann.

3.3 Informationsbasis der Planung

Eine wesentliche Voraussetzung für die Effizienz des im Aufbau befindlichen Planungssystems und seiner Planungsverfahren liegt in der Qualität der statistischen Berichterstattung und einer sie ergänzenden Bildungsforschung wie auch Arbeitsmarktforschung. Diese bilden die Grundlage für Prognosen über die mittel- und langfristige Entwicklung, die wichtige

Orientierungsdaten für die Planungsentscheidungen über das zukünftige Hochschulsystem darstellen.

Um die notorisch notleidende Bildungsstatistik in der Bundesrepublik wenigstens für den Hochschulbereich zu verbessern, wurde 1971 das *Hochschulstatistikgesetz*[24] durch den Bundestag verabschiedet. Abgesehen von der Vereinheitlichung und Beschleunigung sollte das Erhebungsprogramm erweitert werden, um Angaben über Studienverläufe, Studiendauer, Studienerfolg, Struktur des Personals sowie über die räumliche und finanzielle Ausstattung der Hochschulen zu gewinnen.

Die Realisierung dieses zentralen Programms macht indessen so große Schwierigkeiten, daß sich die Westdeutsche Rektorenkonferenz 1975 veranlaßt sah, eine öffentliche Stellungnahme „Zur Lage der Hochschulstatistik" abzugeben. Zu diesem Zeitpunkt war die Studentenstatistik auf Bundesebene nur bis zum Sommersemester 1972 veröffentlicht und die Personalstatistik bis 1973 global erfaßt; die Raumbestandserhebung an den Hochschulen, für die der Wissenschaftsrat 1971 die Grundlagenarbeit geleistet hatte, wurde erst 1973 vom Statistischen Bundesamt übernommen. Die Rektoren führten zu dieser Lage der Statistik aus:

> „Die seitens der Statistischen Ämter der Länder und des Bundes angeführten Gründe für den unbefriedigenden Stand der Hochschulstatistik, der auf keinem anderen Gebiet der amtlichen Statistik in der Bundesrepublik seinesgleichen hat, können keineswegs überzeugen. Personelle, finanzielle, technische und organisatorische Probleme sind wie auf jedem anderen Gebiet der Bundesstatistik lösbar. Es muß daher der Eindruck entstehen, daß der Hochschulstatistik nicht die Priorität zugemessen wird, die ihrer Bedeutung zukommt."[25]

Die WRK empfahl in dieser Situation lieber das Programm zu kürzen, um überhaupt aktuelle Daten zu erhalten. Sollte dies in absehbarer Zeit nicht erreichbar sein, sah die WRK als Notmaßnahme eine eigene Datenerhebung bei den Mitgliedshochschulen vor, „um nicht weiter auf für sie unkontrollierbare Statistiken anderer Institutionen angewiesen zu sein".

Die Kritik der WRK ist nur zu berechtigt. Sie wird allenfalls dadurch gemildert, daß 1976 – bei reduziertem Programm – die üblichen Querschnittsdaten der Studentenstatistik erstmals pünktlich veröffentlicht wurden. Für die Angaben über Verweildauer und Erfolgsquoten sind die Planungsinstanzen nach wie vor auf Schätzungen aufgrund von gezielten Einzeluntersuchungen angewiesen, die sich bis vor kurzem noch auf solch verdienstvolle „Oldtimer" der Bildungsforschung stützen mußten wie etwa die Untersuchung „Studienweg und Studienerfolg" von Studienanfängern des Sommersemesters 1957(!)[26].

Infolge des Statistikdefizits liegen den Arbeiten der überregionalen Planungs- und Koordinationsgremien (BMBW, KMK, BLK, Planungsausschuß, Wissenschaftsrat, WRK) häufig unterschiedliche Datenquellen und Aufbereitungsmethoden zugrunde. Dadurch finden sich in ihren Veröffentlichungen verwirrende Diskrepanzen hinsichtlich wichtiger Grund- und Strukturdaten des Hochschulwesens, die die übergreifende Kommunikation erschweren.

Zur Überbrückung des Statistikdefizits und zur notwendigen Ergänzung statistischer Daten durch qualitative Informationen und Fallstudien hat insbesondere das BMBW in den letzten Jahren zahlreiche Forschungsaufträge vergeben. Sie beziehen sich auf einen weiten Themenkreis unter Einschluß von Prognoseuntersuchungen zum Bedarf an Hochschulabsolventen, Untersuchungen zum Bildungsverhalten, periodischen Bevölkerungs-, Studenten- und Hochschullehrerbefragungen zu hochschulpolitischen Schlüsselfragen u. a. m.[27]. Dabei ist auffallend, daß die Infrastruktur des Hochschulsystems selbst für solche Forschungsvorhaben offensichtlich nicht hinreicht und diese häufig an kommerzielle Meinungsforschungsinstitute vergeben werden, die die gewünschten Themen zügiger bearbeiten können. Über solche punktuellen Erhebungen hinaus fehlt es jedoch als Grundlage für die Hochschulplanung an einer systematischen Dauerbeobachtung des Verhaltens von Abiturienten und Hochschulangehörigen.

Der Gewinnung qualitativer Planungsgrundlagen für die Weiterentwicklung des Hochschulwesens unter Reformgesichtspunkten dienen auch die von Bund und Ländern gemeinsam geförderten Modellversuche im Hochschulbereich. Im Jahr 1976 wurden über das Programm der Bund-Länder-Kommission 84 Modellversuche im Hochschulbereich mit insgesamt etwa 35 Mill. DM durchgeführt (vgl. hierzu ausführlicher Kap. 5.2). Die Modellversuche haben eine Laufzeit von etwa vier bis fünf Jahren, die ersten Ergebnisse laufen jetzt ein. Die Auswertung der Modellversuche und ihre Umsetzung für die Hochschulpraxis in den Ländern steht daher noch am Anfang. Die zögernde Kooperation in der Bund-Länder-Kommission bei der bisherigen Auswertung läßt allerdings Skepsis aufkommen, welchen Stellenwert die Modellversuche für die Hochschulplanung in den Ländern gewinnen werden.

Die gezielten Informationen, die sich die staatlichen Planungsinstanzen für ihre Aufgaben zu verschaffen suchen, werden teilweise ergänzt durch die Grundlagenarbeiten, die eine – allerdings relativ kleine – Anzahl von Bildungsforschungsinstituten in der BRD leisten. Für die regionale Hochschulplanung bilden die Untersuchungen des Instituts für Regionale Bildungsplanung in Hannover eine wichtige Grundlage[28]. Der Zusammenhang zwischen Bildungs- und Beschäftigungssystem ist ein besonderer Forschungsschwerpunkt des Max-Planck-Instituts für Bildungsforschung in Berlin, wie überhaupt dieses Institut zahlreiche Einzeluntersuchungen zum Hochschulbereich vorgelegt hat[29]. Forschungsthemen zum Hochschulbereich werden auch behandelt am Deutschen Institut für Pädagogische Forschung in Frankfurt, am Zentrum I Bildungsforschung der Universität Konstanz, am Deutschen Jugendinstitut in München sowie an einigen anderen Forschungsstellen innerhalb und außerhalb der Hochschulen, wobei das Gewicht von grundlagenorientierter und anwendungsbezogener Forschung, die unmittelbar planungsrelevant ist, von Fall zu Fall unterschiedlich gesetzt ist.

Zweifellos hat die Bildungsforschung allgemein in der Bundesrepublik seit den 60er Jahren an Bedeutung gewonnen. Obwohl sich die Aufwendungen hierfür in den letzten Jahren erheblich erhöht haben, muß das Gewicht der Bildungsforschung im Vergleich zu anderen Staaten jedoch als unterdurchschnittlich angesehen werden[30]. So war beispielsweise die Kommission der OECD, die 1971 die Bildungspolitik der Bundesrepublik zu prüfen hatte, der Meinung, daß der für 1985 vorgesehene Orientierungswert für den Anteil der Bildungsforschung an den Kosten des Bildungswesens von zwei Prozent äußerst unzulänglich sei: „Es gibt keinen wichtigen Industriezweig, der mit solch mageren Aufwendungen hoffen könnte, modern und wettbewerbsfähig zu bleiben. Beim Bildungswesen in der BRD hat sich durch Versäumnisse der vergangenen Jahrzehnte sowieso ein großes Defizit auf dem Konto Forschung und Entwicklung angesammelt."[31]

3.4 Rahmendaten – Bisherige und zukünftige Entwicklung[32]

Die wichtigsten Eckdaten, die das skizzierte Planungssystem für das Hochschulwesen in den kommenden zehn Jahren berücksichtigen muß, betreffen die Entwicklung der Anzahl von
- Studienanfängern
- Studenten
- Studienplätzen
- wissenschaftlichem Personal.

Die *bisherige* Entwicklung dieser Daten in den vergangenen eineinhalb Jahrzehnten zeigt die folgende Übersicht.

Tabelle 6: Der Ausbau des Hochschulsystems, 1960–1977[33]
(absolut* und Indexzahlen, 1971 = 100)

Hochschulart	1960 Anzahl	Index	1971 Anzahl	Index	1977 Anzahl	Index
Universitäten (ohne Erziehungs- wissenschaften)						
Studienanfänger	46 600	62	74 900	100	90 925	121
Studenten	206 100	56	371 170	100	578 246	156
Studienplätze	.	.	326 440	100	489 840	150
Stellen f. wiss. Pers.	15 552	31	50 227	100	56 014	112
Gesamthochschulen (ohne Erziehungs- wissenschaften)						
Studienanfänger	–		.		8 710	
Studenten	–		2 570		49 354	
Studienplätze	–		1 900		36 490	
Stellen f. wiss. Pers.	–		55		3 852	
Pädagogische Hochschulen (einschl. Erziehungswissen- schaften an Universitäten und Gesamthochschulen)						
Studienanfänger	13 400	46	29 200	100	14 435	49
Studenten	32 300	35	93 160	100	96 566	104
Studienplätze	.	.	44 290	100	73 275	165
Stellen f. wiss. Pers.	1 112	22	5 138	100	5 636	110
Kunst- und Musikhochschulen						
Studienanfänger	2 600	76	3 400	100	2 727	80
Studenten	8 500	69	12 400	100	15 378	124
Studienplätze	.	.	9 420	100	11 725	124
Stellen f. wiss. Pers.	435	34	1 279	100	1 679	131
Fachhochschulen						
Studienanfänger	16 800	47	36 000	100	39 936	111
Studenten	44 200	41	108 080	100	145 465	135
Studienplätze	.	.	88 300	100	114 690	130
Stellen f. wiss. Pers.	2 158	28	7 721	100	8 481	110
Insgesamt						
Studienanfänger	79 400	55	143 500	100	156 733	109
Studenten	291 100	50	587 400	100	885 000	151
Studienplätze	.	.	470 350	100	726 020	154
Stellen f. wiss. Pers.	19 257	30	64 420	100	75 662	117

Kennzeichnend für die bisherige Entwicklung ist, daß die außerordentliche Expansion der Studentenzahlen nicht nur auf das starke Anwachsen der Studienanfängerzahlen zurückzuführen ist, sondern auch auf einen erheblichen Anstieg der Verweildauer im Hochschulbereich. Die Verweildauer lag schon vor 1970 erheblich über den Mindeststudienzeiten und ist – soweit vorliegende Daten und Schätzungen hierüber Aussagen erlauben – zwischen 1970 und 1975 in allen Hochschularten noch weiter angestiegen, an Universitäten zeitweise sogar bis auf sieben Jahre, an Pädagogischen Hochschulen auf fünf und an Fachhochschulen auf fast vier Jahre. (Vgl. zum Problem der Verweildauer ausführlicher Kapitel 5.3).

Hinsichtlich der flächenmäßigen Studienplätze zeigt sich, daß die gemeinsamen Anstrengungen von Bund und Ländern für den Ausbau von Hochschulen mit der Expansion der Studentenzahlen Schritt halten konnten. Die Überbelegung in den letzten Jahren hält sich im Rahmen der bereits 1971 vorgelegenen 20 Prozent; dies wird, nachdem das ursprüngliche Ziel des Bildungsgesamtplans aufgegeben wurde, daß ab 1985 Studentenzahl und Studienplätze deckungsgleich sein sollten, auch für die kommenden Jahre von Wissenschaftsrat und Planungsausschuß als vertretbar angesehen.

Der Zuwachs an wissenschaftlichem Personal hatte seinen Schwerpunkt in den 60er Jahren und stagniert seit 1975. In den Jahren 1976 und 1977 war der Personalbestand sogar etwas zurückgegangen[34]. Insgesamt gesehen öffnet sich also die Schere zwischen wissenschaftlichem Personal und Studierenden, während das räumliche Angebot noch mithält. Tabelle 7 zeigt für

* Anmerkung zu Tabelle 6
Angaben nach dem achten Rahmenplan für den Hochschulbau. Die Angaben berücksichtigen nur jene Hochschulen, die aufgrund der Anmeldungen der Länder in das Hochschulverzeichnis des Rahmenplanes aufgenommen sind. Die entsprechenden Daten für das gesamte Hochschulwesen liegen etwas höher, beispielsweise für Studienanfänger 1977 bei 165 500, für Studenten 1977 bei 913 000, für Wissenschaftliches Personal bei 78 100; die Entwicklung der Studienanfängerzahlen 1971–77 ist wegen unterschiedlicher statistischer Definitionen allerdings zu niedrig ausgewiesen.

die einzelnen Hochschularten, in welcher Weise sich die Betreuungsrelation seit 1960 zunächst verbessert und sich seit 1970 infolge einer stärkeren Expansion der Studentenzahlen wieder etwas verschlechtert hat. Dabei ist anzumerken, daß die ungünstigere Betreuungsrelation vor allem durch die Verlängerung der Studienzeiten bedingt ist. Die durchschnittliche Zahl der Studien*anfänger* je Stelle für wissenschaftliches Personal ist seit 1970 mit 2,6 bzw. seit 1975 mit 2,5 konstant geblieben.

Tabelle 7: Studenten je Stelle für wissenschaftliches Personal nach Hochschularten, 1960–1977[35]

Hochschulart	1960	1965	1970	1975	1977
Universitäten (ohne Medizin)	16,8	9,7	9,2	11,3	12,3
Gesamthochschulen	–	–	–	13,4	15,7
Pädagogische Hochschulen	22,4	12,8	13,9	17,4	15,6
Kunsthochschulen	17,8	13,5	14,5	9,6	9,5
Fachhochschulen	22,8	19,6	21,4	16,1	19,0
Insgesamt	18,0	11,2	10,9	12,4	13,5

Für die *zukünftige* Entwicklung des Hochschulwesens muß bis Mitte der 80er Jahre mit einem erheblichen Anstieg der Studienbewerber gerechnet werden, der in den dann folgenden zehn Jahren voraussichtlich ebenso erheblich zurückgehen wird. Diese Feststellung läßt sich aufgrund der demographischen Entwicklung der Jahrgangsstärken ziemlich eindeutig treffen.

Tabelle 8: Die Jahrgangsstärke der 20jährigen Wohnbevölkerung, 1970–1995[36]

Jahr	Anzahl	Index 1970 = 100
1970	825 700	100
1975	813 000	98
1980	947 000	115
1985	1 011 000	122
1990	774 000	94
1995	607 000	74

Welche Konsequenzen sich hieraus für die Entwicklung des Hochschulwesens im einzelnen ergeben, darüber gehen die Prognosen freilich stark
auseinander. Die wichtigsten Unsicherheitsfaktoren bei den Vorausschätzungen für die Studentenzahlen beziehen sich auf Variationen bei den Annahmen über die Anzahl der Studienberechtigten und deren Übergangsquote in den Hochschulbereich sowie bei der Verweildauer in der Hochschule.

– Anzahl der Studienberechtigten und Übergangsquote
Der Anteil der *studienberechtigten Schulabsolventen* (Hochschul- und
Fachhochschulreife) an der gleichaltrigen Bevölkerung ist zwischen 1970
und 1976 von 10,6 bis 22,9 Prozent und 1977 weiter auf 23,6 Prozent
angestiegen[37]. Nach den Prognosen der Kultusministerkonferenz, die auf
den von den Ländern vorausberechneten Schülerbeständen basieren, ist zu
erwarten, daß der Anteil in den 80er Jahren auf über 27 Prozent ansteigen
wird. Allerdings schwanken die ständig aktualisierten Vorausberechnungen erheblich: Die KMK-Prognose von 1976 rechnete beispielsweise für
das Jahr 1985 mit einem Anteil von 27,1 Prozent studienberechtigter Absolventen; 1977 wurden für das gleiche Jahr 29,4 Prozent, 1978 dagegen
wiederum nur 27,5 Prozent erwartet[38]. Dies bedeutet einen Unterschied
von nicht weniger als 17 000 Studienberechtigten und illustriert die Unsicherheit der Vorausberechnungen selbst für relativ kurzfristige Planungs-
perioden.
Der Anteil der Studienberechtigten, die ein Studium aufnehmen *(Übergangsquote)*, lag für die Absolventenjahrgänge bis 1973 bei rund 90 Prozent. Ein entsprechendes Übergangsverhalten wurde noch den Modellrechnungen des sechsten Rahmenplanes für den Hochschulbau zugrundegelegt. Wie sich die Übergangsquoten in Zukunft entwickeln werden, ist
jedoch zunehmend ungewiß und bringt für die Vorausschätzung der Studentenzahlen gegenüber der früheren Periode relativ stabiler Übergangsquoten eine zusätzliche Verunsicherung. Denn seit Mitte der 70er Jahre hat
sich das Übergangsverhalten deutlich verändert. Trotz erheblich steigender
Zahlen der Hochschulzugangsberechtigten (1974 = 167 000; 1977
= 211 000) haben die Studienanfängerzahlen entgegen den Erwartungen
stagniert und sind sogar leicht zurückgegangen (1974 = 168 000; 1977
= 166 000).
Wie unerwartet diese Entwicklung ist, läßt sich daraus ablesen, daß die
Studienanfängerzahl 1976 und 1977 weit unter den prognostizierten Zahlen
blieb, 1977 um rund 45 000 unter der noch Anfang des gleichen Jahres
erwarteten Zahl[39]. Dabei läßt sich noch nicht abschließend sagen, inwieweit

es sich hierbei um einen endgültigen Studienverzicht handelt und inwieweit um eine Verstärkung des Trends, den Studienbeginn hinauszuschieben.

Obwohl sich die Übergangsquote eines Absolventenjahrganges erst etwa drei Jahre nach Schulabschluß endgültig ermitteln läßt, zeichnet sich jedoch ein deutlicher Rückgang der Übergangsquoten ab. Für den Absolventenjahrgang 1976, dessen Schulabschluß mit dem Höhepunkt der Zulassungsbeschränkungen an den Hochschulen zusammenfiel, wird erwartet, daß nur 75 Prozent der Berechtigten ein Studium aufnehmen werden[40]. In den Modellannahmen des Wissenschaftsrats wird für die weitere Entwicklung mit einer Bandbreite zwischen 75 und 95 Prozent gerechnet[41].

Die Übergangsquote wird von einer Vielzahl von Faktoren bestimmt, von denen in den nächsten Jahren die Numerus clausus-Situation an den Hochschulen, die Arbeitsmarktentwicklung und die Einschätzung der späteren Berufschancen sowie die Entwicklung attraktiver, alternativer Ausbildungsangebote außerhalb des Hochschulbereichs besonders wichtig sein dürften. In gewissem Maße können diese Faktoren auch bereits antizipatorisch das Bildungsverhalten im Hinblick auf die Erwerbung der Studienberechtigung im Sekundarschulbereich beeinflussen.

Die Entwicklung solcher Rahmenfaktoren und ihre Einwirkung auf das Bewerberverhalten ist offen. Manches spricht dafür, daß nach dem 1977 gefaßten Beschluß zur „Öffnung der Hochschulen" (vgl. Kap. 4.2) die Nachfrage nach Studienplätzen in den nächsten Jahren wieder steigen wird. Aber auch bei stagnierenden Übergangsquoten werden aufgrund der steigenden Absolventenzahlen der geburtenstarken Jahrgänge die Studienanfängerzahlen bis 1983 anwachsen und deutlich über denen des Jahres 1977 liegen.

– Verweildauer in der Hochschule
Unter Berücksichtigung der Anzahl der Studienanfänger ist die Verweildauer in der Hochschule für die Entwicklung der Studentenzahlen bestimmend. Die Entwicklung der Verweildauer im Hochschulbereich ist wesentlich von drei Faktoren abhängig:
(1) Verteilung der Studenten auf Kurzstudiengänge (K = 3 Jahre) und Langstudiengänge (L = 4 Jahre; Medizin = 6 Jahre)
Das Verhältnis lag 1976 bei 1:1,2. Dies entspricht einem Anteil von K = 45 Prozent und L = 55 Prozent. Trotz der Empfehlungen des Wissenschaftsrates für eine Verstärkung der Kurzstudiengänge (vgl. Kap. 5.3) gehen die Annahmen für die zukünftige Entwicklung überwiegend davon aus, daß sich die Nachfrage weiter zugunsten von Langstudiengängen verschieben wird. Den Vorausberechnungen wird in der Regel ein Verhältnis von 1:1,5

unterstellt; dies entspricht einem Anteil von K = 40 Prozent, L = 60 Prozent[42].

(2) Studienabbrecherquote

Die Studienabbrecherquote, gemessen am Anteil der Studienanfänger, ist in den letzten 10 Jahren von ca. 25 Prozent auf ca. 12 Prozent zurückgegangen[43]. Bei Modellrechnungen für die kommenden Jahre wird mit einem weiteren Rückgang gerechnet, und zwar mit einer Abbrecherquote in den Kurzstudiengängen von 5 Prozent, in den Langstudiengängen von 8 Prozent[44].

(3) Mittlere Verweildauer

Nach den vorhandenen Daten und Schätzungen – zuverlässige Verlaufsstatistiken liegen nicht vor – wird bisher davon ausgegangen, daß die Studiendauer in Langstudiengängen bei über 6 Jahren, in Kurzstudiengängen bei mindestens 3,8 Jahren liegt. Die Annahmen für die kommenden Jahre variieren zwischen einer Verweildauer bei Kurzstudiengängen von 3,3 bis 3,8 Jahren und bei Langstudiengängen von 4,8 bis 6,5 Jahren, je nachdem, ob man von den Regelstudienzeiten des Hochschulrahmengesetzes (HRG-Variante) oder von dem gegenwärtigen Trend (Status-quo-Variante) ausgeht[45].

Diese Zusammenstellung von Daten über die gegenwärtige Situation und Annahmen über die zukünftige Entwicklung aufgrund von Prognosen der verschiedenen überregionalen Planungsinstanzen macht die Variationsbreite und damit Ungewißheit der Vorausschätzungen für die Entwicklung der Studentenzahlen im nächsten Jahrzehnt deutlich.

In Übersicht 5 sind die quantitativen Zukunftsperspektiven für das Hochschulsystem bis 1995 zusammengestellt.

Die Entwicklung der Studien*berechtigten* ist entsprechend der Vorausschätzung der Kultusministerkonferenz von 1978 eingezeichnet. Für die Studien*bewerber* ist entsprechend den Modellüberlegungen des Wissenschaftsrates die Bandbreite angegeben, die sich bei Übergangsquoten von 75 Prozent bzw. 95 Prozent ergeben würde. Die Kurven zeigen, daß die Bewerberzahlen nach einem Tiefpunkt im Jahr 1979 bis zum Jahr 1983 steigen und ab Mitte der 80er Jahre wieder deutlich fallen werden.

Für die Entwicklung der *Studentenzahlen* ist die Prognose der Kultusministerkonferenz von 1978 dargestellt, die den viel beschworenen „Studentenberg" der 80er Jahre deutlich abbildet. In der KMK-Prognose von 1977 lag der Gipfel sogar noch um 45 000 Studenten höher.

Die KMK-Prognose (1978) beruht auf der in Übersicht 5 dargestellten Vorausschätzung der Hochschulzugangsberechtigten und spekuliert, daß sich die rückläufige Übergangsquote nach einem Tiefstand von 75 Prozent

Anfang der 80er Jahre auf 80 Prozent einpendeln und ab 1985 wieder auf knapp 90 Prozent steigen wird. In ihrer oberen Variante mit einem Höchststand von 1,361 Mill. Studenten im Jahr 1988 wird ein Studienverhalten (Verweildauer) unterstellt, das dem bisherigen Trend entspricht (Status quo-Variante). In der unteren Variante, die voraussetzt, daß die im Hochschulrahmengesetz festgelegten Regelstudienzeiten-Vorschriften eingehalten werden (HRG-Variante), wird der Höchststand mit 1,100 Mill. Studenten im Jahr 1987 erwartet.

Die KMK-Prognose (1978) entspricht – trotz teilweise unterschiedlicher Annahmen – im Ergebnis weitgehend der Modellrechnung, die der Planungsausschuß für den Hochschulbau im sechsten Rahmenplan (1976) seinen Ausbauentscheidungen zugrunde gelegt hat. Nach Auffassung der Kultusministerkonferenz dürfte die tatsächliche Entwicklung eher zur oberen Bandbreite ihrer Prognose von 1978 tendieren, da die untere Variante verhältnismäßig optimistische Annahmen über die Umsetzung des Hochschulrahmengesetzes voraussetzt. Dagegen hält der Planungsausschuß (1977 und 1978) weiterhin für wahrscheinlicher, daß die Gesamtstudentenzahl Mitte der 80er Jahre 1 Million nicht wesentlich übersteigen wird. Unterstellt man einmal, daß die Übergangsquoten bei ihrem für den Absolventenjahrgang 1976 erwarteten Tiefstand von 75 Prozent einfrieren und die Verweildauer entsprechend der HRG-Variante zurückgeht, so wäre sogar denkbar, daß die Studentenzahl in den 80er Jahren den gegenwärtigen Stand nicht mehr wesentlich überschreiten wird.

Die große Variationsbreite der Prognosen zeigt, wie wenig sich die Hochschulplanung auf präzise Entwicklungsdaten stützen kann. Nach 1983 – darin zumindest stimmen alle Prognosen überein – ist unter Berücksichtigung der demographischen Voraussetzungen mit einem Rückgang der Studienanfängerzahlen zu rechnen und, mit einem gewissen time-lag, gegen Ende der 80er Jahre mit einem Absinken der Gesamtstudentenzahl.

Übersicht 5 veranschaulicht den Rahmen, in dem sich die quantitative Entwicklung der Studentenzahlen in den nächsten Jahren bewegen wird. Im Hinblick auf eine vorwiegend nachfrageorientierte bildungspolitische Konzeption muß sich die Planung der räumlichen und personellen Kapazitäten für das Hochschulsystem an diesem Rahmen orientieren. Aufgrund der Struktur und Kompetenzen des überregionalen Planungssystems sind feste Planungsentscheidungen für den Ausbau des Raumbestandes getroffen worden, während für die Entwicklung des wissenschaftlichen Personals mit dem Bildungsgesamtplan nur Zielvorstellungen vorliegen, deren Realisierung durch die Länder ungesichert ist.

Übersicht 5: Entwicklungsperspektiven des Hochschulsystems, 1970–1995 (Studienplätze, wissenschaftliches Personal, Studienberechtigte, Studienbewerber und Studenten)[46]

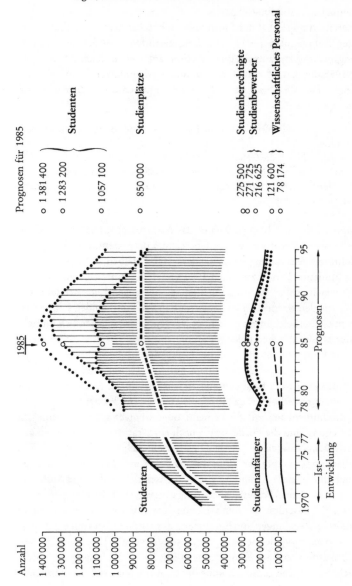

3.5 Planungskonzepte für die Entwicklung räumlicher und personeller Kapazitäten

- Räumliche Ausbildungskapazität

Wie bereits erwähnt hat der Planungsausschuß für den Hochschulbau im sechsten Rahmenplan die Entscheidung getroffen, von der seinerzeit im Bildungsgesamtplan aufgestellten Maxime abzugehen, nach der bis zum Jahre 1985 die Anzahl von Studenten und Studienplätzen deckungsgleich sein sollte. Der Wissenschaftsrat faßte die Argumente 1975 hierfür so zusammen:

- Die bisherigen Zielzahlen würden die Leistungskraft des Bundes und der Länder übersteigen.
- Sie berücksichtigten die Geburtenentwicklung in ihrer Konsequenz für die Zahl der Studienbewerber und der Studenten nach 1985 nicht hinreichend.
- Sie würden zu einer arbeitsmarktpolitisch nicht zu vertretenden Zahl von Hochschulabsolventen führen.[47]

Aufgrund dieser Überlegungen ist das Ausbauziel auf 850 000 Studienplätze festgesetzt worden. Wie in Übersicht 5 dargestellt, soll diese räumlich definierte Ausbildungskapazität dann stabil bleiben, d. h. daß der Gipfel des Studentenberges zwischen 1980 und 1990 „untertunnelt" werden soll. Einerseits sollen dadurch Überkapazitäten gegen Ende des Jahrhunderts vermieden werden, andererseits muß in den kommenden Jahren weiterhin mit Überbelegungen gerechnet werden. Diese würden sich im Rahmen der bisher üblichen Belegungsquote von etwa 120 Prozent bewegen, wenn die Prognose eintrifft, daß der Gipfel des Studentenberges bei etwa einer Million liegen wird; bei einem höheren Gipfel müßten erheblich höhere Belegungen in Kauf genommen werden – in der Maximalprognose der Kultusministerkonferenz (1978) bis zu etwa 160 Prozent.

Im Zusammenhang mit dieser mehr oder weniger starken räumlichen Überbelegung sind die Forderungen nach einer rationelleren Ausnutzung der Hochschulanlagen zu sehen. Dies bezieht sich sowohl auf geeignete Organisationskonzepte zur Verbesserung der räumlichen Ausnutzung, als auch auf eine bessere Ausnutzung der Hochschulen in den fünf Monaten, die nach der üblichen Semestergliederung überwiegend vorlesungsfrei sind. Bereits 1972 beschloß die Bund-Länder-Kommission, in Anlehnung an ausländische Regelungen, die Einführung des Studienjahres mit einer spürbaren Verlängerung der Semesterzeiten anzustreben[48]. Eine solche Veränderung würde allerdings Konsequenzen für die Lehrbelastung der Hochschullehrer und eine Einschränkung der teilweise notwendigen Verdienstmöglichkeiten der Studenten mit sich bringen. Deshalb ist eine Realisierung dieses Beschlusses in absehbarer Zeit nicht zu erwarten und es hat den Anschein, daß dieser Plan auch offiziell nicht mehr ernsthaft verfolgt wird.

Wenn alle Vorhaben, die die Länder zum achten Rahmenplan angemeldet haben, durchgeführt werden, ergibt sich für das Ausbauziel von mindestens 850 000 Studienplätzen im Jahr 1982 ein Realisierungsgrad von 93 Prozent, und bei nachfolgender Fertigstellung aller angemeldeten Vorhaben ein Realisierungsgrad von 97 Prozent. Es verbleibt dann nur noch ein restliches Ausbauvolumen von 20 000 Studienplätzen, die bisher noch nicht zum Rahmenplan angemeldet sind[49].

Nachdem sich damit abzeichnet, daß die Expansion von flächenbezogenen Studienplätzen zu einem Abschluß kommt, gewinnt die Steuerung der regionalen und fachlichen Strukturierung der noch verbleibenden Ausbaukapazität im Zusammenhang mit den Rahmenplänen an Gewicht[50].

Hinsichtlich der *fachlichen* Strukturierung muß ein gewisses Maß an Flexibilität erhalten bleiben. Da sich nach den Grundsätzen der Gemeinschaftsaufgabe Hochschulbau das Angebot an Studienplätzen an Bedarf und Nachfrage orientieren soll, steht die Zielplanung hier im Zusammenhang mit den Prognosen über Entwicklungen der Studentenzahlen und des Arbeitsmarktes, die bekanntlich erheblichen Schwankungen unterliegen[51]. Angesichts einer sich plötzlich abzeichnenden „Lehrerschwemme" ist jetzt beispielsweise ein Ausbaustop für die Pädagogischen Hochschulen und eine teilweise „Umwidmung" bereits vorhandener flächenbezogener Studienplätze für die Lehramtsstudiengänge vorgesehen. Solche „Umwidmungen" werden in der Folge von Veränderungen in der fachlichen Nachfragestruktur von Studienanfängern möglicherweise auch für andere Fachrichtungen notwendig werden. Hierbei stellt die spezialisierte Qualifikation des wissenschaftlichen Personals eine besondere Schwierigkeit dar und es ist noch nicht abzusehen, auf welche Widerstände solche Maßnahmen bei den Betroffenen stoßen werden[52].

Im Hinblick auf die *regionale* Strukturierung wird davon ausgegangen, daß das Angebot von Studienplätzen in den Ländern ausgeglichen sein soll, wobei als Maßstab der Bevölkerungsanteil des Landes im Studienalter gilt[53].

Der 1977 erreichte Ausbaustand zeigt noch einen erheblichen Unterschied in der Realisierung der landesspezifischen Zielquoten, der von 65 Prozent (Bremen) bis zu 99 Prozent (Hessen) reicht. Nach Fertigstellung aller zum achten Rahmenplan angemeldeten Vorhaben werden von einigen Ländern die Zielquoten bereits überschritten, während für andere Länder immer noch ein Rückstand verbleibt.

Tabelle 9: Bestand und Ausbauziele an flächenbezogenen Studienplätzen nach Ländern, 1977–1985[54]
(geordnet nach dem Ausbaustand 1977)

Land	Realisie-rungsgrad 1977 in %	Geplanter Realisie-rungsgrad bis 1982 in %	Ausbau-stand bei Realisie-rung aller Vorhaben in %	Ausbau-ziel 1985 = 100 %
1. Hessen	99 %	102 %	110 %	71 000
2. Nordrhein-Westfalen	93 %	99 %	102 %	228 000
3. Baden-Württemberg	90 %	97 %	100 %	136 400
4. Hamburg	89 %	98 %	98 % (90)*	35 000
5. Schleswig-Holstein	89 %	93 %	95 %	24 000
6. Berlin	88 %	104 %	112 % (100)*	53 300
7. Saarland	88 %	91 %	94 %	14 500
8. Niedersachsen	73 %	92 %	95 % (102)*	92 000
9. Bayern	71 %	80 %	90 % (96)*	140 000
10. Rheinland-Pfalz	71 %	80 %	83 %	45 000
11. Bremen	65 %	72 %	82 %	15 000
Insgesamt	85 %	93 %	97 %	854 200

* In Klammern: Realisierungsgrad bezogen auf veränderte Ausbauziele, die von einzelnen Ländern angestrebt werden.

Im Hinblick auf einen regional ausgeglichenen Hochschulausbau hält der Wissenschaftsrat eine Modifikation der landesspezifischen Zielquoten jedoch nicht für gerechtfertigt. In den Empfehlungen zum siebten Rahmenplan hielt er es vielmehr für dringlich, daß jene Länder, die in ihren Anmeldungen noch hinter den beschlossenen Ausbauzielen zurückbleiben, verstärkte Bemühungen um einen Ausgleich ihres Rückstandes einleiten[55]. Der Planungsausschuß schloß sich dieser Empfehlung in milderer Formulierung an und bat die Länder, „die Möglichkeit zu prüfen, durch bevorzugte Anmeldung von unmittelbar studienplatzrelevanten Vorhaben zum folgenden Rahmenplan die Verwirklichung des angestrebten Ausbauziels zu beschleunigen"[56]. Nach den Anmeldungen zum achten Rahmenplan verbleibt ein gravierender Rückstand nur noch für Rheinland-Pfalz und Bremen. Die Länder Bayern und Niedersachsen sehen allerdings nun doch eine Reduktion ihrer landesspezifischen Zielquoten vor und erreichen damit auch auf diese Weise eine Erhöhung ihrer im Vorjahr monierten Ausbauquote.

Ein Grund für den zögernden Ausbau des Hochschulwesens in einigen Ländern, trotz des damit verbundenen 50prozentigen Bundeszuschusses, liegt darin, daß die Länder über die langfristigen Personal- und Sachaufwendungen beängstigt sind, die allein durch den Landeshaushalt getragen werden müssen. Es gibt daher auch bereits Überlegungen, ob zumindest die sächlichen Folgekosten in das Finanzierungssystem der Gemeinschaftsaufgaben mit einbezogen werden könnten.

– Personelle Ausbildungskapazität

Für die Entwicklung der Personalausstattung lassen sich im Gegensatz zur räumlichen Ausbauplanung keine gesicherten Aussagen machen. Ein gewisser Anhaltspunkt für die Personalentwicklung ist die vorgesehene Relation von Studenten und wissenschaftlichem Personal. Nach dem Bildungsgesamtplan sind für das Jahr 1985 folgende fachspezifischen Betreuungsrelationen angezielt:

Tabelle 10: Relation: Studenten – Wissenschaftliches Personal[57]
(Zielwerte 1985)

Medizin	
sechsjähriges Studium	3:1
dreijähriges Studium	10:1
Natur- und Ingenieurwissenschaften	
vierjähriges Studium	8:1
dreijähriges Studium	10:1
Lehramtsstudium	10:1
Geisteswissenschaften	
vierjähriges Studium	15:1
dreijähriges Studium	16:1
Lehramtsstudium	15:1

Bei einer angenommenen Studentenzahl von rund einer Million, die der in Übersicht 5 dargestellten unteren Prognose entspricht, wurde im Bildungsgesamtplan aufgrund der angegebenen Betreuungsrelationen für das Jahr 1985 ein Bedarf an wissenschaftlichem Personal von rund 121 600 errechnet[58]. Angesichts der durch die gesamtwirtschaftliche Lage begründeten restriktiven Personalpolitik der Länder, erscheint es jedoch eher wahrscheinlich, daß die Personalausstattung der Hochschulen in den nächsten Jahren stagnieren wird. In den Jahren 1976 und 1977 war sogar eine Verringerung des wissenschaftlichen Personals zu beobachten: von 78 100 (1975) auf 77 500 (1977). Erst 1978 wurde mit 78 200 der Stand von 1975 wieder erreicht[59].

Man kann daher davon ausgehen, daß auch in bezug auf die personelle Ausbildungskapazität der Studentenberg in den 80er Jahren „untertunnelt" werden muß. In diesem Zusammenhang werden nicht nur Maßnahmen zur effizienteren Nutzung der bestehenden Kapazitäten erörtert und getroffen (vgl. hierzu Kap. 4.2), sondern darüber hinaus auch weitere Maßnahmen zur vorübergehenden Steigerung der Ausbildungskapazität vorgesehen. Hierzu gehört insbesondere die Einführung einer zeitlich begrenzten *Überlastquote* in Form eines freiwilligen „Notzuschlages auf Zeit", wie er von der Westdeutschen Rektorenkonferenz vorgeschlagen worden ist[60]. Angesichts der bevorstehenden Notsituation hat der Hochschulverband, die Standesvertretung der Hochschullehrer, diesen Vorschlag positiv aufgenommen, was eine Bereitschaft gegenüber diesem Konzept in weiten Kreisen der Hochschullehrer signalisiert[61].

Im „Effizienzbericht" der Bund-Länder-Kommission über „Umfang und Ausnutzung der Personalkapazität und Lehrverpflichtung im Hochschulbereich" ist im einzelnen dargelegt, welche flankierenden, zum Teil auch kostenrelevanten Maßnahmen zur Verwirklichung der befristeten fächerspezifischen Überlastquoten vorgesehen werden sollen. Hierzu gehören eine Mehrarbeitsvergütung und die vorübergehende Zuteilung disponibler Finanzmittel an die Fachbereiche für Lehraufträge und zum Einsatz für zusätzliche Hilfskräfte[62]. Allerdings dürften solche Maßnahmen nur dann den erwünschten Erfolg haben, wenn sich das verunsicherte Vertrauensverhältnis zwischen Staat und Wissenschaft verbessert und sich eine konstruktive Kooperation zur Bewältigung der Engpässe entwickeln kann (vgl. hierzu Kap. 7).

4. Aspekte der Hochschulorganisation

4.1 Finanzierung

– Allgemeine Entwicklung

Die bildungspolitische Konzeption der neuen Bundesregierung sah 1970 ein überproportionales Ansteigen der Ausgaben für Bildung und Wissenschaft im Vergleich zu anderen öffentlichen Bereichen vor, um bis Anfang der 80er Jahre die neuformulierten Ziele der Bildungsreform erfüllen zu können[1]. Da die Hauptlast für die Bildungsaufwendungen den Ländern zufällt – der Bund finanzierte bis 1969 nur 6,3 Prozent der gesamten Bildungsausgaben – konnte nicht damit gerechnet werden, daß die Länder eine solche überproportionale Steigerung tragen könnten. Zur Verbesserung der allgemeinen Finanzausstattung der Länder wurde darum der Länderanteil an der Umsatzsteuer von 30 auf 35 Prozent erhöht und den finanzschwachen Ländern Ergänzungszuweisungen des Bundes zugewiesen. Darüber hinaus war für den forcierten Ausbau des Hochschulbereichs die Mitbeteiligung des Bundes an den Investitionen für den Hochschulbau und an der Forschungsförderung eine wichtige Voraussetzung. Diese schon länger praktizierte Beteiligung wurde 1969 durch die Einführung des Instruments der Gemeinschaftsaufgaben in die Verfassung stärker legitimiert.

Der vertikale Finanzausgleich entspricht dem Subsidaritätsprinzip, nach dem im föderativen Bundesstaat der übergeordnete Verband sich an jenen Aufgaben der untergeordneten Gebietskörperschaften beteiligt, die diese nur unzureichend erfüllen können. Unabhängig hiervon erfolgt zwischen den Bundesländern ein horizontaler Finanzausgleich, bei dem finanzstarke an finanzschwache Länder Ausgleichszahlungen leisten. Bei der Diskussion über die Höhe der Ausgleichszahlungen spielt die Kapazität des Hochschulsystems in den einzelnen Ländern eine gewisse Rolle; denn die Länder mit hohem Studentenimport fordern – bisher allerdings ohne Erfolg –, daß ihnen diese „Ausbildungshilfe" beim horizontalen Finanzausgleich gutgeschrieben wird.

Für die acht Flächenstaaten (ohne die Stadtstaaten Hamburg, Bremen und Berlin) ist in Tabelle 11 dargestellt, welche Steuerausstattung pro Einwohner sich für 1975 nach Durchführung der Ausgleichsverfahren ergibt und wieviel davon für Hochschulausgaben aufgewendet wurde.

Tabelle 11: Die Steuerausstattung der Länder (Flächenstaaten) und die Hochschulausgaben, 1975[2]

Land	Steuerausstattung DM/pro Einw. (1)	Hochschulausgaben DM/pro Einw. (2)	in % von (1) (3)
Baden-Württemberg	1346,–	212,–	15,8
Bayern	1293,–	165,–	12,8
Hessen	1325,–	226,–	17,1
Niedersachsen	1333,–	158,–	11,9
Nordrhein-Westfalen	1334,–	184,–	13,8
Rheinland-Pfalz	1312,–	129,–	9,8
Saarland	1371,–	235,–	17,1
Schleswig-Holstein	1318,–	135,–	10,2
Flächenstaaten, insgesamt	1326,–	181,–	13,7

Dieser punktuelle Ausschnitt für 1975 zeigt den hohen und relativ stark variierenden Anteil der Hochschulausgaben im Rahmen der Länderhaushalte. Ein sehr hoher Anteil braucht dabei nicht nur ein Indiz für ein überdurchschnittlich ausgestattetes Hochschulsystem zu sein; er kann auch auf eine in diesen Zeitabschnitt fallende überdurchschnittliche Anstrengung verweisen, um Rückstände im Ausbildungsangebot aufzuholen, entsprechend dem Verfassungsgebot nach gleichen Lebensverhältnissen im Bundesstaat.

Inwieweit die Absichtserklärung der Bundesregierung von 1970 hinsichtlich eines überproportionalen Anstiegs der Bildungsausgaben verwirklicht werden konnte, zeigt die Entwicklung des Bildungsbudgets und der Ausgaben für Hochschulen am öffentlichen Gesamthaushalt von Bund, Ländern und Gemeinden. Setzt man 1961 = 100%, ergibt sich hierfür bis 1975 das in Übersicht 6 dargestellte Bild der Steigerungsraten.

Es zeigt sich, daß in der Tat das Bildungsbudget insgesamt, wie auch die Ausgaben für Hochschulen bis 1974 ein überdurchschnittliches Wachstum aufweisen. Dabei ist zu beachten, daß vor allem im Hochschulbereich die besondere bildungspolitische Schwerpunktsetzung von 1970 nur das Tempo eines in den 60er Jahren bereits vorliegenden überdurchschnittlichen Wachstums weiter beschleunigt. Dieser Trend müßte aufrechterhalten bleiben, wollte die Bundesrepublik auch nur annähernd an die von den

Übersicht 6: Bruttosozialprodukt, öffentlicher Haushalt, Bildungsbudget
und Ausgaben für Hochschulen, 1961–1975[3]
(1961 = 100)

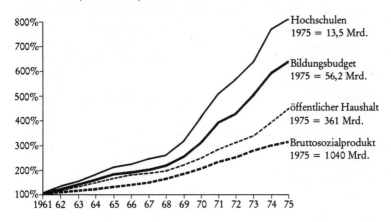

OECD-Prüfern für 1985 empfohlene Zielmarke herankommen und für die
Ausgaben für Bildung, Wissenschaft und Forschung einen Anteil an den
öffentlichen Ausgaben von etwa 26 Prozent anvisieren[4]; 1975 hatte das
Bildungsbudget erst einen Anteil von etwa 16 Prozent erreicht.

Entsprechendes gilt für den Anteil am Bruttosozialprodukt (BSP). Auch
gegenüber dem BSP zeigt sich seit Beginn des hier betrachteten Zeitraumes
(1961–75) ein überproportionales Wachstum des Bildungsbudgets von 2,7
Prozent auf 5,4 Prozent und der Hochschulausgaben von 0,5 Prozent auf
1,3 Prozent. In diesem Zusammenhang fanden die OECD-Prüfer die Absicht der Bundesregierung, bis 1980 einen Bildungsbudget-Anteil am BSP
von etwa 8 Prozent zu erreichen, nur normal und „keineswegs im Widerspruch zu den langfristigen Trends in anderen hochentwickelten
Ländern"[5].

Die überdurchschnittliche Zunahme des Bildungsbudgets endet jedoch
1974. Es zeigt sich, wie konjunkturanfällig das anspruchsvolle bildungspolitische Konzept von 1970 ist. Von 1974 auf 1975 nimmt der Anteil des
Bildungsbudgets am BSP zwar noch um 0,1 Prozentpunkte zu, gegenüber
dem öffentlichen Haushalt sinkt der Anteil aber bereits von 16,7 Prozent
auf 15,6 Prozent ab, die Ausgaben für Hochschulen von 4,1 Prozent auf 3,7
Prozent. Diese Entwicklung fällt zusammen mit einer Kurskorrektur zugunsten der lang vernachlässigten beruflichen Bildung.

77

1975 wurden bei rd. 836 000 Studenten im WS 75/76 und einem Bestand an wissenschaftlichem Personal von rund 78 000 für den Hochschulbereich 13,5 Mrd. DM ausgegeben. Die Personalkosten machten dabei 58 Prozent aus, der Sachaufwand 19 Prozent und die Sachinvestitionen 20 Prozent[6]. Pro Kopf der Studierenden ergaben sich 1975 nach Hochschularten und Fächergruppen folgende Kosten; dabei müssen die Angaben für die Gesamthochschulen, die gerade im Aufbau sind, mit Vorbehalt gewertet werden.

Tabelle 12: Ausgaben je Student nach Hochschularten und Fächergruppen, 1975[7]

Fächergruppen (sowie ihr jeweiliger Anteil an den Studenten der Hochschulen insgesamt)		Universitäten/PH	Gesamthochschulen	Fachhochschulen	Hochschulen insgesamt
Theologie, Sprach- und Kulturwiss.	(27,4 %)	4 900,–	3 300,–	4 700,–	4 800,–
Rechts- u. Sozialwissenschaften	(23,2 %)	2 900,–	2 300,–	2 200,–	2 700,–
Naturwissenschaften, Mathematik	(16,9 %)	12 100,–	8 000,–	13 400,–	12 000,–
Ingenieurwissenschaften	(19,0 %)	10 000,–	3 400,–	5 100,–	7 200,–
Medizin (einschl. Hochschulkliniken 30%)	(6,3 %)	36 800,–	–	–	36 400,–
Agrarwissenschaften	(2,2 %)	13 900,–	8 900,–	8 300,–	12 800,–
Kunstwissenschaften	(5,0 %)	1 500,–	3 100,–	2 300,–	4 800,–
Insgesamt, einschl. zentraler Kosten d. Institutionen		13 600,–	11 700,–	6 900,–	12 400,–

Die durchschnittlichen Ausgaben je Student verringern sich bei längerer Verweildauer und entsprechend größerer Gesamtstudentenzahl. Würden die Mindeststudienzeiten eingehalten, so würde sich dies daher in einer Erhöhung der Pro-Kopf-Ausgaben niederschlagen.

Legt man die derzeitige Verweildauer zugrunde, so betragen die Hochschulausgaben für ein abgeschlossenes Fachstudium Mitte der 70er Jahre an den Universitäten 64 000,– DM (am niedrigsten in den Rechts-, Wirtschafts- und Sozialwissenschaften mit 14 400,– DM; am höchsten in der

Medizin mit 240 000,– DM). An Gesamthochschulen und Kunsthochschulen liegen die entsprechenden Kosten bei 45 000,– DM und an Fachhochschulen bei 21 000,– DM[8].

– Finanzierung der Hochschulen

Die Finanzierung der Hochschulen, die ja mit wenigen Ausnahmen staatliche Einrichtungen der Bundesländer sind, wird über den jährlichen Landeshaushalt sichergestellt, der durch das Parlament verabschiedet wird. Im Landeshaushalt sind die Einnahmen und Ausgaben der Hochschulen ausgewiesen. Bis zum allgemeinen Fortfall der Studiengebühren Anfang der 70er Jahre stellten die Studiengebühren einen – wenn auch nur geringen – Teil der Einnahmen dar, der meist unter $^1/_{10}$ der Aufwendungen für Forschung und Lehre lag[9]. Die wichtigste Einnahmequelle der Hochschulen resultiert aus ihren Dienstleistungen, vor allem im Bereich der ärztlichen Versorgung in den Hochschulkliniken, sowie im Zusammenhang mit Forschungsaufträgen. Hierdurch wird jedoch nur ein kleiner Teil der Aufwendungen für die Hochschulen gedeckt (1972 = 13%)[10]; die laufenden Hochschulausgaben werden also im wesentlichen durch die Haushaltsmittel des Landes bereitgestellt.

Im Hinblick auf die Forschungsfunktion der Hochschule werden die durch das Land etatisierten Mittel durch staatliche und nichtstaatliche Beiträge dritter Instanzen wesentlich ergänzt. Die mit Abstand wichtigste Instanz für die zusätzliche Forschungsförderung ist die Deutsche Forschungsgemeinschaft, bei der von jedem Wissenschaftler für gezielte Forschungsvorhaben Mittel beantragt werden können und die die Schwerpunktforschung im Rahmen von Schwerpunktprogrammen und Sonderforschungsbereichen fördert. Bei den Investitionen für den Hochschulbau werden die Landesmittel durch die Zuschüsse des Bundes (50%) ergänzt. Weiterhin beteiligt sich der Bund am öffentlich geförderten Studenten-Wohnheimbau (50%) und an der Ausbildungsförderung (65%).

Die Hochschulen haben als staatliche Einrichtung keine Finanzhoheit, vielmehr ist das Finanzwesen der Hochschulen in der Regel in den Landeshaushalt integriert[11]. Die jährlichen Zuweisungen sind in Titel (z. B. für Personal, Sachmittel etc.) gegliedert, die nur teilweise gegenseitig deckungsfähig sind, so daß die Verwendung der Mittel nach Aufgabenbereichen weitgehend durch den Gesetzgeber bestimmt wird. Ausnahmen bilden die Universitäten im Saarland und in Berlin, die einen eigenen Haushaltsplan erstellen, und die Mittel aus dem Landeshaushalt als Globalzuweisung erhalten. Für den jährlichen Haushaltsentwurf des Kultusministeriums legen die Hochschulen im einzelnen begründete Haushaltsanmeldungen vor, die von den Hochschulverwaltungen entworfen und von den Selbstverwaltungsgremien (Senat o. ä.) beschlossen werden. Die Haushaltsanmeldungen werden mit der Hochschulabteilung des Kultusministeriums beraten. Die Anmeldungen der Hochschulen und die Beratungen sind Grundlage für die Haushaltsanträge, die das Kultusministerium dem Landesparlament vorlegt. Nur teilweise (wie z. B. in Rheinland-Pfalz) besteht die Praxis, daß dem Landesparlament mit dem Haushaltsantrag des Kultusministeriums auch die ursprünglichen Anmeldungen der Hochschulen für die Entscheidungsfindung vorgelegt werden.

Eine wesentliche Veränderung bei der Festsetzung der Haushaltsmittel für die einzelnen Hochschulen liegt in der Ablösung des traditionellen Verfahrens bei Berufungsverhandlungen, in denen zwischen dem Kultusministerium und einzelnen Wissenschaftlern nicht nur die persönlichen Bezüge, sondern auch die Institutsmittel und die dem Ordinarius zugewiesenen Personalstellen ohne Einschaltung der Hochschulverwaltung ausgehandelt wurden. Wenn ein Ruf von einer anderen Universität an einen Ordinarius erging, wurden diese personalisierten Etats in den sogenannten „Bleibeverhandlungen" in der Regel weiter aufgestockt. Diese Usance – eines der Kennzeichen der alten Ordinarienuniversität – führte zu einer Ausgestaltung der Personal- und Sachmittel der einzelnen Institute, die nicht unbedingt im Einklang mit den Erfordernissen eines ausgeglichenen Lehr- und Forschungsbetriebes standen, sondern wesentlich durch das wissenschaftliche Renommee eines Ordinarius begründet waren, und auch bei Neubesetzungen in der Regel als festgeschriebene Ansätze im Haushalt bestehen blieben.

Nach den in den letzten Jahren entstandenen Landeshochschulgesetzen ist der Spielraum der Berufungsverhandlungen jetzt weitgehend auf die persönlichen Bezüge der Professoren beschränkt[12]. Bei der Einführung dieser Regelung ergibt sich allerdings das Problem, inwieweit die angestammten Erbhöfe aus vorherliegenden Berufungsverhandlungen erhalten bleiben[13]. Die persönlichen Bezüge der Professoren bewegen sich im Rahmen des vorgegebenen Besoldungsrechts für den öffentlichen Dienst, der für die Gehälter von Ordinarien einen relativ breiten Spielraum läßt. Im Jahr 1977 kann beispielsweise das Bruttojahresgehalt eines verheirateten Ordinarius im Alter von 40 Jahren mit zwei Kindern zwischen ca. 65 000 und 120 000 DM liegen, wobei Gehälter über 80 000 DM auf Sonderregelungen infolge mehrfacher Berufungen oder überdurchschnittlicher Leistungen beruhen. Ein verheirateter wissenschaftlicher Mitarbeiter (BAT IIa) im Alter von 30 Jahren mit zwei Kindern erhält ein jährliches Bruttogehalt von ca. 45 000 DM.

Wenn die noch in Entwicklung befindlichen Planungsverfahren zur allgemeinen Anwendung kommen, werden sich die Haushaltsanmeldungen der Hochschulen zunehmend auf die Ausstattungspläne der Fachbereiche und des Hochschulentwicklungsplanes stützen können; sie gewinnen damit eine fundiertere und gegenüber dem Kultusministerium besser argumentierbare Basis.

Die Abwicklung des Haushaltswesens der Universitäten erfolgt entsprechend ihrer Integration in den Landeshaushalt im Sinne des kameralistischen Prinzips, nach dem lediglich die Einnahmen und Ausgaben nachgewiesen werden müssen. Die ordnungsgemäße Buchführung wird durch die staatlichen Rechnungshöfe geprüft. Damit ist zwar sichergestellt, daß das Haushaltswesen korrekt abgewickelt wird; jedoch ist fraglich, ob damit eine wirtschaftliche Abwicklung des Haushaltswesens gesichert ist, die nicht nur eine korrekte, sondern auch eine effiziente Verwendung der öffentlichen Mittel gewährleistet. Es wird daher zunehmend gefordert, das kameralistische Rechnungswesen durch eine Betriebskostenrechnung (Hochschulkostenrechnung) zu ergänzen, mit der die wirtschaftliche Verwendung von Mitteln nachgewiesen werden kann[14].

4.2 Zulassung von Studenten

Ein charakteristisches Kennzeichen der deutschen Universitätstradition liegt in der Freizügigkeit von Studenten; grundsätzlich berechtigt die mit dem Abitur erworbene „Hochschulreife" dazu, sich an der Hochschule der eigenen Wahl zu immatrikulieren. Universitäten werden im Prinzip als gleichrangig betrachtet. Gewichtige Statusunterschiede wie in den angelsächsischen Ländern gibt es in der Bundesrepublik nicht, und vor diesem Hintergrund ist verständlich, daß es zwischen den Universitäten auch keine Konkurrenz um die besten Studenten in Form von Hochschuleingangsprüfungen gibt, was von ausländischen Beobachtern zuweilen mit Erstaunen und Unverständnis festgestellt wird[15].

Eine Beschränkung des Prinzips der Freizügigkeit ergab sich erst, als die meisten Universitäten im Zuge der Expansion der Studentenzahlen an den Rand ihrer Aufnahmekapazitäten gelangten und aus diesem Grunde seit Mitte der 60er Jahre dazu übergingen, den bereits in der Notsituation der Nachkriegszeit vorübergehend praktizierten Numerus clausus wieder einzuführen. Insbesondere betroffen waren hiervon zunächst die medizinischen und naturwissenschaftlichen Fächer.

Die Einführung des Numerus clausus und seine nach 1970 zunehmende

Verschärfung stieß auf heftigen Widerspruch in der Öffentlichkeit, besonders natürlich bei den betroffenen Abiturienten. In zahlreichen Rechtsverfahren wurde argumentiert, daß der Numerus clausus gegen das Grundrecht auf freie Wahl des Berufs und der Ausbildungsstätte verstoße (Art. 12 GG). Wie sehr der Numerus clausus und die damit verbundenen Probleme der Auswahl und Verteilung zu einem kritischen Punkt des deutschen Hochschulwesens geworden sind, läßt sich aus der kaum mehr übersehbaren Fülle von staatlichen Verordnungen, parlamentarischen Anfragen und gerichtlichen Entscheidungen entnehmen, die in den letzten Jahren zu diesem Thema ergangen sind. Eine Bibliographie für die Jahre 1970–1976 führt hierzu allein 619 Eintragungen der obigen Art auf sowie weitere 69 selbständige Veröffentlichungen und 460 Aufsätze aus Zeitschriften, Sammelwerken und Wochenzeitungen, die sich mit dem Numerus clausus-Problem befassen[16].

Grundlegend für die weitere Entwicklung des Zulassungswesens ist das sogenannte *Numerus clausus-Urteil* des Bundesverfassungsgerichts von 1972 geworden. Es hat das Grundrecht auf freie Wahl des Berufes und der Ausbildungsstätte nachdrücklich unterstrichen und festgestellt, daß ein absoluter Numerus clausus für Studienanfänger nur verfassungsmäßig sei, wenn er

(1) in den Grenzen des unbedingt erforderlichen unter erschöpfender Nutzung der vorhandenen, mit öffentlichen Mitteln beschafften Ausbildungskapazitäten angeordnet wird und wenn
(2) Auswahl und Verteilung nach sachgerechten Kriterien mit einer Chance für jeden an sich hochschulreifen Bewerber und unter möglichster Berücksichtigung der individuellen Wahl des Ausbildungsortes erfolgen[17].

Um diesen Grundsätzen Rechnung zu tragen, haben die Länder 1972 einen *Staatsvertrag über die Vergabe von Studienplätzen* geschlossen. Aufgrund des Staatsvertrages wurde die Zentralstelle für die Vergabe von Studienplätzen (ZVS) eingerichtet[18]; sie hat die bereits seit 1967 bestehende Zentrale Registrierstelle der Westdeutschen Rektorenkonferenz ersetzt, die den Hochschulen bei der Vergabe von Studienplätzen technische Hilfe leistete.

Der *ersten* Forderung des Bundesverfassungsgerichts, daß Art und Weise der *Kapazitätsermittlung* zum Kern des Zulassungsrechtes gehören, wurde im Zusammenhang mit dem Staatsvertrag durch den Erlaß von „Kapazitätsverordnungen" entsprochen. Diese Konsequenz aus dem Bundesverfassungsgerichtsurteil hat für das Hochschulsystem der Bundesrepublik eminente Bedeutung gewonnen. Mit den heiß umstrittenen Kapazitätsverordnungen wird zum ersten Mal nach bundeseinheitlichen Grundsätzen die in den Hochschulen der elf Bundesländer vorhandene Ausbildungskapazität zu erfassen versucht. Im Gegensatz zur bundesweiten Planung des Hochschulsystems, die sich auf flächenbezogene Studienplätze bezieht, geht die Kapazitätsverordnung in erster Linie von der vorhandenen personellen Lehrkapazität aus und berücksichtigt räumliche und sächliche Kapazitäten erst in zweiter Linie.

In den Kapazitätsverordnungen von 1974 und 1975[19] wurde zur Ermittlung der Aufnahmekapazitäten ein differenziertes, ausgeklügeltes System eingeführt. Danach sind die Lehrleistungen der Hochschullehrer nach Lehrveranstaltungsarten (Vorlesung, Seminar, Praktikum, Anleitung bei Examensarbeiten etc.) und Betreuungsrelationen (Anzahl der in der Lehrveranstaltungsart betreuten Studenten) unterschiedlich zu gewichten. In der zweiten Kapazitätsverordnung wurden nicht weniger als 30 verschiedene Lehrveranstaltungsarten unterschieden, von denen sich ca. 20 auf Universitäten beziehen.

In den meisten Bundesländern – es gibt jedoch zur Zeit noch Unterschiede – ist das Lehrdeputat von Professoren an wissenschaftlichen Hochschulen auf acht Wochenstunden festgesetzt. Durch die Differenzierung von Lehrveranstaltungsarten und ihrem Anrechnungswert auf das Lehrdeputat zwischen 0,1 und 1,0 Wochenstunden wurde wohl erstmals in der deutschen Hochschulgeschichte eine bürokratische Kontrolle des faktischen Lehrangebotes eingeführt; dies hat zu viel Unmut über die staatlichen Eingriffe und sicherlich auch zu vielen Taschenspielertricks mit den Anrechnungsfaktoren geführt. Das Anrechnungsverfahren hat auch den unerwünschten Effekt, daß lehrintensive Veranstaltungsarten neuerer Art mit begrenzter Teilnehmerzahl wegen ihres geringeren Anrechnungsfaktors wieder zurückgedrängt werden, obwohl sie ein wichtiges Element der Reformbemühungen darstellen; statt dessen wird der Monolog der klassischen Ein-Mann-Vorlesung mit großen Teilnehmerzahlen infolge des ihm zugesprochenen höchsten Anrechnungsfaktors (1,0) stärker befördert.

Um dem Reglementierungsdruck durch die Kapazitätsverordnungen zu entgehen, haben einzelne Fachbereiche von sich aus vorgeschlagen, aus dem zentralen Vergabeverfahren herausgenommen zu werden, weil sie lieber Überkapazitäten in Kauf nehmen als bürokratische Eingriffe tolerieren wollen. Inzwischen sind – auch auf Drängen der Hochschulen – die komplizierten Kapazitätsverordnungen durch ein gröberes Richtwertverfahren ersetzt worden, das den einzelnen Lehreinheiten wieder einen etwas größeren Autonomiespielraum bei der Gestaltung des Lehrbetriebs einräumt; zur Zeit ist noch nicht abzusehen, inwieweit sich das neue Richtwertverfahren unter diesem Gesichtspunkt bewähren wird.

Auch die Erfüllung der *zweiten* Forderung des Bundesverfassungsgerichts, die sich auf die Anwendung *sachgerechter* Kriterien für das Zulassungsverfahren bezieht, ist noch im Entwicklungsstadium.

Die Auswahl der Bewerber für die Numerus clausus-Studiengänge durch die Zentralstelle für die Vergabe von Studienplätzen (ZVS) erfolgt bisher aufgrund der Kriterien *Leistung und Eignung* (gemessen an dem Notendurchschnitt des Abiturzeugnisses) und *Wartezeit*. Nach Abzug von Sonderquoten für Ausländer und Härtefälle werden die übrigen Studienplätze zu 60 Prozent nach Leistung und zu 40 Prozent nach Wartezeit verteilt; die Wartezeit beträgt in den harten Numerus clausus-Fächern, also insbesondere den medizinischen Studiengängen, zur Zeit bis zu sechs Jahren. Obwohl die ZVS bemüht ist, das Bewerbungsverfahren so benutzerfreundlich wie möglich zu gestalten, mußten sich die Studienbewerber für das ZVS-Zulassungsverfahren in den letzten Jahren durch umfangreiche Anweisungsbroschüren und Fragebogen durcharbeiten, deren kompetente Ausfüllung allein schon als Nachweis für die „Hochschulreife" angesehen werden könnte.

Die Bedeutung, die die Abiturnoten dadurch erhalten haben, daß sie die Möglichkeit, ein Studium in der gewünschten Fachrichtung aufzunehmen, entscheidend mitbestimmen, wird allseits als unbefriedigend angesehen und hat folgenschwere Rückwirkungen auf die Schule. Besonders kritisiert wird, daß den Einzelnoten damit eine Rationalität verliehen wird, die sie nicht haben, vor allem aber, daß der Konkurrenzkampf in der Schule um Zehntelnoten das Lernklima vergiftet. Der hiedurch entstehende – vielleicht auch manchmal publizistisch aufgebauschte – Schulstreß gilt in der Öffentlichkeit derzeit als ein besonderes Versagen der Bildungspolitik[20].

Durch das Hochschulrahmengesetz wird das Zulassungsrecht durch eine Reihe von Zusatzregelungen ergänzt. Als wichtigster Punkt ist hervorzuheben, daß in jenen Fächern, in denen ein besonders hoher Abiturnotendurchschnitt[21] und besonders lange Wartezeiten notwendig sind, die Auswahl zukünftig auf einem zusätzlichen Verfahren beruhen soll, das sich auf Tests und die Bewertung praktischer Tätigkeiten beziehen soll (HRG § 33, Abs. 3). Die vorgesehene Einführung von Auswahltests, die für das Medizinstudium voraussichtlich bereits 1979 Anwendung finden sollen, ist freilich nicht unumstritten. Von Experten, aber auch von den Kultusbeamten selbst, wird mit Skepsis verfolgt, inwieweit es innerhalb einer so relativ kurzen Zeit möglich sein wird, Testverfahren bis zur Einsatzreife zu entwickeln[22]. Aus der Sicht von Abiturienten haben jedoch von den vielen Zulassungskriterien, die in der Diskussion sind, eindeutig jene den Vorrang, die auf das gewünschte Studienfach bezogen sind, nämlich auf die fachliche Eignung bezogene Aufnahmetests und „Probesemester" mit abschließender Prüfung. Die bisherigen Verfahren, die am Notendurchschnitt und an Wartezeiten orientiert sind, aber auch das häufig propagierte Losverfahren, werden demgegenüber von Abiturienten allgemein als ungeeignet angesehen[23].

Im Hinblick auf das Gewicht, das das Leistungskriterium auch nach dem Hochschulrahmengesetz weiterhin behält, besteht eine besondere Problematik für das geforderte sachgerechte Zulassungsrecht in der Verschiedenartigkeit der Abituranforderungen in den elf Bundesländern. Hierauf bezieht sich eine weitere Zusatzregelung des Hochschulrahmengesetzes. Danach sollen für die Auswahl der Studienbewerber *Landesquoten* gebildet werden, solange die Vergleichbarkeit im Verhältnis der Länder untereinander nicht gewährleistet ist (HRG, § 32, Abs. 3.1). Die Quote eines Landes bemißt sich zu einem Drittel nach seinem Bewerberanteil für den betreffenden Studiengang und zu zwei Dritteln nach seinem Anteil an der Gesamtzahl der 18- bis unter 21jährigen.

Durch die Forderung nach Vergleichbarkeit geraten die Kultusminister in einen Zugzwang zur Vereinheitlichung der Abituranforderungen, die durch die Einführung der sogenannten „Normenbücher" erreicht werden soll[24]. Diese stellen einen zentralistischen und rigiden Eingriff in die curriculare Vielfalt der Sekundarschulausbildung dar, der dem föderativen Credo der Kultusministerkonferenz eigentlich zuwiderlaufen muß.

Diese Beispiele können nur ausschnitthaft zeigen, welchen Rattenschwanz von Problemen die Einführung von Zulassungsbeschränkungen und die Forderung nach einer gerechten Auswahl der Studienbewerber für das deutsche Hochschulsystem und den vorgelagerten Sekundarbereich mit sich gebracht haben. Um so mehr ist verständlich, wenn es im Vorwort des Zweiten Berichts der ZVS heißt:

„Die in verschiedenen Studiengängen zur Zeit erforderliche Einschränkung des Grundrechts auf freie Wahl des Berufes sowie der Ausbildungsstätte (Art. 12, GG) muß für die in ihrer Existenz betroffenen jungen Menschen, die Öffentlichkeit und die verantwortlichen Politiker, Gegenstand kritischer Betrachtung mit dem Ziel bleiben, den Numerus clausus so bald wie möglich zu überwinden."

Nachdem sich die Aufgabe der ZVS im ersten Jahr ihrer Arbeit „nur" auf zehn Numerus clausus-Fächer richtete, mußte zum Wintersemester 1976/77 bereits für 41 Studienfächer ein Auswahlverfahren durchgeführt werden, weil die erwartete Bewerberzahl die angebotenen Studienplätze übertraf. Zur Zeit steht die Zulassungspolitik im Zeichen einer Vorwärtsstrategie, nach der mit Hilfe einer vollen Kapazitätsausschöpfung, aber auch Überbelegung eine Entspannung der Numerus clausus-Situation erreicht werden soll.

Nach dem Beschluß der Regierungschefs von Bund und Ländern zur „Öffnung der Hochschulen" vom November 1977 wird das ZVS-*Auswahl*verfahren künftig auf wenige Numerus clausus-Fächer eingegrenzt, in denen die Nachfrage so groß ist, daß die Funktionsfähigkeit der Hochschulen bei Aufnahme aller Bewerber wesentlich beeinträchtigt würde. Als Schwellenwert ist hierfür eine Überbelegung der vorhandenen Studienplätze um 15% festgesetzt worden [25]. Dies betrifft 1978 zehn Fächer (davon fünf „harte" Numerus clausus-Fächer), die etwa 15 Prozent des derzeitigen Studienangebotes ausmachen sowie die meisten Lehramtsstudiengänge.

Als *harte* Numerus clausus-Fächer, in denen die Anzahl der Bewerbungen in den letzten Jahren teilweise bis zu achtfach über der Zahl der angebotenen Studienplätze lag, gelten Medizin, Tiermedizin, Zahnmedizin, Pharmazie und Psychologie. Für diese Fächer sollen entsprechend den Vorschriften des Hochschulrahmengesetzes die Auswahlmodalitäten neu geregelt werden. Für die fünf anderen Numerus clausus-Fächer (Biologie, Architektur, Agrarwissenschaften, Haushalts- und Ernährungswissenschaften, Vermessungstechnik) bleiben die bisherigen Zulassungskriterien (Wartezeit und Abiturnotendurchschnitt) bestehen.

Das besondere Auswahlverfahren für die harten Numerus clausus-Fächer wird im Rahmen des neuen Staatsvertrages über die Vergabe von Studienplätzen geregelt, der den geltenden Staatsvertrag von 1972 ablösen soll und voraussichtlich zum WS 1979/80 in Kraft treten wird [26]. Anstelle der Wartezeit soll ein Feststellungsverfahren treten, in dem in Ergänzung zu den Abiturnoten die besondere Eignung der Bewerber für den gewählten Studiengang überprüft wird. Das Feststellungsverfahren wird sich in erster Linie auf Tests stützen; alternative Möglichkeiten wie Interviews oder Praktika werden von den Kultusministern als weniger praktikabel angesehen. Der Entwurf des neuen Staatsvertrages sieht vor, daß nach einer Übergangszeit, die den Bedürfnissen der „Altwarter" Rechnung trägt, die Studienplätze in den harten Numerus clausus-Fächern nach folgendem Quotenschlüssel vergeben werden:

(1) *Vorabquote* (25%)
   für Härtefälle, Ausländer, Zweitstudenten etc.
(2) *Abitur/Test-Kombination* (30%)
   Innerhalb dieser Quote werden wiederum 10% der Plätze an die Testbesten vergeben; die übrigen Plätze nach den Abiturnoten und den Testergebnissen, die im Verhältnis von 55:45 gewichtet werden. Die

Teilnahme am Test ist freiwillig. Die Testergebnisse werden nur chancenverbessernd berücksichtigt.

(3) *Leistungsgesteuertes Losverfahren* (35%)
Bei diesem Losverfahren steigt die Chance mit dem im Abitur erreichten Notendurchschnitt.

(4) Abiturienten mit den *besten Noten* (10%).

Durch den Beschluß der Regierungschefs vom November 1977 sollten möglichst viele Studiengänge aus der Auswahlprozedur herausgenommen werden. Für einen Teil dieser Studiengänge, für die eine Überbelegung in Kauf genommen wird, ist jedoch weiterhin das sogenannte „Ortsverteilungsverfahren" notwendig, bei dem nicht entschieden wird, *ob* der Bewerber zugelassen wird, sondern nur *wo* er zugelassen werden kann. Dies betrifft 1978 elf Engpaßfächer, zu denen insbesondere Chemie, die Rechts- und Wirtschaftswissenschaften sowie Studiengänge der Ingenieurwissenschaften gehören.

Diese bildungspolitische Vorwärtsstrategie zur „Öffnung der Hochschulen" im Vorfeld des erwarteten Studentenberges, bei gleichzeitiger Stagnation der Personalkapazität, muß in der Öffentlichkeit Verwirrung hervorrufen. Von Kritikern wird daher auch argumentiert, daß damit der „Teufel der Zulassungsbeschränkungen" mit dem „Beelzebub der Funktionsunfähigkeit der Universitäten"[27] ausgetrieben würde.

4.3 Rekrutierung des Lehrkörpers

Das Vorschlagsrecht für die Rekrutierung von Professoren, die als Beamte von dem zuständigen Kultusministerium des Landes berufen werden, gehört seit eh und je zu den wichtigsten Selbstverwaltungsaufgaben und Rechten der wissenschaftlichen Hochschulen. Im klassischen Universitätsbereich beruhte der Vorschlag für die Berufung von Kollegen oder jungen Nachwuchswissenschaftlern auf wissenschaftlichen Veröffentlichungen, dem wissenschaftlichen Renommee und informeller Kommunikation. Voraussetzung für die Berufung war die Habilitation, mit der der bereits promovierte Wissenschaftler aufgrund der Habilitationsschrift, die eine originäre wissenschaftliche Leistung darstellen soll, die „venia legendi", die Lehrbefugnis für ein bestimmtes Fach erwirbt.

Seit Anfang der 70er Jahre ist als wichtige Neuerung im Berufungsverfahren die öffentliche Ausschreibung der zu besetzenden Stellen eingeführt worden. Diese Regel hat inzwischen in alle Landesgesetze Eingang gefunden und wird auch im Hochschulrahmengesetz (§ 45, 1) ausdrücklich gefordert. Eine Habilitation ist nicht mehr zwingende Voraussetzung für die Berufung; sie kann nach dem Hochschulrahmengesetz durch gleichwertige wissenschaftliche Arbeiten oder sogar durch besondere Leistungen in der beruflichen Praxis ersetzt werden (HRG § 44).

Diese Entwicklung ist u. a. vor dem Hintergrund der Expansion des Lehrkörpers in den 60er Jahren zu sehen und wurde durch die Godesberger Empfehlungen der Westdeutschen Rektorenkonferenz von 1968, die Empfehlungen des Wissenschaftsrates zur Reform der Lehrkörper- und Personalstruktur von 1970 und die Stellungnahmen der Bundesassistentenkonferenz vorbereitet; sie gelangten zu der entscheidenden Schlußfolgerung, „daß nicht mehr Habilitation und Berufung die Zulassung zum Stande des Hochschullehrers sein sollen, sondern daß Promotion und Bewerbung am Anfang des Hochschullehrerberufs stehen müssen"[28]. Faktisch spielt die Habilitation als Berufungsvoraussetzung an vielen Universitäten noch eine wesentliche Rolle, deren Bedeutung im Zusammenhang mit der sich jetzt abzeichnenden Stagnation des Personalbestandes möglicherweise wieder zunehmen wird.

Bezüglich der Einzelheiten des Berufungsverfahrens bestehen in den Landesgesetzen teilweise unterschiedliche Regelungen, jedoch stimmen sie in den Grundlinien weitgehend überein: für die Aufstellung der Vorschlagsliste wird in der Hochschule eine Berufungskommission gebildet, der insbesondere Vertreter jenes Fachbereiches angehören, in dem die Stelle besetzt werden soll. Die Zusammensetzung der Berufungskommission nach den universitären Gruppen ist in den Ländergesetzen und Universitätsverfassungen unterschiedlich geregelt. In der Regel ist die Mitwirkung von zumindest je einem Vertreter des Mittelbaus und der Studentenschaft gesichert. Wo sich eine breitere Mitwirkung aller Gruppen durchgesetzt hat, findet diese ihre Beschränkung in dem Urteil des Bundesverfassungsgerichts von 1973; darin ist ausgeführt, daß der Gruppe der Hochschullehrer in Berufungsfragen ein ausschlaggebender Einfluß eingeräumt werden muß, daß sie also über die absolute Stimmenmehrheit verfügen sollen[29]. Aus den Bewerbungen wählt die Berufungskommission eine Dreier-Liste von Kandidaten aus, wobei teilweise üblich ist, die in die engere Wahl gelangten Bewerber zu einem Probevortrag einzuladen.

Der Berufungsvorschlag muß von der Berufungskommission für den inneruniversitären Entscheidungsprozeß und zur Vorlage beim Kultusministerium im einzelnen begründet werden. Für die ausgewählten Kandidaten wird eine ausführliche „Laudatio" angefertigt, aus der der wissenschaftliche Werdegang des Kandidaten, seine wissenschaftlichen Leistungen sowie die persönliche und fachliche Eignung für die ausgeschriebene

Stelle hervorgehen sollen. In einigen Ländergesetzen werden darüber hinaus Fachgutachten von Wissenschaftlern anderer Universitäten gefordert. Aus dem Berufungsvorschlag muß ferner die Gesamtbewerberzahl hervorgehen und die Rangfolge der Dreier-Liste im einzelnen begründet werden.

Das Kultusministerium ist bei der Berufung an die Rangfolge der Dreier-Liste nicht gebunden und kann die Berufungsliste insgesamt zurückweisen und die Aufstellung einer neuen Berufungsliste verlangen. Dieses kann z. B. der Fall sein, wenn Berufungsverhandlungen mit dem vom Kultusministerium aufgrund der Dreier-Liste ausgewählten Kandidaten nicht zum Erfolg führen und ist in den letzten Jahren in Einzelfällen auch im Zusammenhang mit der politischen Einstellung von vorgeschlagenen Kandidaten praktiziert worden. Die gesetzlichen Regelungen sehen ferner meist vor, daß das Kultusministerium in begründeten Ausnahmefällen nach Rücksprache mit der Universität von sich aus geeignete Persönlichkeiten berufen kann.

Mit dem Hochschulrahmengesetz wird eine Vereinheitlichung der Personalstruktur an den Hochschulen angestrebt. Danach soll das hauptberufliche wissenschaftliche und künstlerische Personal neben den Professoren aus den Hochschulassistenten, den wissenschaftlichen und künstlerischen Mitarbeitern und den Lehrkräften für besondere Aufgaben bestehen (HRG, § 42 ff.). Die Hochschulassistenten bilden den Nachwuchs für die Professorenstellen, daher soll ihre Zahl so begrenzt sein, daß eine angemessene Chance zur Berufung als Professor gewährleistet ist. Voraussetzung für die Einstellung als Hochschulassistent ist in der Regel die Promotion. Hochschulassistenten sind in Forschung und Lehre weitgehend selbständig tätig. Ihre Aufgabe ist es, in Forschung und Lehre die für eine Habilitation erforderlichen Leistungen zu erbringen. Die Tätigkeit als Hochschulassistent ist auf sechs, höchstens acht Jahre begrenzt. Die wissenschaftlichen Mitarbeiter, die wissenschaftliche Dienstleistungen in Forschung und Lehre wahrnehmen, können demgegenüber auch auf Dauer angestellt werden; dies gilt ebenso für Lehrkräfte für besondere Aufgaben, die vor allem für die Vermittlung praktischer Fähigkeiten vorgesehen sind.

Für die Rekrutierung dieser übrigen Angehörigen des Lehrkörpers, die nicht dem Berufungsverfahren für Professoren unterliegen, sind die Hochschulen selbst verantwortlich. Wenn sie nicht durch den wissenschaftlichen Nachwuchs der eigenen Universität oder aufgrund informeller Kommunikation besetzt werden können, werden auch diese Stellen häufig öffentlich ausgeschrieben, ohne daß eine Ausschreibungs*pflicht* besteht. Im Zusammenhang mit der Zugehörigkeit von Bewerbern zu radikalen politischen Gruppen und der Überprüfung der Verfassungskonformität der Bewerber für den öffentlichen Dienst hat jedoch neuerdings die Mitwirkung der Kultusbürokratie bei der Einstellungspraxis auch der übrigen Angehörigen des Lehrkörpers erheblich zugenommen.

4.4 Curriculumentwicklung

Die Verantwortung für die Ausgestaltung von Form und Inhalt der Lehre lag bisher weitgehend ausschließlich bei den Lehreinheiten der Universitäten. Einen Rahmen für diesen Freiheitsspielraum setzen die Prüfungsordnungen. Eine Staatsprüfung, bei der der Staat im öffentlichen Interesse die Anforderungen festsetzt und staatliche Vertreter an den Prüfungen mitwirken, gibt es nur für eine relativ geringe Anzahl von Berufen, vor allem für Mediziner, Lehrer und Juristen, die sich allerdings auf eine große Zahl von Studenten beziehen. Jedoch auch die Ordnungen für Studiengänge, die mit Hochschulprüfungen wie dem Magister oder Diplom abschließen, bedürfen der Genehmigung durch das zuständige Kultusministerium.

Im Zuge der Reformbewegung seit den späten 60er Jahren setzte an den Universitäten eine lebhafte Diskussion um die Ausgestaltung von Curricula ein, an der Professoren, Assistenten und Studenten gleichermaßen beteiligt waren. Insbesondere ging es darum, wie das ehrwürdige Prinzip der „Bildung durch Wissenschaft" unter den Bedingungen der Massenuniversität erhalten und neu gestaltet werden könne. Besondere Impulse kamen hierbei von der Bundesassistentenkonferenz (BAK), die mit der Entwicklung des Konzepts des „forschenden Lernens"[30] einen wichtigen Beitrag zur curricularen Reformdiskussion leistete. Das studentische Unbehagen an den bestehenden Studiengängen führte in Einzelfällen, wie z. B. an der Freien Universität Berlin, zu der Entwicklung von Alternativveranstaltungen, die unter dem Stichwort „Kritische Universität" bekannt geworden sind.

An vielen Universitäten wurden unter Mithilfe der Kultusverwaltungen Hochschuldidaktikzentren eingesetzt, deren Aufgabe es sein sollte, bei der inhaltlichen und formalen Ausgestaltung von Studiengängen Hilfestellung zu leisten. Allerdings ist auf seiten der Behörden teilweise eine gewisse Ernüchterung darüber eingetreten, daß die Hochschuldidaktikzentren sich häufig auf grundsätzliche und kritische Analysen des Studienbetriebs konzentrieren, dabei aber die erhofften praktischen Erfolge für die Neugestaltung von Curricula, die auch Effizienzkriterien wie einer Kürzung und Straffung des Studiums genügen, zu kurz kommen.

Seit 1968 hat die Kultusministerkonferenz in Zusammenarbeit mit der

WRK, unter aktiver Mithilfe der Faktultätentage, den überregionalen Zusammenschlüssen von Hochschullehrern gleicher Fachrichtungen, für die meisten Studiengänge allgemeine Bestimmungen und Grundsätze erarbeitet, die bei der Neufassung der Ordnungen für Staatsprüfungen und Hochschulprüfungen Berücksichtigung fanden. Eines der Kernprobleme der gegenwärtigen Studiengänge an den Hochschulen ist dadurch jedoch noch nicht gelöst worden: die Reduzierung der überlangen Studiendauer, die in den geistes- und sozialwissenschaftlichen und den natur- und ingenieurwissenschaftlichen Studiengängen durchschnittlich um zwei Jahre über den vorgeschriebenen Mindeststudienzeiten liegt; letztere sollen nach der Vorstellung des Hochschulrahmengesetzes künftig zu *Regelstudienzeiten* werden.

Um diesem Problem beizukommen, ist im Hochschulrahmengesetz die Einsetzung von *Studienreformkommissionen* vorgesehen, die von den Landesbehörden in Zusammenarbeit mit den Hochschulen gebildet und in überregionalen Studienreformkommissionen bundesweit zusammengefaßt werden sollen. Nach dem Hochschulrahmengesetz sind an den vorgesehenen Studienreformkommissionen Vertreter aus dem Bereich der Hochschulen und von staatlicher Seite sowie Fachvertreter aus der Berufspraxis zu beteiligen. Aufgabe der Studienreformkommissionen soll es unter anderem sein, Empfehlungen zu geben über „die Folgerungen, die sich aus der Entwicklung der Wissenschaften und der beruflichen Tätigkeitsfelder sowie aus den Veränderungen in der Berufswelt für das jeweilige Ziel und den wesentlichen Inhalt des Studiengangs ergeben"[31]. Die Empfehlungen sollen sich auf Grundsätze beschränken, denen Musterstudien und Musterprüfungsordnungen beigefügt werden, die Vorschläge für eine nähere Ausgestaltung der Grundsätze enthalten. Der zuständigen Landesbehörde werden weitgehende Kompetenzen zugesprochen; sie kann verlangen, daß Studiengänge den Empfehlungen angepaßt werden, oder auch statt einer Änderung entsprechende Studien- und Prüfungsordnungen selbst erlassen.

Die Einsetzung der überregionalen Studienreformkommissionen wird derzeit von der Kultusministerkonferenz vorbereitet[32]. Erste Priorität soll der Einrichtung von Fachkommissionen für die Fachrichtungen Zahnmedizin, Wirtschaftswissenschaft, Chemie, Bauingenieurwesen, Elektrotechnik, Sozialarbeit und Sozialpädagogik sowie Diplompädagogik gegeben werden, die bereits 1978 ihre Arbeit aufnehmen sollen. Für Studiengänge mit akademischer Abschlußprüfung sollen in den Kommissionen die Hochschulvertreter eine einfache Mehrheit, für Studiengänge mit staatlicher Abschlußprüfung die Vertreter des Staates ein Übergewicht von zwei Drittel der Stimmen erhalten. Zur Koordinierung der überregionalen Studienreformkommissionen soll in der Geschäftsstelle der KMK eine Ständige Kommission für die Studienreform eingesetzt werden, die aus elf Vertretern der Hochschulen und elf Vertretern der Länder bestehen soll sowie – mit beratender Stimme – aus zwei Vertretern des Bundes und je einem Vertreter der Arbeitgeberverbände und der Gewerkschaften. Darüber hinaus ist ein weiteres Koordinationsgremium vorgesehen, das sich aus je vier Vertretern der Hochschulen und der Länder und einem Vertreter des Bundes zusammensetzen soll.

Wie schnell das Instrumentarium der Studienreformkommissionen wirksam werden wird, läßt sich z. Zt. noch nicht absehen. In jedem Fall ist aber davon auszugehen, daß aufgrund dieses Instrumentariums, langfristig gesehen, die Kultusbürokratie einen wesentlichen Einfluß auf die Festsetzung der Ausbildungsinhalte und nicht nur wie bisher auf Prüfungsordnungen und den formalen Rahmen der Studiengänge an den Hochschulen gewinnen kann. Dieses wird von den Universitäten als erheblicher Eingriff in ihren Autonomiespielraum und ureigenen Verantwortungsbereich angesehen und es ist abzusehen, daß sich für das Verhältnis zwischen Hochschulen und Kultusverwaltungen durch diese Möglichkeiten zur staatlichen Steuerung hochschulinterner Angelegenheiten ein besonderes Konfliktfeld eröffnet.

4.5 Neugründung von Hochschulen

Die Hochschulpolitik der Länder in der Phase des Wiederaufbaues bis Ende der 50er Jahre war darauf ausgerichtet, das Anwachsen der Studentenzahlen durch einen verstärkten quantitativen Ausbau der bestehenden Universitäten aufzufangen. Erst um 1960 setzte sich die Erkenntnis durch, daß der Ausbau der damals insgesamt 31 Universitäten und Technischen Hochschulen nicht beliebig erweitert werden könne und die Einrichtung neuer wissenschaftlicher Hochschulen notwendig werden würde. Wesentliche Impulse für die Neugründungen gab der Wissenschaftsrat, der 1960 im Zusammenhang mit seinen „Empfehlungen zum Ausbau der wissenschaftlichen Einrichtungen" auch die Neugründung von Hochschulen vorschlug, wobei zunächst nur an drei Universitäten, eine Technische Hochschule und Spezialhochschulen für Medizin gedacht war[33].

Mit der Empfehlung, neue Hochschulen zu errichten, war – dem Gebot der Stunde folgend – in erster Linie die Entlastung der bestehenden Universitäten angestrebt. In diesem Sinne hatte der Landtag von Nordrhein-Westfalen bereits kurz vor der Neugründungsempfehlung des Wissenschaftsrates beschlossen, zur Entlastung der überfüllten Landesuniversitäten (Bonn, Köln und Münster sowie der damaligen TH Aachen) die Planung einer neuen Universität in Bochum unter Einbeziehung einer ingenieurwissenschaftlichen Fakultät in Angriff zu nehmen. Ebenso gewichtig wie die Entlastung der alten Universitäten wurde jedoch der Gedanke, durch die Einrichtung neuer Universitäten auch die Forschungsmöglichkeiten im Hochschulsystem zu erweitern und durch Neugründungen „auf der grünen Wiese" neue Strukturelemente der Organisations-, Studien- und Verwaltungsorganisation erproben zu können[34].

Die *Anregung zur Gestalt neuer Hochschulen,* die der Wissenschaftsrat 1962 in diesem Sinne vorlegte, führten im universitären Bereich gerade auch bei studentischen Gruppen wie auch in der Öffentlichkeit zu lebhaften Diskussionen[35]. Die Empfehlung, neue Hochschulen zu gründen, wurde von den Ländern – über das zunächst vorgeschlagene Ausmaß hinaus – aktiv aufgegriffen und in die Planungen zum Ausbau des Hochschulbereichs einbezogen. In den 60er Jahren wurden mehr als zehn neue Universitäten gegründet, wobei insbesondere die frühen Gründungen durch das Bemühen geprägt sind, eine Verbindung zwischen der traditionellen Idee der Universität und den sich angesichts gewandelter gesellschaftlicher Bedingungen stellenden Reformerfordernissen herzustellen.

Die Gründungsgeschichte der neuen Universitäten weist manche vorgegebenen Gemeinsamkeiten auf. Als staatliche Einrichtungen beruhen alle neuen Universitäten auf einem von der jeweiligen Landesregierung vorbereiteten Landtagsbeschluß. In der Regel verläuft parallel zu den Planungsüberlegungen des Landes und der überregionalen Wissenschaftsgremien anfangs auch eine lebhafte Aktivität auf kommunaler Ebene. Die Ansiedlung neuer Hochschulen ist ein von vielen Städten begehrtes Ziel, bei dem sich Motive der Infrastrukturverbesserung, vom Arbeitsplatzangebot bis zum kulturellen Angebot, mit Prestigevorstellungen über den Aufstieg zur „Universitätsstadt" vermischen. Daher wurden besonders in der Phase bis Anfang der 70er Jahre, in der tatsächlich eine Reihe neuer Hochschulstandorte kreiert wurden, seitens der sich bewerbenden Städte umfangreiche Denkschriften und teilweise verheißungsvolle Angebote an die Adresse der Landesregierung gerichtet, um die heißbegehrte eigene Hochschule zu erhalten.

In der Ausarbeitung der Gründungskonzeption wurden unterschiedliche Wege beschritten. Die Neugründungen in Bayern und Baden-Württemberg nahmen ihren Ausgangspunkt von umfassenden Regierungsdenkschriften, die sowohl konzeptionelle Ausgangspunkte als auch konkrete bedarfsorientierte Überlegungen für die Neugründungspläne markieren[36].

Die erste – nie verwirklichte – Konzeption der Universität Bremen, wie auch die Grundkonzeption der Universität Bielefeld wurden dagegen ganz entschieden durch die Gutachten von Einzelpersönlichkeiten mitbestimmt[37]. Neben diesen Vorarbeiten wurde in der Regel bei allen Neugründungen von der jeweiligen Landesregierung ein Gründungsausschuß als Beratungsgremium berufen, der sich bei den frühen Gründungen (Bochum, Dortmund, Konstanz, Ulm, Bielefeld, Regensburg) als Honoratiorengremium im wesentlichen aus renommierten Wissenschaftlern zusammensetzte und die Aufgabe hatte, die Grundzüge der neuen Universität vorzubereiten. Dabei ist der Gründungsausschuß der Universität Konstanz am weitesten den Anregungen gefolgt, die der Wissenschaftsrat in seiner Schrift über die Gestalt neuer Hochschulen im Hinblick auf eine Modelluniversität gemacht hatte, die nur an einer Stelle errichtet werden sollte und die sich auf wenige Fächergruppen (Naturwissenschaften, Geisteswissenschaften und Sozialwissenschaften) beschränken sollte[38].

Die Finanzierung dieser neuen Universitäten der ersten Phase, die die Finanzkraft eines Landes überstiegen hätte, wurde zu 75 Prozent aus dem Investitionsfonds für neue Hochschulen mitgetragen (mit Ausnahme von Ulm), den die Länder 1964 in ihrem „Abkommen über die Finanzierung neuer Hochschulen" – noch ohne Beteiligung des Bundes – errichtet hatten.

Seit 1970 ist die Gründung von Hochschulen in eine zweite Phase getreten. Die Strukturempfehlungen des Wissenschaftsrates von 1970 und die darauf aufbauenden Überlegungen des Bildungsberichts '70 und des Bildungsgesamtplanes haben seitdem das Konzept der *Gesamthochschule* in den Mittelpunkt der weiteren Überlegungen für den Hochschulausbau gestellt. Danach sollen keine „Universitäten" mehr gegründet werden, sondern die noch notwendig werdenden Hochschulgründungen von vornherein als Gesamthochschulen konzipiert und aufgebaut werden; als ihr Kern können von Fall zu Fall bereits bestehende Einrichtungen kleinerer Größe im Bereich der Pädagogischen Hochschulen oder Fachhochschulen benutzt werden (zum Konzept der Gesamthochschulen vgl. im einzelnen Kap. 5.1). Der Wissenschaftsrat ging in seinen Überlegungen von 1970 noch davon aus, daß die Einrichtung von 30 neuen Gesamthochschulen notwendig sein würde – eine Vorstellung, die aufgrund der eingeschränkten Ausbauüberlegungen aus heutiger Sicht unrealistisch erscheint. Hinsichtlich der Errichtungsmodalitäten von Gesamthochschulen tritt beim Wissenschaftsrat 1970 ein deutlicher Pragmatismus gegenüber den idealistisch geprägten Neugründungsüberlegungen der ersten Phase hervor:

„Die Gründungsausschüsse der bisherigen Neugründungen haben ihre Aufgabe im wesentlichen in der Erarbeitung von Reformkonzeptionen gesehen. Bei dem Aufbau so zahlreicher neuer Hochschulen wird es jedoch weniger darum gehen, weitere neuartige Hochschulkonzeptionen zu entwickeln, als rasch Modelle zu verwirklichen, die für eine weitere Entwicklung offen sind."[39]

Entsprechend dieser Überlegungen zeichnet sich seither ab, daß weniger umfangreiche Gründungsdenkschriften als administrative Entscheidungen der Kultusverwaltungen die Grundlage für die parlamentarische Entscheidung über die Errichtung von neuen Hochschulen bilden. Nach den Gründungen der Universität Trier-Kaiserslautern[40] (seit 1975 getrennt) und der Gesamthochschule Kassel[41] hat der Landtag von Nordrhein-Westfalen 1972 mit dem „Gesetz über die Errichtung und Entwicklung von Gesamthochschulen im Lande Nordrhein-Westfalen" den bisher wichtigsten Schritt in der zweiten Phase der Hochschulgründungen getan. Durch das Gesetz wurden auf einen Streich fünf neue Gesamthochschulen in Duisburg, Essen, Paderborn, Siegen und Wuppertal gebildet[42]. Jede der fünf neuen Gesamthochschulen beruht auf einer bereits bestehenden Fachhochschule und Pädagogischen Hochschule, die nun unter einem Dach und unter Ergänzung von längeren Studiengängen mit wissenschaftlicher Ausrichtung teils ihre bisherigen Programme weiterführen, teils neue, integrierte Studiengänge anbieten. Die weitere Ausgestaltung des Konzepts liegt bei dem Gründungssenat, der aus Vertretern aller Gruppen – unter Einschluß von Professoren, Assistenten und Studenten – der bereits bestehenden Hochschulen sowie aus Vertretern der für die hinzugefügten Studiengänge von der Kultusverwaltung berufenen Wissenschaftler zusammengesetzt ist. Die Abkehr von reinen Professorengremien zu gemischt besetzten Gründungsbeiräten gilt tendenziell für alle Neugründungen nach 1970, wobei erhebliche Unterschiede bezüglich des Zeitpunktes ihrer Einsetzung, ihrer Aufgabenstellung und Wirkungsmöglichkeiten gegenüber administrativen Vorgaben und Entscheidungskompetenzen der Kultusverwaltungen bestehen[43].

Kennzeichnend für die zweite Phase der Hochschulgründungen ist nicht nur die veränderte Hochschulkonzeption, sondern auch die veränderte Finanzierungsbasis. Im Rahmen der Gemeinschaftsaufgabe Hochschulbau finanziert der Bund je zur Hälfte die Aufwendungen eines Landes für den Aus- und Neubau von Hochschulen. Hierfür bedürfen Neugründungen auf der Grundlage des Votums des Wissenschaftsrates eines entsprechenden Beschlusses im Planungsausschuß für den Hochschulbau. Dies bedeutet, daß bei Hochschulgründungen, wenn sie vom Bund mitfinanziert werden sollen, die Entscheidung nicht mehr allein bei Regierung und Parlament des Sitzlandes liegt, sondern von Bund und allen übrigen Ländern mitgetragen werden muß. Dabei zeigt allerdings die bisherige Praxis, daß die Planungsentscheidungen der einzelnen Länder meist ein fait accompli darstellen, dem die Zustimmung in der Regel nicht versagt wird.

Nachdem das langfristig vorgesehene Ausbauziel an Studienplätzen durch die Anmeldungen der Länder zum achten Rahmenplan für den Hochschulbau schon zu rund 97 Prozent abgedeckt ist, kann freilich davon ausgegangen werden, daß die Phase der „echten" Neugründungen für absehbare Zeit zu Ende gegangen ist und zukünftige Neugründungen sich ausschließlich auf die administrativ-organisatorische, aber auch inhaltliche Umgestaltung und Zusammenfassung bestehender Hochschulen zu Gesamthochschulen bzw. Gesamthochschulbereichen beziehen werden. Inwieweit dies im Alleingang der Kultusverwaltung oder in Kooperation und weitgehender Selbstbestimmung der betroffenen Hochschulen geschieht, ist als weiterer Testfall für die Entwicklung der Beziehungen zwischen Staat und Hochschule anzusehen[44].

5. Die Wandlungsfähigkeit des Hochschulsystems

5.1 Strukturreform – Das Konzept der Gesamthochschule

Das Hochschulsystem in der Bundesrepublik unterliegt gegenwärtig einem starken Wandel, in dem der Übergang von der Elitebildung zur Massenbildung vollzogen wird. Dieser Prozeß hat weitreichende Konsequenzen für das Hochschulsystem selbst und für das Verhältnis zwischen Hochschule und Gesellschaft.

Die Leistungsfähigkeit des Hochschulsystems muß sich in dieser Situation in seiner Wandlungsfähigkeit gegenüber den neuen Anforderungen erweisen. Die bestehenden Institutionen haben auf die Expansion lange Zeit nur insofern flexibel reagiert, als sie mehr oder weniger bereitwillig den Zustrom der Studenten aufgenommen haben, ohne daß der Übergang von der Elitebildung zur Massenbildung von angemessenen strukturellen Änderungen der traditionellen Hochschulbildung begleitet worden wäre. Daher gilt gerade auch für das Hochschulsystem, wenn in der bildungspolitischen Zwischenbilanz des Bundesministers für Bildung und Wissenschaft 1976 resümiert wird:

„Das Bildungsangebot ist in den vergangenen Jahren im wesentlichen innerhalb der herkömmlichen Strukturen gewachsen. Organisation und Inhalt sind nicht in notwendigem Umfang verändert worden."[1]

Eine Antwort auf die gewandelten Anforderungen im tertiären Bereich liegt im Konzept der Gesamthochschule, wie es Ende der 60er Jahre zuerst in Baden-Württemberg entwickelt und in die öffentliche Diskussion gebracht wurde und seitdem in einer Vielfalt von Entwürfen und Plänen weiterentwickelt worden ist. Die Gesamthochschule verbindet Hochschulen mit verschiedenen Aufgabenstellungen. Sie soll den Rahmen für die zukünftige Entwicklung des Hochschulsystems bilden, auf den sich Bund und Länder im Bildungsgesamtplan und im Hochschulrahmengesetz geeinigt haben.

Wie wir gezeigt haben, ist das gegenwärtige Hochschulsystem zusammengesetzt aus Institutionen mit sehr unterschiedlichen Traditionen, insbesondere den Universitäten, den Pädagogischen Hochschulen und den Fachhochschulen.

Das größte Gewicht haben die alten und in den 60er Jahren neu gegründeten *Universitäten,* die am bildungshumanistischen Ideal der reinen Wissenschaft und Forschung orientiert sind. Leitbild ist hierfür die akademische Freiheit, die den Studenten Möglichkeit und Verantwortung überläßt, Art und Dauer ihres Studiums selbst zu bestimmen. In dem Maße, in dem Universitäten zu Masseninstitutionen heranwuchsen, in denen der persönliche Kontakt zwischen Lehrenden und Lernenden nicht mehr gewährleistet war und gleichzeitig durch die wissenschaftliche Entwicklung die Stofffülle in den Fächern weiter anwuchs, konnte solche akademische Freiheit auch in ein erhebliches Maß an Desorientierung umschlagen. Anzeichen sind hierfür überlange Studienzeiten, häufiger Studienfachwechsel und hohe Drop-out-Quoten. Dieses Problem ist weniger gravierend im Medizin-Studium, das – wie teilweise auch die technischen und naturwissenschaftlichen Fachrichtungen – schon immer relativ festgegliederten Studienabläufen folgte. Hier setzten 1966 die Empfehlungen des Wissenschaftsrates zur *Neuordnung des Studiums* an den wissenschaftlichen Hochschulen an; danach sollten die Studiengänge in eine übersichtliche Struktur gegliedert werden und für die meisten Studenten aus einem vierjährigen, für Mediziner aus einem sechsjährigen Normalstudium bestehen, an das sich für den qualifizierten Forschungsnachwuchs ein Aufbaustudium anschließen sollte[2].

Die übrigen Institutionen des tertiären Bildungswesens beruhen auf anderen Traditionen: Die *Pädagogischen Hochschulen* entwickelten sich aus den Lehrerbildungsseminaren, die *Fachhochschulen* aus den ehemaligen Ingenieurschulen und Höheren Fachschulen (z. B. für Wirtschaft und Sozialpädagogik), mit ihrer praxisbezogenen Ausbildung. Diese Institutionen haben wesentlich geringere Studentenzahlen und sind regional breiter gestreut. Anders als die universitären Studiengänge zeichnet sich das Studium in diesen Hochschultypen durch ein relativ streng vorgeschriebenes Lehrprogramm aus, durch *Verschulung* statt *Selbstbestimmung und akademische Freiheit*, um es auf eine knappe Formel zu bringen; eine anrüchige Formel, die die Bemühungen um eine Strukturreform des Hochschulbereichs teilweise sehr belastet hat.

Den Überlegungen, die bestehenden Hochschulen in einem System von Gesamthochschulen zusammenzuführen, lagen verschiedene Motive zugrunde: die Aufnahmefähigkeit des Hochschulsystems zu erhöhen, die Durchlässigkeit zwischen den Hochschularten zu befördern, die Forschungs- und Wissenschaftsorientierung der traditionellen Hochschulen auf den gesamten Hochschulbereich auszudehnen und durch das Zusammenwirken der verschiedenen Hochschuleinrichtungen eine bessere Kostennutzung zu bewirken. Auf den Aspekt der Aufnahmefähigkeit und der Wissenschaftsorientierung, in denen häufig antagonistische Motive der Gesamthochschulentwicklung gesehen werden[3], soll gesondert eingegangen werden.

– Aufnahmefähigkeit
Wenn man die klassische Pyramide der Bildungsbeteiligung mit ihrer breiten Basis in der Grundschule bis zu ihrer schmalen Spitze in der Universität betrachtet, zeigt sich im tertiären Bereich ein atypisches Bild: Auf dem schmalen Hals von dreijährigen Studiengängen der Pädagogischen Hochschulen und Fachhochschulen, die etwa zwei Fünftel der Studienanfänger aufnehmen, thront der Universitätsbereich, in den drei Fünftel der Studienanfänger eintreten und der sich infolge der stärkeren Durchlässigkeit und der überlangen Studienzeiten ballonartig aufbläht.

An diesem Phänomen setzte das erste Modell für einen differenzierten Gesamthochschulbereich an, der sogenannte *Dahrendorf-Plan* von 1967, der im Auftrag des Kultusministeriums von Baden-Württemberg erstellt wurde[4]. Der Dahrendorf-Plan sah nicht nur eine Ausweitung der praxisorientierten Studiengänge im Fachhochschulbereich vor, sondern plädierte darüber hinaus für die Einführung von mehr auf die Lehre als auf die Forschung konzentrierten dreijährigen Kurzstudiengängen in den Universitäten. In Erwartung des zunehmenden Andranges auf die Hochschulen sollte so die Taillierung der Bildungspyramide im tertiären Bereich ausgefüllt werden.

Noch stärker als die Vorschläge des Wissenschaftsrates zur Neuordnung des Studiums von 1966, die mit der Trennung in ein Normal- und ein Aufbaustudium bereits die „heilige Kuh" der Forschungsorientierung des Studiums angetastet hatten, rief der Dahrendorf-Plan gleichermaßen den heftigen Widerstand von konservativen Professoren und linken Studenten hervor. Diese Reaktion gibt ein gutes Beispiel für die Kontroverse zwischen dem Konzept von Forschung und akademischer Freiheit auf der einen Seite und Verschulung des Studiums auf der anderen Seite.

1970 machte sich auch der Wissenschaftsrat den Gedanken eines dreijährigen Kurzstudiums in seinen Empfehlungen zu Struktur und Ausbau der Hochschulen nach 1970 zu eigen[5]. Bei seinem Besuch an 45 Hochschulen im Jahre 1971 mußte er freilich konstatieren, daß bei vielen Hochschulen die Vorschläge zur Einführung dreijähriger Studiengänge auf Einwendungen trafen und teilweise scharf abgelehnt wurden. Neben den Reserven gegen eine Verschulung des Studiums und den Bedenken, daß eine wissenschaftliche Ausbildung sich in drei Jahren nicht erreichen lasse, wurde dabei auch auf die Problematik der Aufnahmefähigkeit des Beschäftigungssystems hingewiesen. Die Argumente waren dabei durchaus widersprüchlich. Wurde einerseits zu Recht angeführt, daß im herkömmlichen Beschäftigungssystem kaum Berufsbilder für solche neuartigen Studiengänge bestehen, wurde auch umgekehrt kritisiert, solche Vorschläge würden nur auf den Bedarf abstellen und die Absolventen von Kurzstudiengängen infolge der mangelnden Flexibilität und Breite der Ausbildung den „Verwertungsinteressen des Kapitals" ungeschützt aussetzen[6].

Aufgrund dieser überwiegend ablehnenden oder zumindest passiven Haltung an den Universitäten konnte nicht erwartet werden, daß sich das Kurzstudienkonzept durchsetzen werde. Angesichts der weiter wachsenden Studentenzahlen ist das Konzept des Kurzstudiums inzwischen erneut in die Diskussion gekommen. Damit würde der Universitätsbereich in drei statt bisher zwei Qualifikationsebenen untergliedert werden: das Kurzstudium (3 Jahre), das Normalstudium (4–5 Jahre) und das Aufbau-/Doktorandenstudium, wobei Relationen von etwa 50 zu 45 zu 5 vorgeschlagen worden sind[7]. Freilich scheint die Chance einer raschen Durchsetzung dieses Konzepts auch heute nicht viel günstiger geworden zu sein.

– Forschungs- und Wissenschaftsorientierung
Die von der Tradition und Ideologie her unterschiedlichen Hochschularten haben sich zunehmend aufeinander zu bewegt: Schon immer galt ja de facto, daß die Universität nicht nur auf zukünftige Forschungsaufgaben hin ausbildete, sondern daß das Studium einer Fachwissenschaft für die Mehrheit von Studenten der Vorbereitung auf eine praktische Berufstätigkeit diente. Die Einübung in solche Berufstätigkeiten erfolgte im traditionellen System durch der Universität nachgelagerte obligatorische Praxisphasen, zum Beispiel für Gymnasiallehrer, Juristen und Mediziner. Heute wird zunehmend gefordert, daß die Beschäftigung mit der Fachwissenschaft bereits in den Universitäten einen größeren Bezug auf die Praxis des zukünftigen Berufsfeldes aufweisen soll. Andererseits wird für die mehr anwendungsbezogenen und praxisorientierten Studiengänge der Fachhochschulen gewünscht, daß sie sich stärker an neuen wissenschaftlichen Methoden und Erkenntnissen orientieren.

Dieser Gedankengang war einer der Ausgangspunkte für das demokratisch-egalitäre Konzept einer integrierten Gesamthochschule, wie es grundlegend von der Bundesassistentenkonferenz *(Kreuznacher Hochschulkonzept)* entwickelt wurde[8]. Danach sollte die Hierarchie der Studienabschlüsse und die Hierarchie des wissenschaftlichen Niveaus von Studiengängen aufgehoben werden, die Praxisferne wissenschaftlicher Studiengänge und die zu enge Praxisauffassung der Fachhochschulen und Pädagogischen Hochschulen gleichermaßen revidiert werden. Auch nach diesem Konzept waren gestufte Abschlüsse mit unterschiedlicher Ausbildungsdauer vorgesehen. Dabei sollte jedoch der erste Studienabschnitt für alle Studenten gemeinsam sein, ohne von vornherein lehrbezogene Kurzstudiengänge und forschungsbezogene Langstudiengänge zu unterscheiden, und eine Studienzeitbegrenzung wurde abgelehnt. Entsprechend wurde eine Auflösung der Hierarchie von Hochschulen und Hochschullehrern und die Überführung in einen integrierten Hochschulbereich gefordert, dessen Mitglieder prinzipiell die gleichen Möglichkeiten in Forschung und Lehre haben sollten.

Diese beiden Entwürfe – der Dahrendorf-Plan und das Konzept der Bundesassistentenkonferenz – markieren das Spektrum von Gesamthochschulkonzepten, wie sie Ende der 60er Jahre in der BRD entwickelt wurden[9]. Das häufig anzutreffende Urteil, daß hinter diesen Entwürfen antagonistische Motive stehen, scheint jedoch zu einseitig. Beide Konzepte zielten auf eine Verbreiterung und Öffnung des Hochschulzuganges ab, nur waren die Gewichte unterschiedlich gesetzt. Nach dem Konzept der Bundesassistentenkonferenz sollte die Wissenschaftsorientierung auf den gesamten Hochschulbereich ausgedehnt werden. Dagegen sah der Dahrendorf-Plan eine funktionale Differenzierung in lehr- und forschungsorientierte Bereiche vor, wobei die Zusammenfassung im Gesamthochschulbereich die Durchlässigkeit und gegenseitige Beeinflussung zwischen den Bereichen gewährleisten sollte.

Bei den ersten Entwürfen zum Hochschulrahmengesetz stand das Modell einer organisatorisch integrierten Gesamthochschule im Vordergrund der Überlegungen des Bundes[10]. Gegen einen solchen radikalen Einschnitt im Hochschulwesen widersetzten sich insbesondere die CDU-regierten Länder. Das Hochschulrahmengesetz läßt daher nun beide Optionen – die *integrierte* und die *kooperative* Gesamthochschule – für die Neuordnung und Zusammenführung der verschiedenen Hochschularten in einem neuen System offen: „Hochschulen sind als Gesamthochschulen auszubauen oder zusammenzuschließen (integrierte Gesamthochschulen) oder unter Aufrechterhaltung ihrer rechtlichen Selbständigkeit durch gemeinsame Gremien zu Gesamthochschulen zu verbinden (kooperative Gesamthochschule)." (HRG § 5, Abs. 1).

In der derzeitigen Situation relativer Reformmüdigkeit ist die lebhafte Debatte um die Vorzüge der Gesamthochschulmodelle abgeflaut. Zur Zeit ist nicht abzusehen, inwieweit das Ziel, zumindest kooperative Gesamthochschulen als allgemeine Hochschulform einzurichten, in Zukunft durchgängig realisiert werden wird. Die derzeitige Entwicklung erstreckt sich über ein weites Spektrum: *Gesamthochschulbereiche*, deren regional verstreute Teilhochschulen aus der Landesperspektive zu Planungseinheiten zusammengefaßt sind, ohne daß sich wesentliche Ansätze zu kooperativer Zusammenarbeit ausmachen lassen; echte Ansätze zu *kooperativen Gesamthochschulen*, in denen unter Beibehaltung von Binnenstruktur und Statusdifferenzierung gemeinsame Veranstaltungen angeboten werden, was eine gewisse Rationalisierung mit sich bringt; und schließlich die seit 1970 gegründeten *integrierten Gesamthochschulen*, denen unterschiedliche Integrationsmodelle zugrunde liegen. Die in Nordrhein-Westfalen gegründeten Gesamthochschulen basieren beispielsweise auf dem sogenannten Y-Modell. Danach werden zweijährige Grundkurse integriert von Studenten und Lehrkörper der verschiedenen Hochschularten wahrgenommen. Auf dem gemeinsamen Grundkurs bauen differenzierte Studiengänge auf, die sich in der herkömmlichen Weise in einjährige praxisorientierte, fachhochschulartige und zweijährige wissenschaftliche Studiengänge unterscheiden, und deren Wahl weitgehend von den Leistungen im ersten Studienabschnitt mitbestimmt wird. Für die angezielte Integration der Hochschulen in Hamburg wird das „Konsekutivmodell" vorgesehen. Danach soll der erste berufsqualifizierende Abschluß im Rahmen eines gemeinsamen Studienganges nach drei Jahren von allen Studenten erreicht werden, weitere Abschlüsse sind nach vier und sechs Jahren vorgesehen[11].

Insgesamt läßt sich feststellen, daß das Modell der Gesamthochschule, obwohl gerade erst im Hochschulrahmengesetz als Vorgabe für die zukünftige Entwicklung festgeschrieben, an politischer Unterstützung verloren hat. Es ist zunehmend fraglich, inwieweit es, abgesehen von den Neugründungen, als Leitlinie für die Umgestaltung des bestehenden Hochschulbereichs wirksam werden wird[12].

Zweck der Neuordnung sollte es sein, ein Angebot von inhaltlich und zeitlich gestuften, aufeinander bezogenen Studiengängen zu schaffen und die Durchlässigkeit zwischen den Einrichtungen mit dem Ziel der Verbesserung der Bildungschancen zu erreichen. Durch ein solchermaßen differenziertes Gesamthochschulsystem sollte gleichzeitig im tertiären Bereich die Basis der Pyramide verbreitert werden und mit der so erreichten kürzeren Studienzeit, der vermehrten Bildungsnachfrage ein quantitativ ausreichendes Studienplatzangebot gegenübergestellt werden.

Die Ernüchterung der Landesbehörden bezüglich des Gesamthochschulkonzepts ist wesentlich darauf zurückzuführen, daß kaum Anzeichen dafür vorhanden sind, daß das Bildungsangebot von dreijährigen Studiengängen vermehrt angenommen wird, jedoch die Chance der Durchlässigkeit von Fachhochschulen zu Universitäten weit über das erwartete Ausmaß hinaus genutzt wird. Eine Änderung ist hier nicht zu erwarten, solange die Koppelung von Bildungs- und Beschäftigungssystem den Hochschulabsolventen vierjähriger Studiengänge im Beruf einen Privilegienvorsprung verschafft, der von Absolventen dreijähriger Studiengänge in der Berufstätigkeit kaum wieder eingeholt werden kann (vgl. hierzu Kap. 6.1 und 6.2).

Auf der Seite der Universitäten andererseits ist die Bewältigung der Ausbildungsaufgaben zu einer Dauerlast geworden, die wenig Initiative für Überlegungen zur Umgestaltung und zur Entwicklung dreijähriger Studiengänge läßt, die von den Universitäten noch immer als etwas fremdartiges angesehen werden.

Aufgrund dieser Entwicklungen hat der Vorsitzende des Wissenschaftsrates die Gesamthochschulempfehlung des Wissenschaftsrates von 1970, die eine der Grundlagen für das im Hochschulrahmengesetz und der Bund-Länder-Kommission verfolgte Gesamthochschulkonzept gewesen ist, 1975 im Rückblick relativiert; statt dessen stellte er das Konzept eines alternativen Strukturmodells für das Hochschulsystem vor, „in dem auch Gesamthochschulen einen möglicherweise wichtigen Platz einnehmen, aber nicht den einzigen"[13].

Dieses Konzept ist eine Absage an die Extremposition, nach der das gesamte Hochschulwesen sich über das Instrument der Gesamthochschule langfristig auf ein forschungsorientiertes Studium für alle einzurichten hätte. Für ein offenes, nachfrageorientiertes Hochschulsystem wird weiterhin plädiert, als dessen Voraussetzung jedoch der schmale Hals der unteren Hochschulebene verbreitert werden soll:

„Eine längerfristige Beibehaltung dieses quantitativ offenen Modells verlangt positiv eine genügend große, institutionell abgesicherte Vielfalt im Ausbildungsangebot, wobei der Abstand in Ausbildungsrichtung und -niveau zwischen zwei jeweils benachbarten Abschlüssen möglichst nicht sehr groß sein sollte. Keinesfalls kann dieses Modell die Universität für alle oder auch nur die Mehrzahl der Hochschulberechtigten öffnen. Das wäre wirtschaftlich nicht erreichbar, den Studenten gegenüber kaum verantwortbar und der Forschung in hohem Maße abträglich. Leider sind wir den Weg der Universitätsorientierung schon zu lange und zu weit gegangen."[14]

Die Konzepte für die Gesamthochschule haben mit den Vorstellungen über Flexibilität und Durchlässigkeit, mit ihren curricularen Vorstellungen von forschendem Lernen und dem Verhältnis von Theorie und Praxis neue Elemente in die Diskussion über die Reform des deutschen Hochschulsystems gebracht. Bei aller Neuartigkeit bleiben sie jedoch weitgehend beschränkt auf den Rahmen der Hochschule als einer geschlossenen Bildungsanstalt, die auf eine Studienphase zwischen Schule und Beruf konzentriert ist. Die Aufgabe der Hochschulen für die Fort- und Weiterbildung von Bewerbern aus der beruflichen Praxis ist zwar in vielen Plänen formuliert worden (Empfehlungen des Wissenschaftsrates seit 1970, Bildungsgesamtplan, Bildungsbericht '70 etc.), ihre Realisierung ist jedoch über einzelne Experimente bisher nicht hinausgekommen[15].

Daneben sind auch Vorschläge in die Diskussion gebracht worden, die, ausgehend von dem Konzept der Gesamthochschule, ähnlich etwa wie das amerikanische Konzept der „University without Walls", über die bestehenden Strukturen radikaler hinausgehen. Ein solches Konzept ist der Entwurf einer *Baukasten-Hochschule*[16], der davon ausgeht, daß jeder Zugang zu einem Hochschulstudium hat, und dieses nicht nur in fachorientierten Lehrveranstaltungen, sondern vor allem in interdisziplinär- und problemorientierten Blöcken von vier- bis sechswöchiger Dauer mit ganztägigem Studium gestaltet wird. Die Blöcke schließen mit Zertifikaten ab; neben Hochschullehrern sollen auch Vertreter der Praxis als Lehrende mitwirken. Das Konzept zielt auf eine flexible und individuelle Studiengestaltung ab, bei der Studenten prinzipiell frei sind, sich ihr Studium aus verschiedenartigen Blöcken an verschiedenen Institutionen, einschließlich von Fernstudien, zusammenzustellen und sich dadurch selbständig über die Zusammensetzung ihrer beruflichen Qualifikationen zu entscheiden. Ein weiteres Konzept ist die *Sandwich-Universität*[17], welche den Wechsel zwischen Universitätsstudium und Praxisphasen ermöglichen soll. Am radikalsten bricht der von Edding vorgelegte Plan mit der Vorstellung, daß das Hochschulsystem eine abgegrenzte Ausbildungsphase für Schulabgänger sei. Sein Entwurf ist gekennzeichnet durch die Stichworte „lebenslanges Intervall-Lernen" und „Wechsel der Lernorte"[18].

Solche Konzepte haben freilich in der deutschen Hochschullandschaft eine geringe Chance, als Gesamtplan verwirklicht zu werden. Dem steht die Starrheit entgegen, die ein staatliches Universitätssystem kennzeichnet, das wohl unausweislich eine gewisse Uniformität mit sich bringt und von dem kaum erwartet werden kann, mit Konzepten zu experimentieren, die die herkömmlichen Hochschulstrukturen nicht nur reformieren, sondern radikal verändern wollen. An solchen Punkten mag man bedauern, daß es in der Bundesrepublik das Wechselspiel zwischen staatlichen und privaten Hochschulen nicht gibt, in dem die privaten Hochschulen neue Initiativen unbürokratisch aufgreifen und erproben könnten.

Wenn die Verwirklichung solcher Pläne in ihrer Geschlossenheit auch nicht zur Diskussion steht, so bilden sie doch „Ansätze zum bildungspolitischen Umdenken", wie Edding seinen Entwurf genannt hat, von denen Elemente in einzelnen Hochschulen in Form von hochschuldidaktischen Experimenten aufgenommen worden sind[19].

5.2 Ansätze zur Studienreform

Parallel zu den grundsätzlichen Überlegungen zur Strukturreform des deutschen Hochschulsystems, wie sie sich in den Debatten um die Gesamthochschule widerspiegeln, und in Wechselwirkung mit diesen, sind in den letzten zehn Jahren an den einzelnen Hochschulen eine Fülle von Innovationen mittlerer Reichweite erfolgt, die sich sowohl auf den Inhalt von Studiengängen als auch auf die Lernorganisation beziehen[20]. Die im Hochschulrahmengesetz aufgestellte Maxime, daß Studienreform eine ständige Aufgabe der Hochschulen ist (HRG § 8), wird spätestens seit Ende der 60er Jahre von den Hochschulen gesehen.

Wesentliche Impulse hat die Studienreform auch durch die reformorientierte Studentenbewegung und das Engagement der Bundesassistentenkonferenz erfahren, die unter anderem als Reaktion auf den unübersichtlich gewordenen Massenbetrieb an den Universitäten entstanden sind und die Einführung neuer Lernformen vielerorts erzwungen oder stimuliert haben. Ebenso hat die Studienreform Impulse durch die Gründung neuer Universitäten und die Umgestaltung der alten großen Fakultäten in die kleineren Einheiten der Fachbereiche erfahren, wie sie zuerst an den neugegründeten Universitäten in Bochum und Konstanz eingeführt wurden und jetzt durchweg an allen Universitäten die unterste Ebene der Organisationseinheiten darstellen. Auf der Basis der kleinen übersichtlicheren Einheiten ließ sich die Weiterentwicklung und Neuentwicklung von Curricula leichter vorantreiben als im Schoß der großen Fakultäten.

– Entwicklung von Curricula

Für die Studiengänge bedeutete dies zunächst (wie auch in Kap. 4.4 erwähnt), daß zunehmend versucht wird, im Wechselspiel zwischen Fachbereich und überregionalen Gremien, wie den Fakultätentagen und der Westdeutschen Rektorenkonferenz sowie den Kultusverwaltungen, traditionelle Studiengänge durch die Aufstellung von *Studienordnungen* überschaubarer und diese für das ganze Hochschulsystem verbindlich zu machen. Nach einer repräsentativen Hochschullehrerbefragung gaben kürzlich vier Fünftel der Hochschullehrer an, in ihren Fachbereichen seien in den letzten vier Jahren Studienordnungen erlassen oder geändert worden. Studienordnungen fehlen am ehesten noch immer in den Geistes- und Gesellschaftswissenschaften. Fast die Hälfte der Hochschullehrer ist nach eigenen Angaben an Arbeiten zur Studienreform beteiligt[21].

Die Studienreform richtet sich teilweise auch auf mehr grundsätzliche *Revision und Modernisierung bestehender Studiengänge,* die häufig noch experimentellen Charakter hat. Hierzu gehört beispielsweise das Modell der einphasigen Juristenausbildung, die an verschiedenen Universitäten zunächst bis 1981 als Experiment erprobt wird. Grundidee ist hierbei, das bisher von der theoretisch-fachwissenschaftlichen Ausbildung an den Universitäten getrennte und sich an sie anschließende praktische Referendariat im öffentlichen Rechtswesen in das Studium zu integrieren, so daß sich fachwissenschaftliches Studium und Praxiserfahrung gegenseitig befruchten können. Ähnliche Intentionen liegen der neuen medizinischen Approbationsordnung zugrunde und den Ansätzen für eine integrierte Lehrerbildung, wie sie beispielsweise an der Universität Oldenburg erprobt wird. Auch in naturwissenschaftlichen und ingenieurwissenschaftlichen Studiengängen wird teilweise versucht, Elemente von Praxiserfahrung und auf das spätere Berufsfeld bezogene sozialwissenschaftliche Elemente in das Studium einzubeziehen, ohne daß dies ein obligatorisches Element des Studienganges bildet, das auch von der Kultusverwaltung für notwendig befunden wird. Ausgangspunkt solcher Versuche ist es, die Fixierung des Studienganges auf zu spezifisches Fachwissen zu überwinden und der Gefahr des „Fachidiotentums" durch die Einübung flexibler und in kritischer Weise auf das zukünftige Berufsfeld bezogene Haltungen zu begegnen. Die an verschiedenen Universitäten eingerichteten hochschuldidaktischen Zentren sind häufig Kristallisationspunkt für die Entwicklung solcher Initiativen.

Ein dritter Ansatzpunkt für curriculare Neuerungen ist die *Entwicklung grundsätzlich neuer Studiengänge,* die bisherige Lücken des Studienangebots füllen. Hierzu gehören beispielsweise interdisziplinäre Studiengänge für Politologen und Verwaltungswissenschaftler, die für Aufgaben in der staatlichen Verwaltung, in Verbänden und Wirtschaftsunternehmen qualifizieren; hier nahmen bisher Absolventen juristischer Studiengänge eine Monopolstellung ein, ohne daß dies für die vielfältige Aufgabenstellung der vermehrten Positionen im Verwaltungsbereich als optimale Vorbildung gelten kann. Dazu gehören ferner Studiengänge, die zum Wirtschaftsingenieur und Berufsschullehrer ausbilden ebenso wie pädagogische Studiengänge, die auf den wachsenden Aufgabenbereich der Erwachsenenbildung vorbereiten. Weitere Initiativen für die Entwicklung neuartiger Studiengänge, die auf neue Berufsbilder abzielen, sind insbesondere von den im Aufbau befindlichen Gesamthochschulen zu erwarten.

– Neue Lernformen
Neben der inhaltlichen Weiterentwicklung ist die Einführung neuer Lernformen ein wichtiger Gesichtspunkt für die Studienreform. Grundsätzlich

dominieren in der Studienorganisation die großen Vorlesungen, in denen im Frontalunterricht ein systematischer Überblick über das Fachgebiet gegeben wird sowie Seminare, Übungen und – vor allem in den naturwissenschaftlichen Fächern – Praktika, in denen eng umgrenzte Themengebiete erarbeitet werden. Die Möglichkeit, in Seminaren und Übungen eine dialogische Lernform zwischen Lehrenden und Lernenden zu verfolgen, ist jedoch in den Massenfächern der großen Universitäten durch die großen Teilnehmerzahlen häufig nicht mehr gegeben. Ein Tutorensystem, wie im angelsächsischen Bereich üblich, kennt das deutsche Hochschulsystem im Prinzip nicht.

Diese traditionellen Lernformen sind in den letzten Jahren ergänzt worden. In vielen Hochschulen werden Versuche unternommen, Veranstaltungsformen zu entwickeln, die die persönliche und soziale Kommunikation, zum Beispiel in *Arbeitsgruppen* und Tutorengruppen fördern. Sie beruhen häufig auf studentischer Initiative und haben durch ein Programm der Stiftung Volkswagenwerk Unterstützung erfahren. Teilweise sind für Studienanfänger *Orientierungseinheiten* eingeführt worden, die Hilfestellung für die Anfangsschwierigkeiten geben, die beim Übergang von der Schule in die Anonymität der Massenhochschule auftreten.

An verschiedenen Universitäten wird mit *Kompaktkursen* experimentiert. In dieser Form ist beispielsweise das Literaturstudium an der Universität Bielefeld organisiert. Wenn es sich hierbei um die Initiative eines einzelnen Fachbereiches handelt, treten Koordinationsschwierigkeiten auf, da Studenten während der ganztägigen Kompaktkurse nicht gleichzeitig den Lehrveranstaltungen anderer Fachbereiche folgen können, die in der herkömmlichen Weise organisiert sind, bei der sich der Unterricht im Rhythmus von zwei bis vier Wochenstunden über das ganze Semester erstreckt. Deswegen werden Kompaktkurse meist in der vorlesungsfreien Zeit zu Beginn oder am Ende des Semesters durchgeführt.

Der wichtigste und radikalste Versuch, die konventionelle Lernsituation an der Universität zu verändern, ist im sogenannten *Projektstudium*[22] zu sehen. Das Projektstudium beruht auf folgenden Leitideen:
- Das Projekt wird durch die Initiative von Studenten und Lehrpersonal entwickelt, die gemeinsam für Planung und Durchführung verantwortlich sind.
- Es bezieht sich auf praktische Probleme von gesellschaftlicher Relevanz im Rahmen der angestrebten Berufsfelder. Das „Studieren" des Problems soll unter Berücksichtigung der sich ergebenden interdisziplinären Perspektiven und unter Einbeziehung eines möglichst großen Methodenpluralismus vor sich gehen.

107

– Dem Projektstudium liegt das Konzept des forschenden Lernens zugrunde.

Die Verwirklichung von Ansätzen des Projektstudiums hängt in hohem Maße von der Initiative von Studenten und der Bereitschaft des Lehrpersonals ab, sich auf eine solche unkonventionelle Art des Studiums einzulassen. Im Rahmen der bestehenden Organisationsstrukturen der Universität stoßen solche Initiativen häufig auf Barrieren. In welcher Weise können kooperative Leistungen als Leistungsnachweise für den einzelnen Studenten gelten? In welcher Weise wird die Beteiligung auf das Lehrdeputat der Dozenten angerechnet? Hinzu kommen – ähnlich wie bei Kompaktkursen – Schwierigkeiten der organisatorischen Abstimmung mit dem konventionellen Lehrbetrieb.

Solche Probleme haben, wo mit Ansätzen des Projektstudiums experimentiert wurde, viele Kompromisse erforderlich gemacht und das Projektstudium mit wenigen Ausnahmen zu einer zusätzlichen und freiwilligen Randerscheinung des Universitätsbetriebes werden lassen. Als grundlegendes Organisationsprinzip des Studiums hat sich das Projektstudium nur an der neugegründeten Universität Bremen[23] durchgesetzt.

Ganz andere Ansätze bei der Entwicklung neuartiger Lernformen sind das „programmierte Lernen" aufgrund von Textbüchern und Skripten und das Fernstudium im Medienverbund. Die Entwicklung des *Fernstudiums* ist über lange Zeit aufgrund von Kooperationsschwierigkeiten zwischen den Ländern und den Rundfunkanstalten sowie dem Desinteresse der Hochschulen nur zögernd vorangekommen; 1977 steht erstmals mit einem breit angelegten Modellversuch ein Studienangebot in vier Fächern zur Verfügung[24]. Mit der Gründung der Fernuniversität in Hagen (Nordrhein-Westfalen) ist ein weiterer Schritt zur Einführung des Fernstudiums getan worden. Im dritten Studienjahr (1977) hatte die Fernuniversität bereits über 10 000 Studenten und verfügte über ein Netz von etwa 30 Studienzentren. Dabei zeichnet sich freilich ab, daß die Fernuniversität entgegen der ursprünglichen Intention weniger als Alternative zum Normalstudium an den überlasteten Hochschulen, sondern vorwiegend als Einrichtung der Erwachsenenbildung genutzt wird[25].

– Modellversuche

Eine wichtige Ergänzung der verstreuten Ansätze zur Studienreform bildet das 1971 im Rahmen der Bund-Länder-Kommission initiierte Programm der *Modellversuche im Hochschulbereich*, auf das bereits hingewiesen wurde (Kap. 3.3). Das erste Projekt war noch 1971 an der Universität Augsburg zur Erprobung der einstufigen Juristenausbildung – der Integration von theoretischer und praktischer Ausbildung von Juristen – eingeleitet worden. 1972 wurden zwölf Modellversuche gefördert, 1976 waren es bereits 84 und bis Anfang 1977 hatte sich die Zahl der staatlich geförderten Modellversuche auf 90 erhöht.

Die Koordination der Modellversuche liegt in Händen der Arbeitsgruppe „Modellversuche im Hochschulbereich", einer Untergruppe des Ausschusses „Innovationen im Bildungswesen" der Bund-Länder-Kommission (BLK). Dieser Arbeitsgruppe gehören entsprechend der Struktur der BLK nur Vertreter der Kultusbehörden an, elf Ländervertreter und zwei Vertreter des Bundes, jedoch keine Wissenschaftler. Da die an Modellversuchen interessierten Wissenschaftler ihre Vorschläge für ein solches Projekt nur als Anregung dem jeweils zuständigen Kultusministerium vorlegen können und dieses dann intern darüber entscheidet, ob es einen solchen Vorschlag zum eigenen Antrag an die BLK erheben will, liegt die hochschulpolitische Steuerung dieses Reforminstrumentes praktisch völlig in Händen der staatlichen Kultusbürokratie.

Die Auswahl der Modellversuche beruht auf folgenden Grundsätzen[26]:

- Der Modellversuch muß innovativen Charakter haben.
- Der Modellversuch muß in Einklang stehen mit den Zielvorstellungen und Planungen von Bund und Ländern.
- Der Modellversuch muß so ausgerichtet sein, daß er Entscheidungshilfen für die Entwicklung des Hochschulwesens geben kann.
- Die Ergebnisse des Modellversuchs sollen innerhalb des Hochschulbereichs übertragbar sein.
- Eine überregional ausgewogene Verteilung der Modellversuche ist bei vergleichbarer Themenstellung und Qualität anzustreben.
- Die Modellversuche sollen im Zusammenwirken von Staat und Hochschulen geplant und verwirklicht werden.

Die Modellversuche haben die Funktion, Anregungen und Entscheidungshilfen für die Neuordnung des Hochschulbereichs zu geben. Hierfür ist ein systematisches Berichts- und Auswertungsverfahren vorgesehen, das auch als Grundlage für die Arbeit der überregionalen Studienreformkommissionen dienen soll.

Von den 13 Schwerpunktbereichen des Modellversuchsprogramms beziehen sich sieben Bereiche auf Aspekte der qualitativen Hochschul- und Studienreform im engeren Sinn. Diese werden hier mit jeweils einem Projekt-Beispiel angegeben[27]:

- Modellversuche zur Planung und Entwicklung von *Gesamthochschulen* (soweit nicht Entwicklung einzelner Studiengänge) (7 Versuche)

z. B. Gesamthochschul-Modell: Zusammenführung örtlich stark gestreuter, fachlich heterogener Hochschuleinrichtungen bei ungünstigen Verkehrsverhältnissen. Arbeitsteilung und Schwerpunktbildung in Forschung und Lehre sowie der Versuch einer Integration bzw. Kooperation der einzelnen Einrichtungen (in der Region Ulm/Ost-Württemberg).

- Modellversuche zur Steigerung der *Effizienz von Lehre und Studium,* auch durch Einsatz von Medien (einschließlich Maßnahmen zur Verkürzung der Studien- und Verweilzeiten) (11 Versuche)

z. B. Chemie-Curriculum im Mehrmediensystem; Entwicklung eines Chemie-Curriculums im Mehrmediensystem auf der Grundlage des Mehrmediensystems „CHEMS" der University of California, Berkeley.

- Modellversuche zum *Fernstudium* (5 Versuche)

z. B. Entwicklung von Fernstudienmaterial bis zur Produktion von Studienbriefen für die Studiengänge Mathematik und Wirtschaftswissenschaften sowie die Einrichtung eines Netzes von Fernstudienzentren.

- Modellversuche zur *Entwicklung von abgestuften Studiengängen* in den sowohl an wissenschaftlichen Hochschulen als auch an Fachhochschulen vertretenen Fachrichtungen (9 Versuche)

z. B. Integrierte Architekten- und Technik-Studiengänge: Einführung und Evaluierung eines Systems von aufeinanderabgestimmten Studiengängen im Bereich Architektur und Technik, insbesondere Architektur, Stadt- und Landschaftsplanung, Bauingenieurwesen, Maschinenbau und Elektrotechnik (Gesamthochschule Kassel).

- Modellversuche zur Überprüfung und *Weiterentwicklung* bestehender *Studiengänge* (9 Versuche)

z. B. Planung eines naturwissenschaftlichen Grundstudiums: Entwicklung eines gemeinsamen Studienabschnittes im Bereich des Grundstudiums Chemie, Physik und Biologie.

- Modellversuche zur *Reform der Lehrerausbildung*

z. B. Entwicklung einer vereinheitlichten Physiklehrerausbildung: inhaltliche eigenständige Physiklehrerausbildung der Mittel- und Oberstufe bei wechselseitiger Durchlässigkeit der Studiengänge. Möglichkeiten zu Aufbau- und Kontaktstudiengängen. Entwicklung im Sinne des Baukastensystems.

- Modellversuche zur *einstufigen Juristenausbildung*

z. B. Integration der praktischen Ausbildung in das Studium unter Einbeziehung sozialwissenschaftlicher Fragestellungen.

5.3 Hochschulreform unter verschärften Randbedingungen

Die Ansätze zur Struktur- und Studienreform haben in den letzten zehn Jahren Veränderungen und Innovationen gebracht, die manchen zu weit gehen und anderen zu begrenzt erscheinen.

Die Hochschulen der BRD haben gewiß noch nicht den großen Durchbruch zu einem modernen Hochschulsystem erreicht, aber es gibt wichtige Ansätze zur Reform von Inhalt und Form des Studiums. Diese wurden in einer Zeit erarbeitet, in der die Universitäten mit dem zunehmenden Studentenandrang, mit organisatorischen Umstellungen der alten Fakultäten und ihrer Institute zu Fachbereichen, mit der Erarbeitung neuer Grundordnungen und oft erbittert geführter Gruppenkämpfe zwischen den Mitgliedern der Hochschulen präokkupiert waren und vor diesem Hintergrund ist es eine beachtliche Leistung, daß überhaupt Ansätze zur Studienreform entwickelt wurden.

Die eingangs skizzierte Hauptanforderung, die heute an die Flexibilität des Hochschulsystems gestellt ist, ein Bildungsangebot im Hochschulbereich bereitzustellen, das auch den wachsenden quantitativen Ansprüchen gerecht wird, ist jedoch durch die bisherigen Innovationen nicht erfüllt worden. Die in fast allen Studiengängen aufgestellten Studienordnungen haben z. B. realiter nicht dazu geführt, die Fachstudienzeiten zu verkürzen. Ebensowenig sind die Gesamtstudienzeiten gesunken; vielmehr liegen sie 1976 – nach einem nie dagewesenen Maximum in den Vorjahren – noch für alle Hochschulen erheblich über den Werten von 1970.

Berücksichtigt man, daß in die Daten auch die Verweilzeiten der Studienabbrecher (z. Zt. ca. 13%) eingehen, so liegen die Verweilzeiten der erfolgreichen Hochschulabsolventen sogar noch höher. Da natürlich einige Studenten ihr Studium im Rahmen der vorgesehenen Studienzeiten abschließen oder nicht wesentlich darüber hinausgehen, bedeutet dies, daß viele Studenten sich weit über sieben Jahre an der Universität aufhalten.

Tabelle 13: Mittlere Verweildauer nach Hochschularten, 1970–1976[28] (in Jahren)

Hochschulart	1970	1974	1975	1976
Universitäten	5,7	7,2	7,0	6,5
Gesamthochschulen	–	5,1	4,9	4,9
Pädagogische Hochschulen	4,1	4,9	5,0	4,7
Kunsthochschulen	4,1	6,2	6,2	6,1
Fachhochschulen	3,1	3,5	3,9	3,9

Diese Angaben beziehen sich auf die *Gesamt*zeit, die ein Student durchschnittlich im Hochschulbereich verbleibt. Gegenüber den Fachstudienzeiten ist in der Gesamtstudienzeit die Verlängerung der Studienzeit durch Zweitstudien und Studienfachwechsel berücksichtigt, die in den Jahren seit 1970 erheblich angestiegen sind. Gegenwärtig dürften etwa 20–25% der Studenten ihr Studium einmal oder mehrfach gewechselt haben. Hierzu hat das sogenannte *Parkstudium* in beträchtlichem Maße beigetragen. Ausgelöst durch den Numerus clausus haben nach Schätzungen des BMBW etwa 50 000 Studenten zunächst ein Studium aufgenommen, das ihren eigentlichen Wünschen und Berufszielen nicht entsprach, um später in das gewünschte Studienfach überzuwechseln – eine Praxis, die durch die neuen Zulassungsregelungen nicht mehr möglich ist.

Die mittleren *Fach*studienzeiten sind im Durchschnitt aller Studienfächer nicht gestiegen; sie liegen jedoch weiterhin in vielen Fächern erheblich über den Mindeststudienzeiten, wie sie in den Studien- und Prüfungsordnungen vorgesehen sind, an den Universitäten durchschnittlich etwa ein Jahr, an den Pädagogischen Hochschulen ein halbes Jahr[29].

Vor diesem Hintergrund stellte der Wissenschaftsrat fest: „Die Notwendigkeit einer die großen Studentenzahlen berücksichtigenden Studienreform ist nicht mit zureichender Deutlichkeit bewußt geworden und ist nicht entsprechend umgesetzt worden."[30]

Diese Notwendigkeit einer auch quantitativ wirksamen Reform wird als ein Schlüsselpunkt für die Bewältigung des Studentenberges angesehen und die Grundlinien hierfür sind prägnant aus dem Hochschulrahmengesetz ersichtlich. Ausführlicher gehen die Empfehlungen des Wissenschaftsrates zu Umfang und Struktur des tertiären Bereichs von 1976 darauf ein, die den Eindruck einer Kombination von Panikstimmung und Zweckoptimismus vermitteln:

„Der zeitliche Spielraum, der für die notwendigen Initiativen zur Verfügung steht, ist so eng, und die Probleme sind so vielschichtig, daß allein auf spontane Aktivitäten von Hochschullehrern und Studenten, Verwaltung und Berufswelt nicht gewartet werden kann. Planerische und gesetzgeberische Vorgaben... sind unverzichtbar."[31]

Die wichtigsten Vorgaben hierfür, zumeist im Hochschulrahmengesetz aufgeführt, lassen sich in folgendem Katalog zusammenfassen:

- Verhinderung des „Parkstudiums" durch Neufassung der Zulassungsregelungen für die Numerus clausus-Fächer;
- Einführung von Regelstudienzeiten, in denen das Studium abzuschließen ist;
- Verstärkte Einführung dreijähriger Studiengänge, nicht nur im Fachhochschulbereich, sondern auch an Universitäten;

- Förderung des Selbststudiums und verstärkter Einsatz von Fernstudien und apersonalen Medien;
- Einsetzung von Studienreformkommissionen mit der Aufgabe, die bestehenden Studiengänge nicht nur stofflich zu entlasten, sondern auch inhaltlich zu ändern und an neue Tätigkeitsbereiche anzupassen, und ein ergänzendes Angebot kürzerer Studiengänge zu schaffen;
- Einführung einer obligatorischen Studienberatung mit dem Ziel einer besseren Fundierung der Studienwahl und einer Minimierung des Fachwechsels;
- Verringerung der Möglichkeit von Zweitstudien in Numerus clausus-Fächern.

Viele dieser Forderungen sind schon in den Empfehlungen des Wissenschaftsrates von 1970 enthalten und seitdem von den verschiedenen Planungsgremien oftmals wiederholt worden, ohne daß entscheidende Fortschritte gemacht worden wären. Andere, wie die Einschränkung von Zweitstudien sind eine bedauerliche Konsequenz der Krisensituation. Es muß dahingestellt bleiben, ob die gesetzlichen Vorschriften greifen können, bevor der Gipfel des Studentenberges 1985 erreicht ist.

Immerhin gibt es, wie Tabelle 13 zu entnehmen war, gewisse Anzeichen dafür, daß die hochschulpolitischen Aktivitäten und vor allem die öffentliche Diskussion über die Verkürzung der Studienzeiten bereits Wirkungen zeigen, obwohl die Regelstudienzeitvorschriften erst jetzt wirksam werden. Hierzu trägt möglicherweise auch die veränderte Arbeitsmarktsituation bei, die manche Studenten zu einem schnelleren Studienabschluß beflügeln mag, um so früh wie möglich in die Konkurrenz um die rarer werdenden Positionen für Akademiker einzutreten und sich einen entsprechenden Arbeitsplatz zu sichern.

Eine Chance, daß angesichts der hohen Studentenzahlen in den nächsten Jahren ein angemessenes Studienangebot zur Verfügung steht, ist wohl nur dann zu sehen, wenn die staatlichen Vorgaben auf eine hohe Kooperationsbereitschaft und flexible Reaktion in den Universitäten treffen. Eine solche Reaktion zeichnet sich dort ab, wo Hochschullehrer gefordert werden, zur Bewältigung des Studentenberges beizutragen – so beispielsweise in der weitgehenden Bereitschaft, in den nächsten Jahren in der Lehre den erwähnten „Notzuschlag auf Zeit" zu leisten –, nicht jedoch da, wo es um Eingriffe in den Kern des Autonomieanspruchs der Universität, die Gestaltung der Lehre an den Universitäten geht. Auf das Konfliktfeld, das sich durch das geplante Instrumentarium der Studienreformkommissionen eröffnet, haben wir bereits hingewiesen (vgl. Kap. 4.4).

Die Skepsis der Universitäten bezieht sich jedoch nicht nur auf das organisatorische Instrumentarium der Studienreformkommission, mit dem die Studienreform unter den verschärften Rahmenbedingungen herbeigeführt werden soll, sondern auf die inhaltlichen Aspekte der Hochschulreform. Nach der schon erwähnten Hochschullehrerbefragung aus dem Wintersemester 1976/77 sind diese zwar überwiegend der Meinung, daß Studiengänge auch weiterhin inhaltlicher Überarbeitung bedürfen, sie sehen jedoch kaum die Möglichkeit zur Entlastung oder „Entrümpelung" der Studiengänge, die vom Gesetzgeber als wesentlicher Auftrag den Studienreformkommissionen aufgegeben ist. Ein großer Teil der Hochschullehrer (68%) sind der Meinung, daß die gegenwärtigen Mindeststudienzeiten für einen durchschnittlichen Studenten kaum ausreichend sind, um nach den bestehenden Studien- und Prüfungsordnungen das Studium zu bewältigen. Von daher kann man schließen, daß Studenten in der Ablehnung einer strikten Einhaltung der Regelstudienzeit in den Hochschullehrern ihre Verbündeten haben werden. Überwiegend lehnen Hochschullehrer auch die Aussage ab (75%), daß die meisten Studiengänge ohne weiteres um ein Jahr verkürzt werden könnten und sind der Meinung, daß verkürzte Studiengänge zu einer weiteren Verschulung des Lehrbetriebes an den Hochschulen führen werden, die bekanntlich von den wissenschaftlichen Hochschulen nicht gern gesehen wird. Auch den zur Zeit in Erprobung befindlichen Fernstudiengängen stehen Hochschullehrer häufig skeptisch gegenüber (58%)[32].

Aus diesem Meinungsbild wird deutlich, daß der Zusammenarbeit zwischen Staat und Hochschulen in Bezug auf die Weiterentwicklung der Studienreform eine harte Bewährungsprobe bevorsteht, die auf Seiten der Universitäten gekennzeichnet sein mag durch die Befürchtung, „daß mit den klar erkennbaren Mängeln der alten Universität auch ihre weniger sichtbaren Vorzüge beseitigt werden", wozu auch jene „Reste wohltuend archaischer Freiheiten" gehören, die den Studenten die Möglichkeit gaben, Art und Dauer ihres Studiums selbst zu bestimmen[33].

Allgemein scheint jedoch gegenwärtig der Trend in der BRD darauf hinauszulaufen, sich dem angelsächsischen Vorbild anzugleichen, nach dem das Studium für den größten Teil der Studenten in einem stärker reglementierten Studienablauf bestehen wird, an das sich für hochqualifizierte Studenten ein Aufbaustudium anschließt. Ob dabei das Konzept realisiert werden kann, zur Entlastung der Universitäten neben den mindestens vierjährigen Normalstudiengängen auch Kurzstudiengänge in verstärktem Maß einzuführen und damit eine stärkere Diversifizierung der Qualifikationsebenen im Universitätsbereich zu erreichen, ist gegenwärtig noch eine offene Frage. Vor dem Hintergrund des Studentenbooms bleibt weiterhin offen, ob der geplante Ausbau der Möglichkeiten zur Weiterbildung bereits in absehbarer Zeit erfolgen kann oder vielmehr aufgeschoben werden muß, bis der Studentenberg abgebaut ist.

Die Voraussetzungen für eine stärkere Reglementierung des Normalstudiums, wie sie beispielsweise in einer kontinuierlichen Studienberatung liegen, die z. Zt. in Modellversuchen erprobt wird, sind bisher noch nicht sehr weit gediehen. Auch ist nicht abzusehen, wie die positiven Ansätze zu unkonventionellen und pluralistischen Studienkonzepten in eine solche Studienreform integriert werden können. Sie konfligieren mit dem Interesse der Kultusverwaltungen, bei dem notwendigen Krisenmanagement für die kommenden Jahre die Situation an den Hochschulen übersichtlich und vergleichbar zu reglementieren – eine der vielen Kinderkrankheiten beim Übergang des Hochschulsystems von der Elite- zur Massenbildung.

6. Hochschulsystem und Gesellschaft

6.1 Der Bedarf an Hochschulabsolventen: Vom Akademikermangel zum Akademikerüberschuß

Die Frage nach dem Bedarf an Hochschulabsolventen stellt sich in der Bundesrepublik vor dem Hintergrund einer engen Koppelung zwischen Hochschulbildung und dem Arbeitsmarkt für Akademiker. Dies gilt zunächst formal für die Orientierung von Hochschulabsolventen an beruflichen Positionen, die traditionellerweise Bewerbern mit einem Hochschulabschluß vorbehalten sind und einen hohen beruflichen Status garantieren. Darüber hinaus gilt die enge Koppelung auch inhaltlich für die fachliche Ausrichtung des Studiums, nach der die Absolventen der einzelnen akademischen Disziplinen in der Regel auf relativ eng begrenzte Berufsfelder zusteuern.

Im Gegensatz hierzu vermittelt beispielsweise das amerikanische Hochschulsystem in relativ kurzer Studiendauer bis zum ersten Abschluß eine breite akademische Grundausbildung, die nicht in annähernder Weise die nachfolgende Berufswahl präjudiziert und diese vollzieht sich im Rahmen eines Beschäftigungssystems, das durch einen hohen Grad von Flexibilität und Durchlässigkeit gekennzeichnet ist und nur für wenige Berufe den Nachweis einer akademischen Bildung voraussetzt.

In der Bundesrepublik erhält die Koppelung von Bildungs- und Beschäftigungssystem eine besondere Stabilität durch die Laufbahnstruktur und Statushierarchie des öffentlichen Dienstes, dessen formalrechtliche Rekrutierungsmuster an der Länge der Ausbildung und der erworbenen Bildungsqualifikation der Bewerber orientiert sind. Hier bestehen feine Unterschiede, die für Absolventen dreijähriger Studiengänge der Pädagogischen Hochschulen und Fachhochschulen nur den Eingang in den *gehobenen* Dienst zulassen, für Universitätsabsolventen mit vierjährigen Studiengängen (deren Studiendauer faktisch meistens freilich länger ist) steht dagegen der *höhere* Dienst offen, der dem neugebackenen Jungakademiker sehr schnell den Sprung von der studentischen Randfigur der Gesellschaft zum gesellschaftlich angesehenen und wohl dotierten Regierungsrat verspricht.

Nach der Volkszählung von 1970 waren 54 Prozent der rund eine Million Akademiker mit Universitätsexamen oder dem Abschluß einer Pädagogischen Hochschule unmittelbar im öffentlichen Dienst beschäftigt (von den Fachhochschulabsolventen waren es 25 Prozent). Berücksichtigt man ferner, daß eine Reihe privatwirtschaftlich organisierter Einrichtungen von öffentlichen Geldern abhängig sind (z. B. viele gemeinnützige Organisationen) und ihre Stellenpolitik am öffentlichen Dienst ausrichten, sind rund zwei Drittel aller Akademiker von dem Tarifrecht des öffentlichen Dienstes abhängig, während in der Privatwirtschaft im engeren Sinne nur rund ein Drittel aller Akademiker beschäftigt sind[1]. Diese Daten belegen deutlich die Leitfunktion des Laufbahnsystems des öffentlichen Dienstes für den akademischen Arbeitsmarkt und die hieraus folgende enge Koppelung zwischen Bildungs- und Beschäftigungssystem im tertiären Bereich.

Vor diesem Hintergrund ist die Frage zu diskutieren, inwieweit das Hochschulsystem dem gesellschaftlichen Bedarf an Hochschulabsolventen entspricht. Die Anfang der 60er Jahre im internationalen Kontext, insbesondere im Rahmen der OECD[2] einsetzenden bildungsökonomischen Überlegungen, hatten einen wirksamen spill-over Effekt im Hinblick auf eine Bilanzierung von Bildungs- und Beschäftigungssystem in der BRD. Erschreckt wurde festgestellt, daß das elitäre Bildungssystem eine Zahl von Abiturienten und Hochschulabsolventen produzierte, die die BRD im internationalen Vergleich auf die hinteren Plätze verwies. Für den sich angesichts rapider Modernisierungstendenzen ausdehnenden Arbeitsplatzbedarf für Hochschulabsolventen wurden plötzlich schwerwiegende Mangelerscheinungen vorausgesehen. In der ersten staatlichen Bedarfsvorausschätzung der Kultusministerkonferenz wurde insbesondere ein außerordentlicher Lehrermangel für die 60er Jahre in Höhe von 300 000 Lehrern prognostiziert[3].

Auf dieser Grundlage proklamierte Picht in einer aufsehenerregenden Artikelserie *Die deutsche Bildungskatastrophe*[4]. Picht argumentierte, daß selbst eine Verdoppelung der Abiturientenzahlen den von der Kultusministerkonferenz vorausgeschätzten Bedarf an Hochschulabsolventen kaum erfüllen könne und sagte folgenschwere Defizite für die expandierende deutsche Wirtschaft und ihre internationale Konkurrenzfähigkeit voraus: „Bildungsnotstand heißt wirtschaftlicher Notstand. Der bisherige wirtschaftliche Aufschwung wird ein rasches Ende nehmen, wenn uns die qualifizierten Nachwuchskräfte fehlen, ohne die im technischen Zeitalter kein Produktionssystem etwas leisten kann."[5]

Dieser vom Bedarf her motivierte Aufruf zu einer Verbreiterung der höheren Bildung wurde ergänzt durch die ebenso aufsehenerregende Veröffentlichung Dahrendorfs *Bildung ist Bürgerrecht*[6], in der für eine aktive Bildungspolitik zum Abbau von sozialen Ungleichheiten im Bildungswesen plädiert wurde. Von unterschiedlichen Motiven getragen, führten beide Ansätze zu der gleichen Forderung und einem öffentlichen Konsens, daß es notwendig sei, das Bildungsinteresse in breiten Bevölkerungskreisen zu

erhöhen und eine deutliche Expansion des tertiären Bereichs anzustreben.
Die Aktivierung der Bildungspolitik, die zeitlich mit den geburtenstarken Jahrgängen der Nachkriegszeit zusammenfiel, führte überraschend schnell zum Erfolg. Trotz aller Ausbauanstrengungen im Hochschulbereich indizieren Numerus clausus und Überlastprogramme, daß das Hochschulsystem nur mit Mühe den Ansturm der Bewerber verkraften kann und sich beim Übergang vom Sekundarbereich in den tertiären Bereich ein Engpaß ergibt. Seit der 1973 mit der Ölkrise einsetzenden Rezession zeigen sich darüber hinaus Sättigungstendenzen auf dem akademischen Arbeitsmarkt, die auf einen zweiten Engpaß beim Übergang vom Hochschulsystem in das Beschäftigungssystem verweisen. Diese Situation ist zutreffend mit dem Bild vom *doppelten Flaschenhals*[7] illustriert worden: Mehr Bewerber wollen auf die Hochschule übergehen als das System aufnehmen kann, und mehr Absolventen verlassen die Hochschule als der Arbeitsmarkt im Bereich jener hochqualifizierten Positionen, die von Hochschulabsolventen angestrebt werden, aufnehmen kann. Diese Tendenz wird dadurch verschärft, daß sich die Aufnahmefähigkeit des öffentlichen Dienstes, der in den letzten Jahren zwei Drittel des Neuzuganges an Hochschulabsolventen aufnahm, auch unabhängig von den Restriktionen der derzeitigen Haushaltslage verringert. Denn in der Bedarfssituation der vergangenen Jahre sind bestehende und neu geschaffene Akademikerpositionen überwiegend mit jungen Absolventen besetzt worden, so daß sich die Altersstruktur verjüngt hat und der Ersatzbedarf für die kommenden Jahrzehnte gesunken ist.
Es ist von besonderer Ironie, daß der drohende Überschuß an Hochschulabsolventen zuerst in jenem beruflichen Bereich offenkundig geworden ist, in dem zu Beginn der Bildungswerbung Mitte der 60er Jahre und noch bis 1972 akute Defizite konstatiert wurden. Bereits 1976 konnten aufgrund der Stagnation der öffentlichen Haushalte nicht mehr alle Lehramtsbewerber im Schulbereich eine Anstellung finden. Für 1985 rechnet die Bund-Länder-Kommission mit einem Überschuß in der Größenordnung von 136 000 bis 208 000 Lehrern[8]. Das ergibt sich aufgrund des Rückganges der Schüler-Jahrgangsstärken um 40 Prozent (dem zu spät berücksichtigten „Pillenknick"), der im Bildungsgesamtplan festgelegten Lehrer-Schüler-Relation und den Studentenzahlen in Lehramtsstudiengängen. Mancher Bildungspolitiker mag sich in dieser Situation in die Rolle des Zauberlehrlings versetzt fühlen, der die Geister, die er einmal rief, nun nicht mehr los wird.
Freilich ist dabei zu berücksichtigen, daß der Bedarf an Akademikern auch im öffentlichen Dienst keine festgeschriebene Größe ist; als Idealvor-

stellung könnte beispielsweise eine bessere Lehrer-Schüler-Relation oder eine höhere Ärzte-Dichte durchaus angezielt werden. Der reale Bedarf wird jedoch durch Prioritätensetzungen im gesamten öffentlichen Sektor bestimmt, und hier illustriert der doppelte Flaschenhals die zweifache finanzielle Belastung, vor die sich der Staat gestellt sieht: Er muß zunächst die Ausbildungsplätze finanzieren wie auch später – als wichtigster Arbeitgeber für Akademiker – die Personalstellen im öffentlichen Dienst.

In der derzeitigen Situation wird Bedarfsprognosen wieder größere Aufmerksamkeit gezollt. Nachdem sie den ersten Anstoß für die breit angelegte Bildungswerbung der 60er Jahre gegeben hatten, wurde ihnen in den folgenden Jahren der gesellschaftspolitisch motivierten Bildungseuphorie weniger Beachtung geschenkt. Ohne auf die komplexen Probleme der Bedarfsprognosen im einzelnen eingehen zu können, soll nur angemerkt werden, daß die vier Gesamtprognosen, die zwischen 1967 und 1972 erarbeitet wurden, allesamt für den Zeitraum bis 1980 bzw. 1985 einen Akademikerbedarf errechneten, der unter dem jetzt erwarteten Angebot an Absolventen liegt[9]. Allerdings beruhen diese Vorausschätzungen sämtlich auf der fragwürdigen Annahme, daß die bestehenden Strukturen der Hochschulausbildung und des Beschäftigungssystems, insbesondere der bisherige Akademisierungsgrad der verschiedenen Berufsbereiche, sich nicht wesentlich verändern werden[10]. Darüber hinaus unterscheiden sich diese Prognosen in ihren sektoralen Bedarfsberechnungen erheblich, was auf die großen Methodenprobleme der Bedarfsvorausschätzungen verweist.

Trotz solcher Unzulänglichkeiten kann eine rationale Bildungspolitik auf Bedarfsprognosen nicht verzichten, um ein Mindestmaß an Transparenz über zukünftige Arbeitsmarktentwicklungen auch im Interesse der Ausbildungswahlentscheidungen von Studienbewerbern zu erreichen. In jüngster Zeit sind im Auftrag des Bundesministeriums für Bildung und Wissenschaft eine Reihe von fachrichtungsspezifischen Prognosen erstellt worden[11]. Danach zeichnet sich ab, daß bis auf wenige Fächer wie Medizin und vor allem Zahnmedizin, in den nächsten 10 bis 20 Jahren eine Sättigung und tendenzielles Überangebot auf dem akademischen Arbeitsmarkt zu erwarten ist.

Durch die Bildungsexpansion, die über den prognostizierten Bedarf hinauszugehen scheint, ist die Frage nach den Beziehungen zwischen Bildungs- und Beschäftigungssystem in den Vordergrund gerückt. Schon 1968 hatte Riese, der im Jahr zuvor im Auftrag des Wissenschaftsrates die erste umfassende Bedarfsprognose vorgelegt hatte, darauf hingewiesen, daß bei der in der BRD gegebenen engen Koppelung von Hochschulausbildung und akademischem Arbeitsmarkt eine unstrukturierte Bildungswerbung und -expansion nur in Zeiten des Akademikermangels unproblematisch sei; bei einem Akademikerüberschuß sei zu erwarten, daß schwerwiegende Gleichgewichtsstörungen zwischen Angebot und Nachfrage auftreten, wie sie sich jetzt beginnen abzuzeichnen. Riese befürchtete, daß sich dann das Angebot als leichter manipulierbare Größe dem Bedarf anpassen müsse: „Das Grundrecht auf Bildung erhält den sekundären Stellenwert, es ist das schwächste Glied in der Kette, weil die Wirtschaft kaum zur Expansion von Arbeitskräften gezwungen werden kann."[12] Akzeptiert man die Zielsetzung des Grundrechts auf Bildung, so folgerte Riese, müssen Bildungsforschung und Bildungspolitik darauf ausgerichtet sein, die Flexibilität von Ausbildung und Berufstätigkeit zu erhöhen.

Die ansteigende Zahl von Hochschulabsolventen hat inzwischen zu einem starken Interesse an solchen Flexibilitätsüberlegungen geführt. Diese zielen ab auf die Ermittlung von unerwartetem Bedarf, wie er beispielsweise in einer Modellstudie über die Absorption von Absolventen des neuen Studienganges Politologie untersucht wurde[13]; sie fragen auch nach Substitutionsmöglichkeiten bei der Besetzung eines Arbeitsplatzes durch Bewerber mit unterschiedlich hohen Ausbildungsabschlüssen oder richten sich auf Transfermöglichkeiten zwischen verschiedenartigen Arbeitsplätzen für Hochschulabsolventen einer bestimmten Fachrichtung. Die Integration solcher Flexibilitätsüberlegungen in Bedarfsermittlungen und -vorausschätzungen steht jedoch noch vor großen methodischen und empirischen Schwierigkeiten[14].

Zweifellos spielen bei der Hochschulplanung neuerdings auch Arbeitsmarktgesichtspunkte eine verstärkte Rolle, wie es sich am deutlichsten bei der vorgesehenen „Umwidmung" von Studienplätzen an den Pädagogischen Hochschulen zeigt. Eine Kehrtwendung von einer nachfrageorientierten zu einer einseitig bedarfsorientierten Planung ist aber nicht nur wegen der Unsicherheit der Bedarfsprognosen weder angezeigt noch beabsichtigt. Ein solches Vorgehen, das das Angebot an Studienplätzen beschränken würde, würde das Problem der Bereitstellung von Ausbildungsplätzen nur auf eine andere Ebene verlagern, in der ebenfalls Engpässe bestehen. Abiturientenspezifische Ausbildungsplätze außerhalb des Hochschulbereichs sind nur in Ansätzen vorhanden[15]; und wie immer die Bemühungen von Staat und Wirtschaft um die Vermehrung von Arbeitsplätzen im Berufsbildungsbereich verlaufen werden, wird auch hier die Zahl für die Nachfrage der geburtenstarken Jahrgänge kaum ausreichen, so daß die Verdrängung von studienwilligen Abiturienten in den Berufsbildungsbereich die dort bestehenden Probleme vergrößern würde. In diesem Sinne hat ähnlich wie die Bundesregierung[16] auch der Präsident der Westdeutschen Rektorenkonferenz kürzlich die Mitverantwortung der Hochschulen für das Krisenmanagement der kommenden Jahre unterstrichen und die Restriktionen einer am Akademikerbedarf des Arbeitsmarktes orientierten Planung zurückgewiesen:

„In erster Linie muß es zunächst darum gehen, mit den uns zur Verfügung stehenden, möglicherweise sehr begrenzten Mitteln zu erreichen, daß möglichst vielen Jugendlichen nach der Schule *überhaupt irgendeine sinnvolle Ausbildung* geboten werden kann. Das wird sich nur erreichen lassen, wenn auch die Hochschulen es schaffen, vorübergehend sehr viel höhere Zahlen und Jahrgangsanteile zu bewältigen, als es vom Arbeitsmarkt, vom Bedarf her möglicherweise sinnvoll ist ... Die mögliche Überproduktion von Akademikern ist, so gesehen, der Preis für die Chance, die Zahl der Jugendlichen ohne jede Ausbildung möglichst klein zu halten."[17]

Eine solche Politik scheint auch deswegen sinnvoll, weil bei der angestiegenen Arbeitslosigkeit in der BRD die Akademikerarbeitslosigkeit bisher vergleichsweise geringer ausfällt, und es ist – entsprechend internationaler Tendenzen – zu erwarten, daß dies auch bei einer sich auf relativ hohem Niveau einpendelnden Arbeitslosigkeit weiterhin so bleibt[18].

Für die Milderung der Situation des doppelten Flaschenhalses kommt den Flexibilitätsüberlegungen, die auf eine Lockerung der starren Kopplung von Hochschulbildung und Beschäftigungsmöglichkeiten abzielen, entscheidendes Gewicht zu. „Für eine *aktive* Bildungspolitik sind die Beziehungen zwischen Bildungs- und Beschäftigungssystem keine Daten, sondern veränderbare *Parameter*."[19] Sie können durch die Erhöhung der Mobilitätsbereitschaft und -fähigkeit von Hochschulabsolventen und durch den Abbau von Mobilitätsbarrieren, die sich in Form von Rekrutierungs- und Karrieremustern im Beschäftigungssystem finden, beeinflußt werden.

Ein wichtiger Ansatz für die Entlastung der Hochschulen und die Lokkerung von festgeschriebenen Karrieremustern liegt in dem Konzept der Gesamthochschule mit ihrer Differenzierung in kürzere und längere Studiengänge. Dieses Konzept kann aber erst dann erfolgreich sein, wenn es gelingt, die Arbeitsmarktchancen der Absolventen von kürzeren Studiengängen so attraktiv zu machen, daß nicht alle Studenten in die längeren Studiengänge drängen, die bisher immer noch die besten Berufsaussichten versprechen. Eine wesentliche Voraussetzung hierfür ist in der Reform des Dienst- und Besoldungsrechtes und des Laufbahnsystems zu sehen. Auf die Schwierigkeiten, die damit verknüpft sind, hatten schon 1971 die OECD-Prüfer in ihrem Länderexamen hingewiesen. Sie hielten eine Reform des Laufbahnsystems für so schwierig,

„daß die Reform des Bildungswesens sich dagegen wie ein Kinderspiel ausnimmt. Die Haltung, die ein solches System unterstützt, ist so tief in der Gesellschaft verwurzelt, daß erst eine stark veränderte Perspektive eine Öffnung der Laufbahnen für diejenigen erreichen könnte, die ihr Können in der Praxis bewiesen haben. Erst dann würden die Laufbahnen von ihrer sklavischen Bindung an papierne Qualifikationen befreit werden. Zweifellos haben die Regierungen von Bund und Ländern dabei eine wichtige Rolle zu spielen, denn sie gehören ja zu den größten Sündern auf diesem Gebiet. Wenn es ihnen gelänge, das derzeitige System im Sinne einer größeren Flexibilität bei der Einstellung im öffentlichen Dienst entscheidend zu verändern, würden sie den privaten Sektor entsprechend stark beeinflussen, seine Einstellungspraktiken entsprechend zu ändern."[20]

Ähnlich pessimistisch beurteilte noch 1974 der für die ursprüngliche Konzeption der Bundesregierung für eine integrierte Gesamthochschule verantwortliche Bundesminister die Erfolgschancen der Kurzform des Studiums, die für Hochschul- und Beschäftigungssystem umwälzende Veränderungen erforderlich machen würde:

„Hier bildet das Beharrungsvermögen der früher einmal anerkanntermaßen höchst erfolgreichen deutschen (Humboldtschen) Hochschulstruktur, die unselige Allianz zwischen Ultrakonservativen und Ultralinken in den Hochschulen und die Weigerung des Bundesinnenministeriums (als Beamtenministerium), sich mit diesen Problemen überhaupt ernsthaft zu befassen, unüberwindliche Hindernisse."[21]

Diese pessimistische Einschätzung ist immer noch am Platz und die zaghaften Ansätze zur Dienstrechtsreform haben noch keineswegs den Durchbruch gebracht, der vor allem darin bestehen müßte, Absolventen von drei- und vierjährigen Studiengängen gleiche Berufschancen zu eröffnen. Es zeichnet sich aber ab, daß die Bundesregierung sich auf diesem Gebiet auch gegen bestehende Interessenstrukturen, beispielsweise von Berufsverbänden, zukünftig stärker durchsetzen will. Auch der Wissenschaftsrat hatte bereits in seinen Empfehlungen von 1976 nachdrücklich auf die Notwendigkeit einer Lockerung der starren Strukturen im Beschäftigungssystem und einer Korrektur der Erwartungshaltungen von Hochschulabsolventen hinsichtlich ihres Einkommens und Berufsstatus hingewiesen:

„Vermehrung und Erweiterung der Chancen im Bildungsbereich sind eben nur um den Preis möglich, daß für seine Absolventen im Beschäftigungsbereich eine gewisse Angleichung der Einkommen eintritt, während die Konkurrenz um Spitzenpositionen gleichzeitig steigt."[22]

Offenbar will der Wissenschaftsrat in diesem kritischen Bereich demnächst eine neue Offensive starten. Unter dem Titel „Der Wissenschaftsrat führt etwas im Schilde" wurde kürzlich eine Äußerung des Vorsitzenden des Wissenschaftsrates zitiert, in der er darauf hinweist, daß der Absolvent eines Langzeitstudiums dieses auf eigenes Risiko wählt, wie andererseits für Absolventen kürzerer Studiengänge eine spätere Weiterführung des Studiums möglich sein soll. Deshalb plädiert er:

„Ein Hochschulstudium, gleichgültig ob es kurz oder lang dauert, sollte weder eine Garantie für einen Arbeitsplatz noch einen Anspruch auf eine bestimmte Eingangsbesoldungsstufe schaffen. Nach Möglichkeit sollten alle Absolventen mit der gleichen niedrigen Eingangsstufe eingestellt werden . . . Die Entscheidung über Art und Länge des Studiums sollte nicht im Hinblick auf die Eingangsbesoldung getroffen werden, sondern im Hinblick auf das eigene Interesse, die eigene Qualifikation und die Einschätzung der eigenen Durchsetzungsmöglichkeiten."[23]

Inwieweit solche zunächst noch utopisch anmutende Offensive zur Entkoppelung von Hochschulbildung und akademischem Arbeitsmarkt erfolgreich sein wird, ist im Augenblick noch nicht abzusehen. Dabei wird viel davon abhängen, ob sich Gewerkschaften und Berufsverbände bereit finden, nicht nur die Interessen ihrer *alten* Mitglieder, sondern auch die ihrer potentiellen *neuen* Mitglieder durch eine Neugestaltung des Besoldungs- und Dienstrechtwesens zu vertreten. Unter soziologischer Perspektive ist die Hoffnung auf eine rasche Veränderung dieser sozial fest verankerten Strukturen skeptisch zu beurteilen.

Die quantitativen Bedarfsaspekte verweisen zurück auf die in Kapitel 5 behandelten Aspekte der qualitativen Studienreform. Bei einer Korrektur des bestehenden Ausbildungsangebotes steht unter der Perspektive der Beschäftigungschancen der Gesichtspunkt der Flexibilität der Ausbildungsqualifikation von Hochschulabsolventen im Vordergrund. Hierbei geht es nicht nur um die Qualität der fachlichen Ausbildung, die an der Hochschule vermittelt wird, sondern auch darum, inwieweit allgemeine und überfachliche Qualifikationen ausgebildet werden, die gerade in hochqualifizierten Berufen, die sich durch einen höheren Grad der Unbestimmtheit von Arbeitsaufgaben auszeichnen, besonders wichtig sind. Dabei ist auch im Gespräch, welche Anregungen das Modell der liberal arts colleges in den USA geben kann[24].

Ein anderer Gesichtspunkt bezieht sich auf die Praxisferne der akademischen Ausbildung. So wird beispielsweise von Vertretern der Wirtschaft häufig kritisiert, daß sie für Hochschulabsolventen, die nach sechs oder mehr Jahren Studium in ein Wirtschaftsunternehmen eintreten, noch aufwendige Trainingsprogramme einrichten müssen, weil sie nicht einsatzfähig, „überstudiert", durch das Hochschulstudium „verbildet" seien[25]. Diese Kritik illustriert, daß das traditionelle Postulat der „Bildung durch

Wissenschaft" auch zum Fachidiotentum degenerieren kann, eine Position, die mit gewiß unterschiedlichen Intentionen von konservativen und progressiven Kritikern der gegenwärtigen Hochschulbildung gleichermaßen vertreten wird. Gefordert wird, daß sich das Universitätsstudium nicht nur auf wissenschaftliche Lehrstoffe beziehen soll, sondern auch mit der Aufgabe von Wissenschaft und wissenschaftlich ausgebildeten Hochschulabsolventen in der Gesellschaft auseinandersetzen und die Probleme der beruflichen und gesellschaftlichen Praxis mitreflektieren soll. Die Forderung nach einem höheren Praxisbezug des Studiums, der an zukünftige Berufsfelder kritisch heranführt, ist zu einem wichtigen Bestandteil der Studienreform geworden.

Eine Qualifikation, die von Seiten des akademischen Stellenmarktes bei der Rekrutierung von Hochschulabsolventen besonders häufig betont wird, bezieht sich auf ihre sozialen Fähigkeiten. Kommunikationsgeschick, Menschenkenntnis, Kontaktfähigkeit und die Fähigkeit, andere Menschen zu führen, gehören zu den meist genannten Erwartungen, die in den Zeitungsannoncen des akademischen Stellenmarktes gefordert werden[26]. Gerade die Ausbildung von sozialen und vor allem auch praktischen Fähigkeiten sind aber Aspekte, die junge Hochschulabsolventen in den ersten Jahren ihrer Berufstätigkeit als besonderes Manko ihrer akademischen Ausbildung empfinden[27]. Hierin liegt wohl ein unbestrittenes Defizit der akademischen Ausbildung in der BRD. Curriculare Reformexperimente, die sich auf das Projektstudium und Praxiserkundungen oder auf die Einschiebung von Praxisphasen in die theoretisch ausgerichtete Hochschulbildung beziehen, bekommen vor dem Hintergrund solcher Kritik besondere Bedeutung.

Wenn also gefragt wird, ob das Hochschulsystem in der Bundesrepublik den gesellschaftlichen Bedarf an Hochschulabsolventen erfüllt, so läßt sich zusammenfassend feststellen, daß dies unter quantitativen Gesichtspunkten für die absehbare Zukunft der Fall ist und eher das gegenteilige Problem einer Erweiterung der Absorptionskapazität des Beschäftigungssystems besteht; demgegenüber bleibt der qualitative Aspekt der Bedarfserfüllung eine Aufforderung an die Studienreform, bisherige Defizite auszugleichen und gegenüber neuen Entwicklungen in der Arbeitswelt aufgeschlossen zu sein.

6.2 Studiennachfrage und Chancengleichheit

Wie im vorigen Abschnitt bereits dargestellt, wurden Mitte der 60er Jahre
die am Bedarf orientierten Argumente für eine Expansion des weiterführenden Ausbildungssystems wirkungsvoll ergänzt durch Argumente, die
für eine aktive Bildungspolitik plädierten, um ein allgemeines *Bürgerrecht
auf Bildung* zu gewährleisten. Diese politische Forderung ging von dem
verfassungsmäßigen Recht jeden Bürgers aus, ohne Rücksicht auf Herkunft oder wirtschaftliche Lage eine seiner Begabung entsprechende Erziehung und Ausbildung zu erhalten. Sie zielte darauf ab, soziale Bildungsbar-
rieren abzubauen und eine höhere Bildungsbeteiligung bisher bildungsfer-
ner Schichten zu fördern: „Rechtliche Chancengleichheit bleibt ja eine
Fiktion, wenn Menschen aufgrund ihrer sozialen Verflechtungen und Ver-
pflichtungen nicht in der Lage sind, von ihren Rechten Gebrauch zu
machen."[28]

Angeregt durch eine auf internationaler Ebene bereits fortgeschrittene
Diskussion entwickelte sich in der Bundesrepublik ein Interesse an empirischen Untersuchungen über das Ausmaß ungleicher Bildungsbeteiligung
von Bevölkerungsgruppen unterschiedlicher sozialer Lage. Ein relativ kleiner Kreis von Bildungsforschern begann empirische Belege zusammenzu-
tragen, die den Standpunkt einer anlageorientierten Begabungstheorie rela-
tivierten und damit die prinzipielle Chance für bildungspolitische Maßnahmen deutlicher hervorhoben. Die aktuelle Frage nach dem Vorhandensein
von Begabungsreserven, die zunächst unter dem quantitativen Gesichtspunkt der Bedarfsprognosen gestellt worden war, sich nun aber auch im
Zusammenhang mit der Forderung nach größerer Chancengleichheit im
Bildungswesen stellte, wurde positiv beantwortet.

Die Ungleichheit der Bildungsbeteiligung im Hochschulsystem bildete
nur die Ungleichheiten beim Besuch des Gymnasiums ab – denn mehr als
90 Prozent aller Abiturienten nahmen in den 60er Jahren ein Studium auf.
Im traditionellen dreigliedrigen Schulsystem setzen die Selektionsmecha-
nismen bereits beim Übergang der 10- bis 12jährigen auf das Gymnasium
ein. Die einmal gefallene Entscheidung war durch die Abschottung der
Schularten kaum reversibel und es konnte gezeigt werden, daß der vorzeitige Abgang vom Gymnasium in engem Zusammenhang mit der sozialen
Lage der Schüler und ihrer Herkunftsfamilien stand[29].

Die wichtigsten Kriterien solcher sozialen Lagen waren: Ausbildungsni-
veau und Schichtzugehörigkeit der Eltern, Geschlechtszugehörigkeit,
Konfessionszugehörigkeit und regionale Herkunft.

Mitte der 60er Jahre stammte über ein Drittel der Studenten aus akademischen Elternhäusern, obwohl nicht einmal 3 Prozent der Gesamtbevölkerung ein Hochschulstudium abgeschlossen hatten. 5,7 Prozent stammten aus Arbeiterfamilien gegenüber dem Bevölkerungsdurchschnitt von 45 Prozent[30]. Knapp ein Viertel der Studierenden waren Frauen im Vergleich zur Hälfte der Bevölkerung[31]. Die regionale Ungleichheit, d. h. der Zusammenhang von räumlichem Ausbildungsangebot und Ausbildungsbeteiligung, wurde in einigen Untersuchungen drastisch vor Augen geführt. So ergab beispielsweise eine Regionalanalyse der Bildungsbeteiligung der 16- bis 19jährigen Bevölkerung für 1961 auf der *Länder*ebene einen Unterschied der Bildungsbeteiligung zwischen 12 Prozent (Saarland) und 21 Prozent (Berlin). Auf der Ebene der 566 *Kreise* dehnte sich diese Spannweite auf 3 Prozent bis 48 Prozent aus, woraus sich bereits deutliche Hinweise auf unterschiedliche Bildungschancen unter dem Regionalaspekt ableiten ließen. Auf der Ebene der 24 500 *Gemeinden* schließlich zeigte sich, daß in 8000 Gemeinden kein einziger 16- bis 19jähriger Einwohner einer weiterführenden schulischen Ausbildung nachging[32].

Die verschiedenen Kriterien sozialer Lagen, die sich im Hinblick auf die Bildungsbeteiligung positiv oder negativ auswirken, verstärken oder kompensieren sich bei gemeinsamem Auftreten. Für die Bundesrepublik wurde in diesem Zusammenhang das katholische Mädchen in einer ländlichen Region geringer Bildungsdichte sprichwörtlich, das gegenüber dem gleichaltrigen Jungen in einer Universitätsstadt statistisch gesehen einen Chancennachteil von 1:45 überwinden muß, um eine weiterführende Ausbildung an Gymnasium oder Hochschule zu erreichen[33].

Gegen Ende der 60er Jahre hatte das an der Gleichheit der Bildungschancen orientierte bildungspolitische Konzept, und damit die Perspektive einer Förderung der individuellen Nachfrage, dem Bedarfsansatz den Rang abgelaufen. Der Nachfrageansatz gewann seine besondere bildungspolitische Bedeutung, da ihm mit der Maxime vom Bürgerrecht auf Bildung eine essentiell politische Begründung zugrundelag (und nicht eine nur materiell-quantitative) und diese außerdem noch attraktiv und publizitätswirksam war. „Bildung ist Bürgerrecht" wurde daher auch zu einem Wahlslogan der Bundestagswahlen von 1969. Folgerichtig setzte die neue Bundesregierung Anfang 1970 das Bildungswesen an die Spitze seines Reformprogrammes.

Nach den allgemeinen Grundsätzen der angezielten Bildungsreform sollte das Bildungssystem „jedem Bürger von der Vorschulerziehung bis zur Weiterbildung zu seiner persönlichen, beruflichen und politischen Bildung offenstehen" und der Verfassungsgrundsatz der Chancengleichheit durch eine „intensive und individuelle Förderung aller Lernenden in allen Stufen des Bildungssystems verwirklicht werden"[34].

Eine Verwirklichung dieser Grundsätze konnte mit dem bisherigen Schul- und Hochschulsystem, das mit seinen vormodernen Strukturen die Reproduktion gegebener Schichtstrukturen im Bildungswesen förderte und eine Durchlässigkeit zwischen den verschiedenen Ausbildungswegen behinderte, nicht erreicht werden. Deshalb wurde ein tiefgreifender Wandel des Bildungssystems anvisiert, der noch keineswegs abgeschlossen ist und für den in den einzelnen Bundesländern unterschiedliche Wege beschritten werden. Im Bildungsbericht '70 hieß es hierzu:

„Um diese Ziele zu erreichen, muß die Trennung zwischen den Schularten und zwischen den Hochschulformen abgebaut werden. Mit der Entwicklung eines umfassenden differenzierten Gesamtschul- und Gesamthochschulsystems soll in der Bundesrepublik ein demokratisches und effizientes Bildungswesen entstehen, wie es in den letzten Jahrzehnten ähnlich in vielen demokratischen Industriestaaten geplant und aufgebaut wurde."[35]

Zum Zeitpunkt dieses bildungspolitischen Aufbruchs war das Bildungswesen in der Bundesrepublik Gegenstand des Länderexamens der OECD. Einen ihrer wesentlichsten Beurteilungsmaßstäbe für den Grad der Modernität eines Bildungssystems sahen die OECD-Prüfer im Ausmaß der erreichten sozialen Chancengleichheit, und dieser Gesichtspunkt nimmt daher im BRD-Examen auch eine zentrale Rolle ein. In der Chancengleichheit sahen die Prüfer einen der zentralen Mängel, die nach Reform verlangen, „denn hier unterscheidet sich die Leistung des Bildungssystems in der BRD in den letzten 20 Jahren am stärksten gegenüber vergleichbaren Ländern"[36]. Der 1971 vorliegende Entwurf zum Bildungsgesamtplan und seine langfristigen Zielsetzungen wurden zwar als Prinzipien angesehen, die den Bedürfnissen einer modernen, demokratischen Gesellschaft entsprechen und die den Bruch mit dem Bildungswesen der Vergangenheit ankündigen, aber: „Davon wird der Kohl nicht fett", resümieren die Prüfer, „denn die Versprechungen, so hervorragend sie vom rhetorischen Standpunkt aus auch formuliert sein mögen, müssen sich in der bildungspolitischen Realität erst noch bewähren."[37]

In diesem Zusammenhang ist von Interesse, daß das OECD-Examen, bei aller Zurückhaltung gegenüber einer zu optimistischen Einschätzung der wirtschaftlichen Entwicklung, als Grundlage der Planung für das Bildungswesen in der Bundesrepublik die individuelle Bildungs*nachfrage* (individual-approach) und nicht den *Bedarf* des Beschäftigungssystems (manpower-approach) empfiehlt. Die Prüfer waren der Ansicht, daß die methodisch noch sehr unzureichend entwickelten Arbeitskräfteprognosen sich bestenfalls zur Ermittlung des künftigen Mindestbedarfs und keinesfalls für die Bestimmung eines anzustrebenden optimalen Bedarfs eignen:

„Die BRD ist ein wohlhabendes und wirtschaftlich erfolgreiches Land. Im großen und ganzen hat sie in den vergangenen 20 Jahren für das Bildungswesen zu wenig aufgewandt. Wir haben daher keinen Grund zu der Annahme, daß die BRD in den nächsten 15 Jahren ein viel stärker ausgebautes Bildungswesen nicht finanzieren könnte oder sollte. Die Bundesrepublik Deutschland ist übrigens ein Paradebeispiel für einen Staat, der seine quantitativen Bildungsplanungen nicht aufgrund von Arbeitskräftebedarfsrechnungen vornehmen sollte. Vielmehr ist sie wohlhabend genug und ausreichend wirtschaftlich gesichert, um sich folgende Fragen zu stellen: Welche Bürger wollen wir? Welche Schulen können uns voraussichtlich bei der Erreichung dieses Ziels helfen? Und was müssen wir zur Reform unserer heutigen Schulen in qualitativer und quantitativer Hinsicht tun, damit wir die Schulen bekommen, die wir brauchen?"[38]

Wenn auch mit unterschiedlichem Gewicht, so nimmt die nachfrage-orientierte Perspektive bis heute in den bildungspolitischen Konzepten der Bundesrepublik eine wichtige Rolle ein. Der Deutsche Bildungsrat hat diesen Standpunkt 1974 – also schon zur Zeit der Rezession – in seinen Empfehlungen zur Planung der Bildungsforschung noch einmal nachdrücklich unterstrichen: „Keine Gesellschaft sollte darauf verzichten, soviel Jugendliche wie möglich, sofern sie weitergehende Lern- und Bildungsbedürfnisse entwickeln, auch tatsächlich so weitgehend wie möglich zu bilden. Diese Ausbildung ist ein Teil der Forderung nach Erhöhung der allgemeinen Lebensqualität."[39]

Die außergewöhnliche Expansion des Hochschulsystems seit der Formulierung der bildungspolitischen Konzeption der Bundesregierung von 1970 hat die potentielle Grundlage für Strukturverschiebungen zugunsten größerer sozialer Gleichheit geschaffen; zwischen 1970 und 1976 nahmen Studienplätze und Studentenzahlen um rund 50 Prozent zu.

Wie wurde dieser Spielraum genutzt? 1976 stammten 13 Prozent der Universitätsstudenten aus Arbeiterfamilien (1966 = 5,7 Prozent) und ein Drittel der Studierenden waren Frauen (1966 = 25 Prozent)[40]. Diese Daten zeigen, daß einige Fortschritte im Hinblick auf eine Erhöhung der Beteiligung von bildungsfernen und einkommensschwächeren Bevölkerungsgruppen an der weiterführenden Ausbildung gemacht wurden. Der Fortschritt ist freilich insofern zu relativieren, als sich nach wie vor ein deutliches Zwei-Klassensystem im Hochschulbereich zeigt. Die Universitäten, in die der direkte Weg über das Gymnasium führt, sind vorzugsweise der Ausbildungsort für die höheren Schichten geblieben; dagegen sind in den Fachhochschulen, in die der Weg vor allem über die Fachoberschule oder den Realschulabschluß mit anschließender Lehre führt, Arbeiterkinder mit

28 Prozent doppelt so stark repräsentiert[41]. Die mit dem Konzept der Gesamthochschule angestrebte Durchlässigkeit sollte hier einen größeren Ausgleich ermöglichen.

Einen wichtigen Beitrag zur Erhöhung der Chancen der einkommensschwächeren Schichten an einer weiterführenden Ausbildung leistet die finanzielle Ausbildungsförderung, die 1971 durch das Bundesausbildungsförderungsgesetz (BAföG) neu geregelt wurde. Die Förderung beruht auf folgendem Grundsatz: „Auf individuelle Ausbildungsförderung besteht für eine der Neigung, Eignung und Leistung entsprechende Ausbildung ein Rechtsanspruch nach Maßgabe dieses Gesetzes, wenn dem Auszubildenden die für seinen Lebensunterhalt und seine Ausbildung erforderlichen Mittel anderweitig nicht zur Verfügung stehen."[42]

1976 wurden 2470 Millionen DM für die Ausbildungsförderung von Schülern und Studenten ausgegeben. Der Bund trägt hiervon 65 Prozent und die Länder 35 Prozent. Mit zwei Drittel dieser Summe wurden etwa 42 Prozent aller Studenten gefördert[43]. Dabei gibt die Quote der nach dem BAföG geförderten Studenten einen deutlichen Hinweis auf Unterschiede in der wirtschaftlichen Lage der Familien von Studenten in den verschiedenen Hochschularten. Die Quote der Geförderten liegt an den Fachhochschulen mit 64 Prozent und den Pädagogischen Hochschulen mit rund 50 Prozent weit über der entsprechenden Quote an den Universitäten mit 38 Prozent[44]. Die sozialpolitische Intention dieser Förderungsmaßnahme wird durch die überdurchschnittliche Ausrichtung auf die benachteiligten Gruppen deutlich: Im Sommersemester 1976 wurden beispielsweise 66 Prozent der Arbeiterkinder an Universitäten gefördert; die Quote für Kinder von Vätern mit Abitur lag bei 17 Prozent[45].

Allerdings zeigte sich in den letzten drei Jahren ein leichter Rückgang der Förderung, sowohl im Hinblick auf den Anteil der geförderten Studenten wie auch im Hinblick auf die für notwendig angesehene Förderungshöhe. 1976 betrug der Förderungshöchstbetrag für einen unverheirateten Studenten, der nicht bei den Eltern wohnte, 500,– DM; die Ausgaben eines Studenten lagen jedoch im Durchschnitt bei 640,– DM. Ein Indiz für die mangelnde Anpassung der Förderungssätze an die steigenden Lebenshaltungskosten ist darin zu sehen, daß 1976 nur noch 30 Prozent der Geförderten die Kosten für ihr Studium voll aus öffentlichen Mitteln bestreiten konnten, während es drei Jahre zuvor noch 40 Prozent waren[46]. Inwieweit dieser Rückgang der Förderung einen zukünftigen Trend anzeigt oder sich durch die laufende Anpassung der Förderung wieder auf gleichem Niveau einpendeln wird, ist zur Zeit noch nicht abzusehen[47].

Insgesamt gesehen ist eine gewisse Skepsis angebracht, ob sich der Trend zu einem Chancenausgleich unter schichtbezogener, geschlechtsbezogener oder regionaler Perspektive in den kommenden Jahren fortsetzen wird. Das bildungspolitische Konzept der Bundesregierung wurde 1970 zu einem Zeitpunkt formuliert, der von günstigen Umständen begleitet war: Der Bildungsreform galt das öffentliche Interesse und Wohlwollen, der öffentliche Haushalt ließ hohe Zuwachsraten erwarten, die Engpässe des Arbeitsmarktes für Akademiker waren noch nicht deutlich geworden und eine bereits früher initiierte Bildungswerbung auf Länderebene hatte das Interesse breiter Bevölkerungskreise für die weiterführende Ausbildung stimuliert. Von diesen positiven Begleitumständen für das progressive Bildungskonzept sind zumindest die ersten drei für absehbare Zeit entfallen. Außerdem findet die stürmische Ausbauphase des Hochschulsystems mit dem sehr nachdrücklich als Endkapazität bezeichneten Angebot von 850 000 Studienplätzen Anfang der 80er Jahre ihr Ende.

Im Hinblick auf die regionale Chancengleichheit bedeutet dies, daß ein weiterer Ausgleich durch Hochschulneugründungen in noch unversorgten Gebieten nicht mehr erfolgen kann. Dies ist unter dem Gesichtspunkt zu sehen, daß sich gegenüber der früheren Tradition einer großen Fluktuation und Fernwanderung deutscher Studenten das Studienverhalten stark verändert hat und durch eine zunehmende Seßhaftigkeit gekennzeichnet ist. Heute wollen etwa 80 Prozent der Studenten am liebsten in ihrer Heimatregion studieren, so daß eine Studienaufnahme wie auch die Fachwahl und damit die spätere Berufswahl in hohem Maße von der Art des nächstgelegenen Studienangebotes beeinflußt wird[48].

Eine solche Art der Entscheidungsbeeinflussung von Studienanfängern wird von Regionalforschern schon lange kritisiert. Denn es ist kaum anzunehmen – wie in diesem Zusammenhang ironisch angemerkt wurde – „die Bevölkerung in der weiteren Umgebung Hannovers sei besonders tierliebend, weil sie die veterinär-medizinische Hochschule unverhältnismäßig stark frequentiert, jene rings um Germersheim (Dolmetscherschule!) überwiegend sprachbegabt und die südhessische studentische Jugend technisch um so vielmehr interessiert als die nordhessische, wie es im stärkeren Besuch der Technischen Hochschule Darmstadt zum Ausdruck kommt"[49].

Natürlich ist es utopisch anzustreben, daß jedem Schulabgänger auch in bevölkerungsarmen Gegenden ein voll ausgebautes Hochschulangebot in seiner Heimatregion zur Verfügung gestellt werden kann. Auch darf nicht übersehen werden, daß im Gegensatz zum Konzept der Regionalisierung manches für eine Schwerpunktbildung in Metropolen spricht, bei gleichzeitiger Stimulierung der Fernwanderung. Aus raumordnungspolitischer Sicht erscheint allerdings der Spielraum für eine optimale Regionalisierung

Karte 2: Langfristige Ausbauziele in Studienplätzen nach Hochschulstandorten.
(Darstellung des Ausbaustandes 1977 in Relation zu den Ausbauzielen)

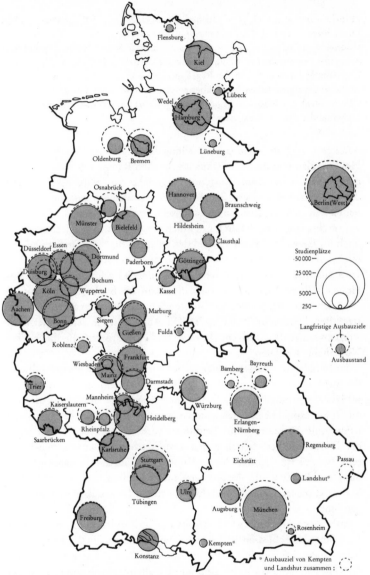

Studienplätze
50 000 —
25 000 —
5000 —
250 —

Langfristige Ausbauziele

Ausbaustand

* Ausbauziel von Kempten
und Landshut zusammen :

Quelle: Planungsausschuß für den Hochschulbau: Achter Rahmenplan 1979–1982, S. 18. – In der Darstellung sind benachbarte
Teilstandorte zu einem Hochschulstandort zusammengefaßt. Für die Aufgliederung nach Teilstandorten vgl. ebd. S. 48 ff.

131

des Ausbildungsangebotes in der Phase des Hochschulausbaus nicht hinreichend genutzt worden zu sein:

„Eine Anamnese der jüngsten Hochschulgründungswelle in der Bundesrepublik Deutschland – als Folge des bildungspolitischen Aufbruchs in die Massen-Hochschulbildung – zeigt, trotz aller bildungspolitischen Gesamtvorstellungen und bundesweiten Initiativen, nur wenig überregionalen Bezug. Die Hochschulentwicklungskonzeptionen enden in der Regel spätestens an den Ländergrenzen stumpf, Entwicklungslinien haben keine überregionalen bzw. länderübergreifenden Anschlußstellen, das Hochschulregionalkonzept läuft an den Ländergrenzen in der Mehrzahl der Fälle in Sackgassen."[50]

Karte 2 zeigt die regionale Verteilung der langfristigen Ausbauziele der Hochschulen und die sich daraus ergebenden Räume mit relativ dichtem oder geringem Studienplatzangebot. Angesichts der Seßhaftigkeit von Studenten kennzeichnet dieses Standortnetz verbleibende regionale Ungleichheiten von Bildungschancen im Hochschulbereich.

Entscheidender noch fällt hinsichtlich der regionalen Ungleichheiten jedoch ins Gewicht, daß im Vorfeld des tertiären Bereichs, im Sekundarbereich, erhebliche Differenzen zwischen den Ländern fortbestehen. Dies wird aus den unterschiedlichen Quoten der Schulabsolventen, die eine Hochschulberechtigung erwerben, deutlich. Im Bundesdurchschnitt lag 1977 der Anteil der studienberechtigten Schulabsolventen an der gleichaltrigen Bevölkerung bei 23,6 Prozent. Die Anteilssätze in den Ländern variieren zwischen 16,7 Prozent (Bayern) und 27,6 Prozent (Berlin, Hessen, Nordrhein-Westfalen)[51].

Im Hinblick auf die schichtbezogenen sozialen Ungleichheiten sollte mit der Strukturreform des Schul- und Hochschulsystems aufgrund verstärkter Übergangsmöglichkeiten der Chancenausgleich befördert werden und durch die Möglichkeit eines späteren Wiedereinstieges in die Hochschule irreversible Ausbildungsentscheidungen verhindert werden. Dabei liegt in der Durchlässigkeit zwischen den Teilbereichen des erweiterten Hochschulsystems ein wichtiger Mechanismus, um während der ganzen Ausbildung die Modifizierung der Studienpläne zu ermöglichen – ein System, das nur funktioniert, wenn die Durchlässigkeit zur Dynamik in allen Richtungen führt.

Im vorigen Abschnitt wurde bereits auf das Problem der Koppelung von Ausbildungsabschlüssen und Berufschancen hingewiesen. Dies hat dazu beigetragen, daß sich in der Realität nur eine Einbahnstraße eröffnet hat, die vom Kurzstudienbereich zum mit den alten Gratifikationen honorierten wissenschaftlichen Langstudium führt. Rund ein Viertel der Fachhochschüler – weit mehr als erwartet – haben beispielsweise in den letzten Jahren von den neu geschaffenen Möglichkeiten des Überganges in den Universitätsbereich Gebrauch gemacht.

Angesichts der Überfüllung und begrenzten Aufnahmekapazität der Hochschulen stehen Bildungspolitiker gegenwärtig vor einem Dilemma bei der Abwägung der Chancen jener Studenten, die sich bereits im Hochschulsystem befinden und jener, die noch vor den Toren stehen. Mit der Festsetzung von Aufnahmequoten für ein Zweitstudium in Fächern, die dem Zulassungsverfahren der Zentralstelle für die Vergabe von Studienplätzen unterliegen, hat das Prinzip der Durchlässigkeit im Interesse jener, die noch kein Hochschulstudium begonnen haben, eine erste Einschränkung erfahren. Die im Hochschulrahmengesetz eingeführten Aufnahmequoten für Zweitstudien sind von der Kultusministerkonferenz für das Medizinstudium auf ein Prozent, für die übrigen Fächer, die dem Zulassungsverfahren der Zentralstelle unterliegen, auf zwei Prozent der Studienanfänger festgesetzt worden[52]. Da diese Einschränkung nur für die Numerus clausus-Fächer gilt, deren Zahl inzwischen wieder auf zehn gedrückt werden konnte, fällt sie quantitativ nicht stark ins Gewicht. Einschneidender dürfte sich auswirken, daß im Rahmen der Ausbildungsförderung für Zweitstudien keine Stipendien, sondern nur noch Darlehen vergeben werden.

Bei den bestehenden Engpässen beim Hochschulzugang besteht auch die Gefahr, daß die traditionell bildungsfernen Gruppen am ehesten resignieren und eher geneigt sind, mit der gewohnten zweitbesten Ausbildung vorlieb zu nehmen. Eine Stagnation, wenn nicht gar Rückschritt auf dem Weg zu größerer Chancengleichheit wäre die Folge. Auf diese Gefahr hat der Wissenschaftsrat in seinen Empfehlungen von 1976 aufmerksam gemacht. Er befürchtet,

„daß sich mit zunehmenden Schwierigkeiten beim Hochschulzugang vor allem Abiturienten, die aus den unteren sozialen Schichten stammen, vom Hochschulstudium abschrecken lassen. In diesen Schichten hatte die Bildungspolitik der letzten Jahre aber gerade erst zu wirken begonnen. Ebenso zeichnet sich durch die Zunahme von Zulassungsbeschränkungen in den von weiblichen Studienbewerbern bevorzugten Fächern eine geschlechtsspezifische Diskriminierung ab. Ein rigoroser Numerus clausus würde damit ein wesentliches Ziel der Bildungspolitik, die Chancengleichheit, in Frage stellen.“[53]

6.3 Die Hochschule als Forschungsinstanz

– Forschung und Lehre als konstitutive Grundlage der deutschen Hochschule

Den Kern der Universitätskonzeption Humboldts stellte die enge wechselseitige Beziehung von Forschung und Lehre dar. In ihr wird die Voraussetzung für eine wissenschaftlich fundierte Belehrung durch die Lehrenden gesehen und für die Lernenden die Chance zur Teilhabe am wissenschaftlichen Erkenntnisprozeß, dessen Ausbildungs- und Bildungswert die spezifische Qualität der „Hohen Schulen" ausmacht.

Von dieser Grundidee weichen die heutigen Reformkonzepte für das Hochschulwesen in der Bundesrepublik im Prinzip nicht ab. Auch beim Übergang von der Humboldtschen Universität für wenige, zur Gesamthochschule für viele – von der Elite- zur Massenbildung –, wird diese klassische Wechselbeziehung versucht beizubehalten. Die Westdeutsche Rektorenkonferenz bekräftigt dieses Ziel 1976 in ihrer Stellungnahme *Zur Sicherung der Forschung in den deutschen Hochschulen,* wenn sie feststellt:

„Forschung ist Grundlage für wissenschaftliche Lehre. – Die Lehre an den Hochschulen muß eine Lehre aufgrund des jeweils neuesten Erkenntnisstandes sein. Die wissenschaftlichen Hochschulen können nur so ihrer Aufgabe gerecht werden, den für die Existenzsicherung unserer Gesellschaft nötigen wissenschaftlichen Nachwuchs heranzubilden. Darüber, was der neueste Stand der Erkenntnis ist, kann nur urteilen, wer selbst im Grenzbereich der Erkenntnis forscht. Daher kann auch nur, wer in unmittelbarem Kontakt mit der Forschung steht, für die Weitergabe des Wissens an die Studierenden in Wort und Schrift verantwortlich sein."[54]

Auch für die Lehre an den Fachhochschulen werden personelle und sächliche Voraussetzungen gefordert, um ein Minimum anwendungsbezogener Forschung zu gewährleisten, die als notwendig angesehen wird, um die Lehre auf dem Stand von Wissenschaft und Praxis zu halten.

Diese Position wird nicht von allen geteilt. Die Aufrechterhaltung des Prinzips von Forschung und Lehre in ihrer klassischen Form erscheint vielen beim Übergang zur Massenausbildung im tertiären Bereich weder möglich noch notwendig. In diesem Zusammenhang stehen Konzepte, die die Hochschulbildung – Lehrende und Studierende – in „an der Wissenschaft *orientierte"* und in „*forschungsbezogene* wissenschaftliche" Ausbildungsbereiche unterteilen wollen. Damit wird in der Regel die Unterteilung in Kurz- und Langstudiengänge, aber auch im Hinblick auf letztere die Unterteilung in ein Normal- und Graduiertenstudium anvisiert.

Der Widerstand gegen ein solches Zwei-Klassensystem im Hochschulbereich hat historische, didaktische und soziale Gründe.

Im Gegensatz zum amerikanischen Bildungssystem verwiesen die deutschen Universitäten die Propädeutik zur Vorbereitung auf ein wissenschaftliches Studium schon Mitte des 19. Jahrhunderts aus ihren heiligen Hallen in die der Gymnasien. Dort ist daher in Deutschland auch der Ort, wo am Ende der Oberprima die 18- oder 19jährigen Schüler im Abitur auf ihre „Reife" für ein wissenschaftliches Studium geprüft wurden. Im positiven Fall standen bis vor kurzem die Türen der alma mater dann offen – einer Bildungsstätte, die sich nun ganz der „wissenschaftlichen" Ausbildung widmen konnte.

Dem Versuch, den Gesamthochschulbereich in lehr- und forschungsbezogene Studiengänge funktional zu gliedern, steht auch das hochschuldidaktische Prinzip des „forschenden Lernens" entgegen. Ganz im Sinne der Humboldtschen These, reklamieren hiermit Reformer den Wert dieses klassischen Prinzips nun möglichst für den ganzen tertiären Bereich und nicht nur für eine privilegierte Spitzengruppe[55].

Schließlich steht hinter dem Konzept, *wissenschaftliche* Hochschulen – traditionellerweise mit dem hohen Ansehen von Universitäten versehen – und *nur*-Hochschulen in einen Gesamthochschulbereich zusammenzuführen, der Versuch, das hohe Ansehen der Universitäten für den Gesamthochschulbereich ganz allgemein zu erhalten, und die Differenzierung durch ein neues Etikett zu überspielen. Der Erweiterung der Universität zur Gesamthochschule entspricht eine sprunghafte Verbreiterung der sozialen Bühne und die soziale Stufenleiter erhält damit noch eine „nicht-wissenschaftliche" Fußbank untergeschoben. Damit vermehrt sich das Potential sozialer Zeichen und für neue Schichten akademischer Bürger werden begehrte Früchte erreichbar. Dies bezieht sich für die Hochschullehrer vor allem auf das höhere Prestige der Forschungstätigkeit gegenüber der Lehre. Durch Lehre *und* Forschung hebt sich der Universitätsprofessor vom Fachhochschullehrer ab. Forschungsmittel führen zum Hofstaat von Assistenten und anderen Mitarbeitern und zusätzlichen materiellen Ressourcen. Last not least können die Forschungsmittel die Voraussetzung für wissenschaftliche Ergebnisse bilden, die ihrerseits das Ansehen und die soziale Existenz des Hochschullehrers determinieren. Es ist verständlich, daß vor diesem Hintergrund eine Klassengesellschaft von *nur-Lehrenden* und *auch*-lehrenden *Forschern* keine große Anziehungskraft hat.

Damit ist der Hintergrund skizziert, der den Wunsch nach Ausdehnung des Prinzips von Lehre *und* Forschung auf den größeren Gesamthochschulbereich begründet.

In der Realität bleibt die Forschungsmöglichkeit der Fachhochschullehrer jedoch weiterhin dadurch eingeschränkt, daß eine Vereinheitlichung der Aufgaben von Hochschullehrern und Fachhochschullehrern auch in den Gesamthochschulen nicht erfolgt ist. Während das Lehrdeputat von Professoren an wissenschaftlichen Hochschulen in der Regel auf acht Semesterwochenstunden festgesetzt ist, beträgt es für Fachhochschullehrer 18 Semesterwochenstunden. Von daher wird deutlich, daß bei letzteren im Zeitbudget die Lehraufgaben dominieren. Dem entspricht, daß nur etwa die Hälfte der Fachhochschullehrer angeben, Forschungstätigkeiten auszuüben, denen sie in diesem Fall durchschnittlich nur 14 Prozent ihrer Arbeitszeit widmen[56]. Für die wissenschaftlichen Hochschulen gilt die normative Pflicht aller Wissenschaftler, ihr Fach in Lehre *und* Forschung zu vertreten. Die Forschungstätigkeit wird seitens der Kultusverwaltungen im groben Durchschnitt mit etwa 45 Prozent der Arbeitszeit angenommen. Aus der realen Erfahrung der Wissenschaftler erscheint dieser formale Richtwert allerdings zu hoch. Sie selbst geben durchschnittlich als Aufwand für die Forschung nur knapp ein Drittel ihrer Arbeitszeit an[57]. Diese Selbsteinschätzung kann allerdings nur grobe Anhaltspunkte bieten, da es schwierig ist, den reinen Forschungsanteil von den mit der Lehre verbundenen Arbeitszeiten abzugrenzen.

Wie beurteilen die deutschen Hochschullehrer selbst die derzeitige Lage und die Zukunftsperspektiven der Forschung an den Hochschulen? Das folgende Meinungsbild stützt sich auf eine repräsentative Befragung an *wissenschaftlichen* Hochschulen, berücksichtigt also nicht die Vorstellung von Fachhochschullehrern.

Der Grundsatz einer engen Verknüpfung von Forschung und Lehre wird von fast allen Hochschullehrern an den Universitäten unterstützt. 92 Prozent von ihnen bestätigen das Statement: „Wenn die Hochschullehrer nicht mehr zugleich Forscher sind, wird die Lehre steril"[58]; der Kontakt mit Studenten wird als belebendes Element gesehen, das sich auch für die Forschung anregend auswirkt, aber es wird auch geklagt, daß die Belastung durch die Lehrverpflichtungen und die ungeliebte Selbstverwaltung so gestiegen ist, daß intensive Forschungsarbeit an den Hochschulen vielfach nicht mehr möglich ist (74%)[59]. Die gegenwärtige Situation der Forschung an den Hochschulen wird immer noch als gerade hinreichend angesehen, aber fast alle (90%) sind der Meinung, daß die Strukturveränderungen in den letzten Jahren eine Verschlechterung der Forschungsmöglichkeiten gebracht haben[60] und 44 Prozent glauben auch, daß durch die finanziellen Kürzungen in den letzten Jahren bereits erhebliche Schäden für die Forschung in ihrem Fach eingetreten sind[61].

Die Vorausschau in die Zukunft ist nicht optimistisch. Für die nächsten Jahre wird tendenziell eine weitere Verschlechterung der Lage der Forschung erwartet[62]. Wenn es nach den befragten Hochschullehrern ginge, so sollten jedoch Forschung und Lehre auch weiterhin das konstitutive Merkmal der Tätigkeit von Hochschullehrern bilden. Zwei Drittel sehen es für die Forschung am besten an, wenn jeder Hochschullehrer neben seiner Forschung ein bestimmtes Maß an Lehrverpflichtungen hat, aber nur ein Drittel glaubt, daß dies auch in zehn Jahren noch so sein wird. Vielmehr wird erwartet, daß sich andere Modelle der Forschungsorganisation durchsetzen werden, bei denen sich die Forschung entweder zunehmend aus der Universität in reine Forschungsinstitutionen hinausverlagert oder sich innerhalb der Universität eine stärkere Differenzierung zwischen „Professoren für die *Lehre*" und „*Forschungs*professoren" durchsetzen wird, wobei dies teilweise im Zusammenhang mit einer Differenzierung der Hochschultypen in *normale* Hochschulen und *Graduate-Schools* gesehen wird[63].

Angesichts des Studentenberges der nächsten zehn Jahre und der Tatsache, daß es aus finanziellen Gründen unwahrscheinlich ist, daß Personalstellen in gleichem Umfang wie bisher wachsen, ist diese pessimistische Einstellung wohl gerechtfertigt und es scheint in der Tat fraglich, ob die Forschungsfunktion auf absehbare Zeit nicht unter der höheren Lehrbelastung wird leiden müssen. Der „Notzuschlag auf Zeit" auf das Lehrdeputat, der für einige Jahre notwendig werden wird, um den Studentenberg zu bewältigen, wird die personellen Ressourcen für die Forschung erheblich einschränken und es besteht die Gefahr, daß eine so langfristige Verschiebung der Gewichte von Forschung und Lehre im Selbstverständnis der Hochschulen ihre Spuren hinterlassen wird.

– Stellenwert der Hochschulforschung, ihre Förderung und Planung
Die vorangegangenen Bemerkungen haben deutlich gemacht, daß die
– vorwiegend grundlagenorientierte – Forschung ein konstitutiver Bestandteil des Hochschulwesens ist.

Die Hochschulforschung wird ergänzt durch außeruniversitäre Bundes- und Landesinstitute mit verschiedenen Aufgabenstellungen sowie den Forschungseinrichtungen außerhalb der Hochschulen, die im wesentlichen von Bund und Ländern gemeinsam gefördert werden. Hierzu gehören insbesondere die Großforschungseinrichtungen (12 Zentren für Kernforschung, Luft- und Raumfahrt, Krebsforschung, Mathematik und Datenverarbeitung u. a. m.), die Max-Planck-Gesellschaft (51 Institute mit überwiegend natur- und biowissenschaftlicher Thematik sowie einigen Instituten sozialwissenschaftlicher Ausrichtung) und die Frauenhofer-Gesellschaft (mit 29 Instituten für anwendungsbezogene, technologische Forschung).

Neben diese vorwiegend staatlich geförderten Forschungseinrichtungen tritt die Unternehmensforschung, die überwiegend von der Wirtschaft selbst finanziert wird und die für gezielte Programme mit etwa einem Fünftel der Gesamtaufwendungen durch Mittel der Bundesressorts ergänzt wird.

Anfang der 70er Jahre waren 415 000 Wissenschaftler an Hochschulen, Forschungseinrichtungen außerhalb der Hochschulen und in der Unternehmensforschung tätig. Deren Aufgaben sind freilich nicht ausschließlich auf die Forschung ausgerichtet, sondern beziehen sich gerade bei Wissenschaftlern an Hochschulen zugleich auf die Lehre. Nach einer Umrechnung des Wissenschaftsrates der oben genannten Personalstellen in das tatsächlich der Forschung gewidmete personelle Potential *(full-time-equivalent)*, entsprechend dem unterschiedlichen Forschungseinsatz in den verschiedenen Bereichen, ergibt sich folgende Gewichtsverteilung der Forschung[64]:

Universitäten	30 %
Sonstige Hochschulen	3 %
Forschungseinrichtungen außerhalb der Hochschulen	19 %
Unternehmensforschung	47 %

Diese Berechnung zeigt, daß etwa ein Drittel des personellen Forschungspotentials der Bundesrepublik innerhalb der Universitäten etabliert ist.

Ein wesentlicher Teil der materiellen Basis der Forschungsaktivitäten in den Hochschulen ist durch die Mittel gesichert, die ihnen über den Landeshaushalt zugewiesen werden. Eine solche etatisierte und in der Regel fortgeschriebene Forschungsförderung hat den großen Vorzug, daß sie weitgehend frei von administrativem Ballast ist, keine besonderen Antrags-, Zwischenberichts- und sonstige Begutachtungsverfahren kennt und damit eine große Konzentration auf einen kontinuierlichen Forschungsprozeß ermöglicht. Die Nachteile liegen in der Starrheit dieses Systems, in dem die einmal erreichte Etatisierung meist automatisch immer wieder den gleichen Personen, Institutionen und damit auch den gleichen Themen, unabhängig von Evaluationsgesichtspunkten und der Aktualität der Fragestellung, zugewiesen wird.

Die Forschungsförderung durch die Hochschuletats der Länder reicht aber nicht aus, um den Bedarf zu decken und wird durch Drittmittel ergänzt, die von den Wissenschaftlern für spezielle Forschungsvorhaben beantragt werden müssen. Im Wintersemester 1976/77 finanzierten fast die Hälfte der Wissenschaftler an den Hochschulen ihre Forschungen teilweise oder vollständig aus Drittmitteln[65]. Mit Abstand am häufigsten kommen die Zusatzmittel von der Deutschen Forschungsgemeinschaft, der zentralen Förderungsinstanz für die deutsche Wissenschaft (52% der Drittmittelempfänger). Wichtige Beiträge zur Projektförderung – meist in Form von Auftragsforschung – werden auch von den Bundesressorts[66] und Landesressorts (26% bzw. 22% der Drittmittelempfänger) und von privaten Firmen zur Verfügung gestellt (22%). Weitere Mittel kommen von den Stiftungen (11% der Drittmittelempfänger), die trotz ihres geringen Anteils eine sehr wichtige Funktion aufgrund der weniger bürokratisch und elastischer einzusetzenden Mittel erfüllen.

Diese Anteilswerte können keine Auskunft über die Höhe der Mittel geben, die in die Hochschulen fließen. Diese lassen sich exakt nur für die wichtigste Förderungsinstanz, für die Aufwendungen der *Deutschen Forschungsgemeinschaft* (DFG) feststellen. Das Förderungsvolumen der DFG betrug 1977 702 Mill. DM[67]. Von den Bewilligungen des Jahres 1977 entfielen auf die Biowissenschaften 37 Prozent (Biologie, Medizin, Agrarwissenschaften), auf die Naturwissenschaften 24 Prozent, die Ingenieurwissenschaften 21 Prozent und die Geistes- und Sozialwissenschaften 17 Prozent. Die Rangfolge nach Fachgebieten ergibt folgende Prioritäten des Mitteleinsatzes.

Tabelle 14: Die Forschungsförderung der DFG nach Fachgebieten, 1977[68]

1. Medizin, Ernährungsforschung	20,7 %
2. Allgem. Ingenieurwissenschaft und Maschinenbau	13,8 %
3. Biologie	11,7 %
4. Physik	8,1 %
5. Chemie	8,0 %
6. Geowissenschaften (Meeresforschung etc.)	7,4 %
7. Geschichte und Kunstwissenschaften	6,0 %
8. Gesellschaftswissenschaften	5,2 %
9. Architektur, Städtebau, Bauingenieurwesen	4,0 %
10. Sprach- und Literaturwissenschaften	3,2 %
11. Agrar- und Forstwissenschaften	3,1 %
12. Theologie, Philosophie, Psychologie, Pädagogik	2,6 %
13. Elektrotechnik	2,3 %
14. Veterinärmedizin	1,6 %
15. Bergbau und Hüttenwesen	1,4 %
16. Mathematik	0,9 %
	100,0 %

Die Förderungspolitik der Deutschen Forschungsgemeinschaft bezieht sich vor allem auf drei Maßnahmen: das Normalverfahren, etwa ²/₅ der Förderungsmittel, das Schwerpunktverfahren (ca. ¹/₅) und die Sonderforschungsbereiche (ca. ¹/₅). Die Mittel für die Forschungsförderung der DFG werden fast vollständig von Bund und Ländern zur Verfügung gestellt (57% und 42%)[69]. Dabei beteiligt sich der Bund an den Sonderforschungsbereichen mit 70 Prozent, ab 1978 mit 75 Prozent, während für die übrigen Aufgabenbereiche der Finanzierungsschlüssel für Bund und Länder auf 50:50 festgelegt ist.

Das *Normalverfahren* (1977 = 278 Mill. DM) betrifft das klassische Konzept der DFG, bei dem die Initiative von den beantragenden Wissenschaftlern ausgeht, ohne eine zentrale Planung und Steuerung in besondere Richtungen. Diese Maßnahme wird auch als Pflege der allgemeinen „Humusschicht" der deutschen Forschungslandschaft bezeichnet.

Trotz aller früheren Planungsfeindlichkeit wird aber seit mehreren Jahren auch die Möglichkeit zur systematischen Ergänzung, zur Schwerpunktsetzung und vor allem zur Initiierung von Forschungen auf neuen Gebieten immer stärker genutzt. Im Jahresbericht 1969 der DFG heißt es: „Forschungsplanung, ein im Vokabular der Forschungsgemeinschaft während einer ganzen Epoche nahezu verfemter Begriff, wurde zur unausweichlichen Verpflichtung."[70]

Mit dem bereits 1950 eingerichteten *Schwerpunktverfahren* (1977: 107 Programme mit insgesamt 132 Mill. DM) hat die DFG praktisch schon seit längerer Zeit ausgesprochene Forschungsplanung praktiziert. Dieses Verfahren geht aus von der sachverständigen Prioritätensetzung der in den DFG-Gremien vertretenen Wissenschaftler, die hier unter wissenschaftlichen und wissenschaftspolitischen Gesichtspunkten vernachlässigte oder besonders dringliche Forschungsgebiete formulieren. Für solche Themenstellungen wird dann ein bestimmter Finanzierungsrahmen im Haushalt der DFG vorgegeben und durch Colloquien, Expertengespräche und Publikationen eine Stimulierung des Forschungspotentials an den Hochschulen angestrebt.

1968 wurden auf Anregung des Wissenschaftsrates die ersten *Sonderforschungsbereiche* eingerichtet, die bis 1977 auf 106 mit einer Förderungssumme von 220 Mill. DM angewachsen sind. Hierbei handelt es sich um ein besonders weitgehend geplantes Förderungsverfahren, an dem Hochschulen, Länder, Bund und Wissenschaftsrat in den Gremien der DFG zusammenwirken. Die Sonderforschungsbereiche bilden eine örtliche Konzentration an bestimmten Hochschulen, um längerfristige Forschungsthemen anhand einer besonders gut ausgestatteten personellen und materiellen Infrastruktur zu bearbeiten. Damit wird bewußt eine thematische Arbeitsteilung unter den Hochschulen angestrebt, die früher – angesichts einer geringeren thematischen Vielfalt und weniger aufwendiger Forschungsvoraussetzungen – verpönt war. Bei der vorbereitenden Beurteilung von Sonderforschungsbereichen durch die von der DFG bestellten Gutachter, stehen an erster Stelle des Fragenkatalogs[71]:

– Ist das Forschungsgebiet des Sonderforschungsbereiches aus *wissenschaftlichen* Gründen bevorzugt zu fördern?
– Ist das Forschungsgebiet aus *wissenschaftspolitischen* Gründen bevorzugt zu fördern?
– Ist das Forschungsgebiet aus *gesellschaftlichen* Gründen bevorzugt zu fördern?

Die Grundlage der planvollen Forschungsförderung der DFG bilden die Begutachtungen der Forschungsanträge, die in unterschiedlichen Verfahren entsprechend der drei verschiedenen Förderungsmaßnahmen ablaufen. Sie beruhen auf der ehrenamtlichen Mitarbeit von mehreren hundert Wissenschaftlern in den spezifischen Fach- und zentralen Planungs- und Entscheidungsgremien. Diese Mitarbeit der Hochschulangehörigen in den Gremien der DFG illustriert deutlich die Stellung dieser zentralen Forschungsförderungsinstitution als einem integralen Bestandteil des dezentralen Hochschulsystems.

Den äußeren Niederschlag der Planungsverfahren der DFG bilden seit 1961 die sogenannten *Grauen Pläne;* gegenwärtig gilt der fünfte Plan von 1976[72]. Zur Vorbereitung dieses letzten Planes war eine schriftliche Expertenbefragung von 1350 Wissenschaftlern mit einer Beteiligungsquote von 70 Prozent durchgeführt worden. Hinzu kommen Anregungen anderer Wissenschaftsorganisationen sowie die des Bundes und der Länder. Im Verlauf von eineinhalb Jahren erarbeiteten schließlich 120 Vertreter aus den Hochschulen in Einzelbeiträgen und vielen Kommissionssitzungen die Grundlagen für den Plan. Der *Graue Plan* wird durch eine Stellungnahme des Wissenschaftsrates ergänzt und erhält damit seine Funktion als Orientierungsrahmen für die mittelfristige Finanzplanung von Bund und Ländern.

Die Erarbeitung dieser mittelfristigen Planungswerke, wie auch das ganze Begutachtungs- und Entscheidungsverfahren der DFG, stellt eine große Belastung gerade der fähigsten Wissenschaftler dar, die häufig bedauert wird, für die aber keine bessere Ersatzlösung gesehen wird.

Eine wichtige Funktion der ergänzenden Forschungsförderung, auf der Grundlage einer eigenen gezielten Forschungspolitik, üben die Stiftungen aus, von denen die wichtigsten nachfolgend mit ihren Förderungsbeiträgen aufgeführt sind.

Tabelle 15: Die Forschungsförderung durch Stiftungen[73]

Stiftung	Herkunft der Mittel/ Stiftungsvermögen	Förderungsbeitrag Jahr	Mill. DM
Stiftung Volkswagenwerk	1400 Mill.	∅ bis 71	135,0
		1975	62,0
Stifterverband für die Deutsche Wissenschaft	jährliche Beiträge der Wirtschaft	1975	39,2
Robert-Bosch-Stiftung	259 Mill.	1972	17,5
Fritz-Thyssen-Stiftung	105 Mill.	∅ bis 71	12,0
Alfried Krupp von Bohlen und Halbach-Stiftung	500 Mill.	1972	4,0
Mahle-Stiftung	61 Mill.	1972	3,8
Werner-Reimers-Stiftung	60 Mill.	∅ bis 72	3,0

Die Beiträge der Stiftungen fließen nicht nur in den Hochschulbereich, außerdem sind sie sehr konjunkturanfällig. Dies führte beispielsweise zum Rückgang der Förderungssumme der VW-Stiftung von 212 Mill. DM im Jahre 1964 auf 47 Mill. DM im Jahre 1973, eine Reduktion um 78 Prozent, ohne Berücksichtigung des Kaufkraftverlustes. Demgegenüber ist die DFG eine relativ zuverlässige Förderungsinstanz, wenn sich auch die Rezession der letzten Jahre in ihrem Förderungsspielraum deutlich niederschlug.

Die Stiftungen nehmen sich der Desiderate der Forschungslandschaft an, sei es unter dem Gesichtspunkt fehlender Grundlagenforschung oder aktueller gesellschaftlicher Probleme. In diesem Sinne reagierte beispielsweise die Thyssen-Stiftung schon Anfang der 60er Jahre auf die beginnende Diskussion über die Begabungsreserven mit einer mehrjährigen Förderung von empirischen Untersuchungen über „Begabungs- und Bildungsreserven". Die VW-Stiftung hat im Hinblick auf den Hochschulbereich u. a. die „Arbeitsgruppe für empirische Bildungsforschung" an der Universität Heidelberg finanziert, die Startfinanzierung für das „Deutsche Institut für Fernstudien" (DIFF) und das „Institut für die Pädagogik der Naturwissenschaften" (IPN) gegeben, und vor allem die „Hochschul-Informations-System GmbH" (HIS) gegründet und solange finanziert bis die Etatisierung durch öffentliche Mittel erfolgen konnte.

Die Schwerpunkte sind in der Regel zeitlich begrenzt und sollen sich den wandelnden Erfordernissen der Wissenschaft anpassen. Dabei werden von der VW-Stiftung folgende Förderungskriterien verwendet[74]:

– Originalität und Qualität;
– interdisziplinäre Zusammenarbeit;
– Themenstellung im internationalen Vergleich; Möglichkeit fruchtbarer internationaler Zusammenarbeit;
– mögliche Beiträge zur Erkennung oder Lösung gesellschaftlich wichtiger Aufgaben;
– wissenschaftliches „Neuland", verbunden mit Reform von Forschung und Lehre.

Die Förderungspolitik der Stiftungen richtet sich bei der Initiierung neuer Forschungsaktivitäten, die sich als langfristig geltende Fragestellungen erweisen, möglichst nur auf die Gründung und mehrjährige Starthilfe. Im Falle der Bewährung wird dann eine Übernahme durch staatliche Träger erwartet, um den Spielraum der Stiftungspolitik im Laufe der Zeit nicht einzuengen.

Wenn im Zusammenhang mit der Forschung an den Universitäten nach ihrer Bedeutung für gesellschaftliche Probleme gefragt wird, so zeigt sich hier in den letzten zwei Jahrzehnten ein deutlicher Wandel. Der Beitrag, den die (Hochschul-) Forschung zur Lösung aktueller gesellschaftlicher Probleme leisten kann, ist ein wichtiges Kriterium der Forschungsplanung geworden und spielt vor allem bei den Sozialwissenschaften und ganz allgemein bei der Auswahl und Förderung von Forschungsschwerpunkten eine wachsende Rolle. So kommt es bereits zu warnenden Stimmen vor einer zu starken Gewichtung dieses Beurteilungskriteriums und vor allem hinsichtlich einer undifferenzierten Anwendung, etwa in den geisteswissenschaftlichen Disziplinen, die diesen Gesichtspunkt prinzipiell seltener berücksichtigen können. Auch muß bedacht werden, daß die zunehmende Ressortforschung ihre Fragestellungen überwiegend von diesem Gesichtspunkt ableitet, so daß der Hochschulforschung die wichtige Funktion zukommt, als Gegengewicht eine hinlänglich breite Grundlagenforschung sicherzustellen, deren aktueller gesellschaftlicher Bezug auf den ersten Blick vielleicht noch nicht erkennbar ist, die aber die Voraussetzungen schafft, auf denen jene Forschungen überhaupt erst aufbauen können.

Auch die Hochschullehrer selbst sind zunehmend aus dem wissenschaftlichen Elfenbeinturm herausgetreten. Im Gegensatz zu früheren Zeiten wird heute ein wesentlich größerer Teil von Wissenschaftlern vorübergehend oder auf Dauer im öffentlichen Bereich tätig. Insbesondere hat im

Zusammenhang mit der verstärkten Forschungs- und Planungsaktivität staatlicher Stellen auf allen Sektoren die wissenschaftliche Politikberatung großes Gewicht gewonnen. Die sich hieraus ergebenden methodischen und wissenschaftspolitischen Fragestellungen haben inzwischen zur Entwicklung eines eigenen florierenden Wissenschaftszweiges geführt.

7. Die Effizienz des Hochschulsystems

Abschließend sollen einige zusammenfassende Bemerkungen zur Effizienz von Planung, Verwaltung und Koordination des Hochschulsystems gemacht werden. Dabei ist zu beachten, daß sich das deutsche Hochschulsystem derzeit nicht in einer Phase kontinuierlichen Wandels, sondern in einer Phase des Umbaus mit prinzipiellen Veränderungen befindet. Dies gilt für Inhalt und Form der Hochschulbildung ebenso wie für die Management-Strukturen des Hochschulsystems. Es ist daher nicht immer einfach zwischen kurzfristigen Störfaktoren und langfristigen Strukturproblemen zu unterscheiden – man denke nur an den Wirbel im Zusammenhang mit den Kapazitätsverordnungen und ihren Novellierungen.

In diesem Kapitel wollen wir uns auf drei Schlüsselprobleme konzentrieren, deren weitere Entwicklung für die Effizienz des Hochschulsystems von besonderer Bedeutung scheint:
- die Struktur der Planungsgremien
- die Kooperation zwischen Bund und Ländern
- das Verhältnis von Staat und Hochschule.

Bei der Beurteilung dieser drei Aspekte ziehen wir nach Möglichkeit Stellungnahmen wichtiger Vertreter des Hochschulsystems selbst heran.

7.1 Die Struktur der Planungsgremien

Mit preußischer Gründlichkeit hat die Bundesrepublik in den letzten Jahren ein Planungssystem entwickelt, das mit dem Bildungsgesamtplan und den Rahmenplänen für den Hochschulbau bereits zu beachtlichen Ergebnissen geführt hat. Zugleich hat sich damit eine Gremienvielfalt etabliert, die nur noch schwer zu überschauen ist und die ein latentes Wachstumspotential aufweist, das leicht Parkinsonsche Ausmaße annehmen könnte. Die Formen der politischen Kooperation im föderalistischen System heben Probleme auf Amtschef-Ebene, die in den einzelnen Ländern von Referenten behandelt werden; elf bzw. zwölf Bürokratien schreiben für die überregionalen Verhandlungen Sprechzettel und Vermerke.

Betrachten wir nur die Spitze des Eisberges, die staatlichen bzw. gemischt besetzten Planungs- und Koordinierungsgremien: Die Bund-Länder-Kommission für Bildungsplanung (BLK) und ihren Ausschuß für Forschungsförderung, den Planungsausschuß für den Hochschulbau, den Wissenschaftsrat und die Kultusministerkonferenz (KMK), die alle über zahlreiche Unterausschüsse und Arbeitsgruppen und – mit Ausnahme des Planungsausschusses – über eine eigene Geschäftsstelle verfügen. In diesen fünf Gremien sind die Länder jeweils durch Minister vertreten, lediglich in die Verwaltungskommission des Wissenschaftsrates entsenden die Länder Bayern und Niedersachsen „nur" einen Staatssekretär. Die 55 Plätze, die von den Ländern zu besetzen sind, werden von 18 Funktionsträgern eingenommen. Da sieben von diesen nur jeweils ein Mandat wahrnehmen, müssen die übrigen 11 Länderminister 48 Mandate ausfüllen, mehr als vier pro Person. Der Bund, der an vier Gremien (ohne die reine Länder-Institution KMK) mit unterschiedlicher Zahl von Vertretern beteiligt ist (die aber stets 11 Stimmen führen), entsendet neben dem Bildungs- und Finanzminister Staatssekretäre aus anderen Ministerien. Die 22 Plätze, die der Bund in den vier Gremien zu besetzen hat, werden von 11 Personen eingenommen. Diese Ämterhäufung ist in Übersicht 7 dargestellt, wobei die in Personalunion besetzten Positionen durch stärkere Signaturen hervorgehoben sind.

In der Regel werden die Minister in diesen Gremien von ihren Ministerialdirektoren beraten und begleitet, die gleichzeitig Mitglieder der Unterausschüsse und Arbeitsgruppen sind. Darüber hinaus vertreten die Ministerialdirektoren ihre Behörde wiederum in weiteren Spitzengremien, wie z. B. der Zentralstelle für die Vergabe von Studienplätzen (ZVS), die ihrerseits zahlreiche Ausschüsse hat, oder der Verwaltungskommission für den Versuch eines Fernstudiums im Medienverbund. Wenn man bedenkt, daß diese Gremien relativ häufig zusammentreten[1], so ist diese „Überlastquote" der hohen Kultusbeamten von Bund und Ländern beeindruckend, aber auch besorgniserregend im Hinblick auf den Arbeitsstil, mit dem diese reisenden Minister und ihre Mitarbeiter ihre schwierigen Aufgaben lösen müssen. Darin kann – so beschrieb es ein besonders kritisches Mitglied dieser Runde – mit ein Grund für das zögernde Vorankommen der Bildungsreform gesehen werden:

„Am schlimmsten ist es aber, daß die meisten Verantwortlichen (ich nehme mich selber nicht aus) im zermürbenden Kampf ums Detail sich der kollektiven Unfähigkeit zur Reform kaum noch bewußt werden. Wenn sie im Amt überleben wollen, haben sie wegen der enormen, aber scheineffektiven Betriebsamkeit sowie der Überfülle nötiger Informationen dazu auch gar keine Zeit, und die zur Übersicht erforderliche Distanz und Bedenkzeit können sie sich viel zu selten oder gar nicht leisten."[2]

Die Frage nach der Effizienz dieses Systems hatte sich schon 1971 einer der erfahrensten Kultusbeamten dieses Kreises (K. H. Hasemann) gestellt, der von 1966–71 Generalsekretär des Wissenschaftsrates und ab 1970 Leiter der Geschäftsstelle der Bund-Länder-Kommission war. Im sogenannten

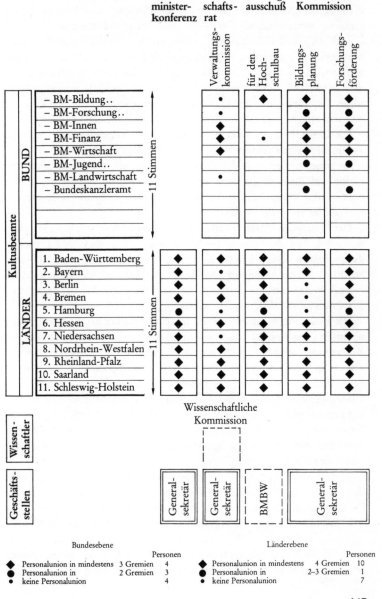

Bundesebene

	Personen
◆ Personalunion in mindestens 3 Gremien	4
● Personalunion in 2 Gremien	3
• keine Personalunion	4

Länderebene

	Personen
◆ Personalunion in mindestens 4 Gremien	10
● Personalunion in 2–3 Gremien	1
• keine Personalunion	7

„Hasemann-Papier"[3] wird insbesondere einerseits die Vereinigung des Wissenschaftsrates und des seinerzeit noch bestehenden Bildungsrates (Beratungsgremien) sowie andererseits der Bund-Länder-Kommission mit dem Planungsausschuß für den Hochschulbau (Planungs- und Entscheidungsgremien) vorgeschlagen[4]. Beratungs- und Entscheidungsgremien sollten danach auch weiterhin getrennt bleiben, um den Empfehlungen ihre Sachbezogenheit zu erhalten, sich jedoch einer gemeinsamen Geschäftsstelle bedienen, die die sachlichen Vorarbeiten für das Beratungsgremium und die technischen Vorbereitungen für das Entscheidungsgremium leisten sollte. Beratungs- und Entscheidungsgremium sollten sich hierdurch auf eine einheitliche und gleich effektvolle Vorarbeit stützen können.

Die Ländervertreter sollten sich nach diesem Vorschlag auch weiterhin zur unabhängigen Vorbereitung ihrer Entscheidungen ihrer eigenen Administrationen bedienen, so daß hierdurch gleichzeitig die anstehenden Probleme und Pläne in die jeweilige Exekutive transponiert werden – eine notwendige Voraussetzung für die tatsächliche Durchführung der Beschlüsse im Sinne der Gremien.

Der Hasemann-Vorschlag enthielt allerdings auch den realistischen Hinweis, daß eine Zusammenfassung der beiden Planungs- und Entscheidungsgremien (Bund-Länder-Kommission und Planungsausschuß) eine erneute Verfassungsänderung voraussetzen würde, mit der nicht zu rechnen sei, so daß erst „ein Versagen oder die Schwerfälligkeit des derzeitigen Systems wird deutlich werden müssen"[5].

Die Fülle von Konzepten und Plänen der vielfältigen Spitzengremien strahlt in Form von Aufträgen multiplizierend auf die unteren Ebenen der Kultusbürokratien der Länder aus und fordert permanent die Reaktion der einzelnen Hochschulen und ihrer Koordinationsgremien heraus (Westdeutsche Rektorenkonferenz, Landesrektorenkonferenzen, Deutsche Forschungsgemeinschaft u. a. m.). Dies führt zu einer erheblichen Arbeitsbelastung, die sich in einer Fülle von Stellungnahmen, Gutachten, Plänen, Verordnungen und Gesetzen niederschlägt. Diese dokumentieren das Spektrum der Standpunkte und das schöpferische Chaos des pluralistischen, dezentralen Systems, sind jedoch kaum noch überschaubar.

Wenn unter dem Effizienzgesichtspunkt die Überbelastung, insbesondere der hohen Kultusbeamten herausgehoben wurde, so ist in diesem Zusammenhang aber auch auf die Praxis der *ehrenamtlichen* Mitarbeit der Wissenschaftler in den überregionalen Gremien (insbesondere im Wissenschaftsrat und der DFG) hinzuweisen. Sie sind zwar weniger in Personalunion in den verschiedenen Gremien tätig als die Kultusbeamten, können sich im Gegensatz zu diesen aber auch nicht auf einen eigenen großen

Mitarbeiterstab stützen. Ihre Arbeit läuft in der Regel zusätzlich neben den normalen Pflichten des Hochschullehrers weiter. Dabei geraten sie in eine Pflichtenkonkurrenz, bei der zu befürchten ist, daß die bildungspolitisch so bedeutsame und folgenschwere Sonderaufgabe nicht annähernd mit der Konzentration und Schnelligkeit bearbeitet werden kann, wie es die Kompetenz der ausgewählten Experten versprechen könnte. Einzelne Vorschläge, solche Experten vorübergehend hauptamtlich für zentrale Beratungsaufgaben heranzuziehen, sind bisher nicht realisiert worden. Dies führt dazu, daß die Empfehlungen und Entscheidungen der Experten durch die ständigen Mitarbeiter der Geschäftsstellen stark geprägt werden, die am Ende – dankenswerterweise – manche Bresche im Aufgabenkatalog schließen.

Der Gremienvielfalt und Sitzungsinflation auf überregionaler Ebene steht der Sitzungs- und Selbstverwaltungsaufwand in den einzelnen Hochschulen nicht nach. Durch das Wachstum vieler Hochschulen zum Großbetrieb, der sich nur mühsam aus den ineffizienten Verwaltungsstrukturen der vormodernen Gelehrtenrepublik befreit, haben sich die Planungs- und Entscheidungsaufgaben vervielfältigt. Dies trifft zusammen mit dem notwendigen Demokratisierungsprozeß an den Hochschulen, durch den eine weitgehende Beteiligung der verschiedenen Gruppen von Hochschulangehörigen an den Entscheidungen auf allen Ebenen herbeigeführt wurde.

Planungsabteilungen oder -referate sind in den größeren Hochschulen inzwischen eingerichtet. Ihre Partner in der akademischen Selbstverwaltung sind engagiert dilettierende Hochschulangehörige aller Gruppen, die sich nur im Nebenamt an den verschiedenen Planungsaufgaben beteiligen – von der untersten Ebene der Fachbereichsgremien über die verschiedensten Ausschüsse bis hin zu den zentralen Kollegialorganen der Hochschule, die über die Hochschulentwicklungsplanung, den Haushaltsvoranschlag, die Festsetzung von Zulassungszahlen, Fragen der Forschungsplanung etc. zu befinden haben.

Die Problematik des Planungsvorganges auf Hochschulebene tritt zur Zeit besonders bei der Erarbeitung der Hochschulentwicklungspläne hervor. Hierbei führt die notwendige Abstimmung von divergierenden Interessen innerhalb und zwischen den verschiedenen Gremien zu mühsamen und teilweise nervenaufreibenden Verfahren. Diese Planungsarbeit wird erschwert durch das Fehlen von differenzierten Kriterien und Richtwerten seitens der Kultusministerien, so daß die einzelnen Hochschulentwicklungspläne schon auf Landesebene nur teilweise kompatibel sind, ganz zu schweigen von der Bundesebene. Die Standardisierung dieser Entwicklungsplanung stellt eine wichtige Aufgabe der nächsten Jahre dar.

Die Beteiligung der Hochschulangehörigen an den hochschulinternen Entscheidungsprozessen bleibt nicht ohne Folgen für ihr Zeitbudget und die Effizienz der wissenschaftlichen Arbeit. Der Preis für die Mitbestimmung ist eine Inflation von Sitzungen und Kommissionsarbeiten, die den Entscheidungsprozeß oft schwerfällig und wenig effizient machen.

Der Präsident der Westdeutschen Rektorenkonferenz meint in diesem Zusammenhang:

„Die als Hochschulreform verkleideten Umorganisierungen der letzten Jahre haben uns eine Selbstverwaltungsstruktur beschert, deren konstruktions- und handhabungsbedingte Schwerfälligkeit den Aufgaben der nächsten Jahre nicht gewachsen sein kann. Hier muß, ohne das Prinzip der Gruppenuniversität in Frage zu stellen und dadurch Blockierungen auszulösen, die wir uns nicht leisten können, mit harter technokratischer Hand durchforstet und gestrafft werden. Allgemein wird eine größere Bereitschaft zur Delegation von Befugnissen verlangt werden müssen. Ohne eine entsprechende Stärkung der exekutiven Organe wird es nicht abgehen, vor allem für den Fall, daß größere Kollegialorgane bei Fristendruck nicht rechtzeitig entscheiden."[6]

Technisch gesehen erscheint in der Tat diese Forderung dringend notwendig, um aus dem circulus vitiosus heraustreten zu können, der sich schon allein dadurch ergibt, daß die Entscheidungsvielfalt weiter erheblich zunehmen wird, bei gleichzeitigem Anspruch der Hochschulen, ihren Selbstverwaltungsbereich nicht einzuschränken, im Gegenteil sogar wieder zu erweitern. Darüber hinaus werden die Sachverhalte komplexer und erfordern einen immer umfangreicheren Vorbereitungsaufwand; dies kann leicht zur weiteren Vermehrung des akademischen Sitzungsaufwandes und zu Verständigungsschwierigkeiten zwischen wenigen professionellen Planern und vielen Autodidakten führen.

Die Eigenart der Institution Hochschule und die gegenüber der alten Ordinarienuniversität gerade erst mühsam erkämpften Selbstverwaltungsrechte der übrigen Gruppen von Hochschulangehörigen lassen jedoch daran zweifeln, ob der Gesichtspunkt technokratischer Verwaltungseffizienz für die künftige Entwicklung der Hochschulen stärker in den Vordergrund gerückt werden kann.

7.2 Die Kooperation zwischen Bund und Ländern

Auf der Grundlage der Kulturhoheit der Länder ist das dezentrale Hochschulsystem der Bundesrepublik in zunehmendem Maße durch Elemente zentraler Koordination, Planung und Entscheidung ergänzt worden. Die jetzige Mischform aus zentralen und dezentralen Elementen kann sich als effizient erweisen, wenn die Maxime vom kooperativen Kulturföderalismus horizontal wie vertikal positiv realisiert wird. Sie wird ineffizient, wenn der formale Zwang zur Kooperation aufgrund unterschiedlicher Interessen und Standpunkte die Kreativität und Entscheidungsfähigkeit des Systems so stark einschränkt, daß sich weder die Qualitäten der zentralen noch der dezentralen Elemente auswirken können und das Mischsystem selbst ins Patt gerät. Als Folge des jetzt praktizierten Mischsystems ist es vielfach nicht möglich die Verantwortung für hochschulpolitische Entscheidungen zu lokalisieren. Bei Fehlentscheidungen „will es niemand gewesen sein", Erfolge reklamieren die Beteiligten gerne für sich.

Ein Schlüsselproblem für die Funktionsfähigkeit unseres Hochschulsystems liegt damit in der Kooperationsqualität von Bund und Ländern. Im Rückblick soll auf diese Frage noch einmal eingegangen werden.

Im Wunsch nach einer besseren überregionalen Planung lag der wesentliche Grund für die Zentralisierungstendenzen. Die prinzipielle Schwierigkeit, bei dezentraler parlamentarischer Verantwortung eine effiziente zentrale Gesamtplanung zu praktizieren, führte zwangsläufig zur Ergänzung durch Institutionen und Verfahren auf gesamtstaatlicher Ebene und damit zu einem gewissen Kompetenzverlust der Länder – bzw. zu einem zwölften Partner im Planungsgeschäft. Da die Länder den neuen zentralen Planungs- und Entscheidungsinstanzen nur zögernd – eher der Not gehorchend als aus Überzeugung – ihre Zustimmung gaben, stellt die seit 1970 praktizierte Mischform einen nicht unbedingt überzeugenden Kompromiß dar.

Aus der Sicht der Länder wird beispielsweise im Hinblick auf den Hochschulbau dem Bund angelastet, er wolle das Instrument der Gemeinschaftsaufgabe nutzen, um durch ein rigides und bürokratisches Kontrollsystem Einfluß auf die Länder und damit auf die Hochschulen zu nehmen. Auf der anderen Seite bedauert der Bund seine begrenzten Einflußmöglichkeiten; er kann zwar seine Anregungen und Konzepte gleichberechtigt vortragen, seine Wirksamkeit ist aber nach wie vor abhängig von der Konsensfähigkeit der Länder unter sich (horizontale Kooperationsfähigkeit).

Die Kritik an der Konsensfähigkeit der Länder im Hinblick auf die Erfordernisse überregionaler Aufgaben wird von diesen mit Hinweis auf ihre auch ohne den Bund zustandegekommenen Vereinbarungen zurückgewiesen. Ein bevorzugtes Beispiel bildet dabei das zügige Zustandekommen des ersten Staatsvertrages der Länder (ohne Beteiligung des Bundes!) zur Vergabe von Studienplätzen. Freilich ist dieses Beispiel für die Entscheidungseffizienz der Länder nicht sehr überzeugend, wenn man bedenkt, daß dieser Konsens durch das Bundesverfassungsgericht inhaltlich und terminlich dekretiert war. Die Mitbeteiligung des Bundes an den Planungs- und Entscheidungsaufgaben am runden Tisch der Länderminister zeigt tendenziell eine ähnliche Wirkung wie die gesamtstaatlichen Auflagen des Bundesverfassungsgerichts, in dem sie in gewissem Maße eine Solidarisierung der Länder gegenüber der Interessenlage und den Einwirkungsversuchen des Bundes befördert.

Abgesehen von solchen formalen Solidarisierungsprozessen hat jedoch die Konsensfähigkeit der Länder seit Ende der 60er Jahre eher abgenommen, da sich im Kreis der Kultusminister – entsprechend der zunehmenden politischen Polarisierung zwischen den überwiegend von CDU/CSU oder SPD/FDP geprägten Länderregierungen – ein immer deutlicheres Fraktionsverhalten durchgesetzt hat. Dies führte im Laufe der Zeit auch zu einem Proporzdenken bei der Besetzung überregionaler Gremien mit Vertretern von „B"-Ländern (CDU/CSU) und „A"-Ländern (SPD/FDP), dessen Auswirkungen denen des Konfessionsproporzes vergleichbar sind, wie er in früheren Zeiten üblich war.

Die Frustration über die begrenzte Konsensfähigkeit des Partners auf der Länderseite formulierte die seinerzeitige Staatssekretärin im BMBW in ihrem engagierten Rückblick auf die ersten Jahre der Zusammenarbeit nach der verfassungsmäßigen Formulierung der Gemeinschaftsaufgaben sehr deutlich. Sie sieht das Dilemma der Bildungspolitik darin, daß „der mehr oder weniger vorhandene Wille zur Bildungsreform auf die verfassungsrechtliche, organisatorische und institutionelle Unfähigkeit stößt, sie zu realisieren. Und daß es wiederum diese Unfähigkeit ist, die den Reformwillen schwächt und die Reformwilligen in die Resignation (oder in die Radikalisierung!) treibt"[7].

Die Hauptverantwortlichen für dieses Dilemma sieht sie in den unzureichend kooperierenden Ländern:

- Jedes Land entscheidet aufgrund seiner eigenen politischen Regierungskonstellation und mit Blick auf seinen nächsten Wahltermin;
- jedes Land entscheidet, ob und welche Reformen und Ausbaumaßnahmen in Schule und Hochschule, in welchem Umfang, mit welchen Mitteln und in welchen Zeiträumen stattfinden sollen;
- jedes Land entscheidet über die Höhe der Bildungsausgaben, über Schwerpunkte der Reform respektive Nicht-Reform, über Bildungsinhalte, Bildungsziele, Schulorganisation, Art und Umfang der Lehrerbildung und Ausbildung etc.[8]

Man darf allerdings nicht übersehen, daß hierin auch der Vorteil liegt, daß einzelne Länder – im Alleingang – Reformen im Vorlauf erproben und verwirklichen und die Pluralität von Modellen der Hochschulbildung befördert wird, die sonst allzu leicht auf den kleinsten gemeinsamen Nenner reduziert werden. Für eine gesamtstaatliche Planung sind solche Verfahren jedoch unfunktional. Einen der gravierendsten institutionellen Hinderungspunkte hierfür sieht die ehemalige Staatssekretärin daher in der Arbeitsweise der Kultusministerkonferenz, an deren Sitzungen sie selbst von 1967–69 teilnahm:

„Im Zwang zur Einstimmigkeit (in der KMK) und damit zum ‚negativen Konsens‘ – verbunden mit dem strikten Prinzip der Nichtöffentlichkeit – sehe ich die eigentliche Ursache für die westdeutsche Bildungsmisere: *Ein* einzelnes Land kann gemeinsamen Fortschritt und gemeinsame Planung für alle anderen Länder verhindern, ohne daß es hiergegen irgendeine politisch wirksame Handhabe gäbe."[9]

Mit der Konstruktion der Bund-Länder-Gremien ist für die gesamtstaatliche Planung gegenüber der Praxis der Kultusministerkonferenz ein gewisser Fortschritt erreicht, da sie nicht auf dem Prinzip der Einstimmigkeit beruhen.

Da die Bund-Länder-Gremien dem Bund keinen Vorrang bei den Planungs- und Entscheidungsverfahren bieten, ist er jedoch nicht in der Lage, durch seine Konzepte die überregionalen Planungsschwierigkeiten aufzuheben. So resümiert der Leiter der Hochschulabteilung im BMBW 1977 hinsichtlich des Stellenwertes der Bundesbeteiligung im Planungsausschuß: „Die Gestaltung der Gemeinschaftsaufgabe läßt dem Bund wenig Möglichkeiten für konstruktive eigene Planung. Er kann Vorhaben allenfalls anregen, nicht aber beantragen."[10] Das heißt, daß die Mitwirkung des Bundes im wesentlichen darauf beschränkt ist, über die Anträge der einzelnen Länder mitzubefinden und seine Zustimmung u. U. zu verweigern, wenn er darin Fehlentwicklungen sieht. Er hat aber nicht die Möglichkeit, selber regionale oder fachliche Schwerpunkte entsprechend einer eigenen Gesamtkonzeption zu verwirklichen. So ist beispielsweise die Vermehrung der Studienplätze für Zahnmedizin seit langem ein Desiderat, weil sich deutlich abzeichnet, daß in diesem Numerus clausus-Fach der zukünftige Bedarf weit über dem Angebot liegen wird. Wegen der hohen Kosten, die mit der Einrichtung zahnmedizinischer Ausbildungsplätze verbunden sind, zögern jedoch die Länder für dieses Studienfach Entwicklungsplanungen vorzulegen.

Daher wird für die Funktion des Bundes im Planungsausschuß zusammenfassend festgestellt:

„So stellt sich in der Praxis heraus, daß der Bund zwar eine verhältnismäßig hohe Einwirkungsmöglichkeit auf die Gestaltung des einzelnen Bauvorhabens hat . . ., daß ihm aber eine wesentliche Mitsprache in der Gesamtplanung jedenfalls unter rechtlichen Aspekten fehlt. Genau das Gegenteil war selbstverständlich mit der Einführung der Gemeinschaftsaufgabe beabsichtigt."[11]

Insgesamt wird deutlich, daß der Bund über die ihm im Bildungswesen eingeräumten Kompetenzen und Möglichkeiten unbefriedigt ist. Die wichtigsten Aspekte hierfür sind in der *Bildungspolitischen Zwischenbilanz* des Bundesministers für Bildung und Wissenschaft von 1976 aufgeführt[12]:

- Die Grundgesetzänderung von 1969 hat zu einer eng begrenzten Mitwirkung des Bundes im Bildungswesen geführt, der in der Öffentlichkeit inzwischen aber weit über das Maß seiner Zuständigkeit für die reale Entwicklung verantwortlich gemacht wird.

- Aus der Sicht des Bundes zeichnen sich im Verständnis vom notwendigen Umfang der gemeinsamen Planung und von der Verbindlichkeit der gemeinsamen Beschlüsse schwerwiegende Auffassungsunterschiede ab. Nach den mehrfachen Abgrenzungsbeschlüssen der Länder (1972 und 1974) soll die gemeinsame Bildungsplanung von Bund und Ländern auf grundsätzliche und verhältnismäßig abstrakt gefaßte Entscheidungen beschränkt bleiben. Darin sieht der Bund eine Restriktion gegenüber der verfassungsrechtlich gebotenen Kooperation, die gegen Wortlaut und Sinn der zuvor gemeinsam getroffenen Entscheidungen verstößt.

- Es wird darauf hingewiesen, daß die Regierungen in den parlamentarischen Beratungen offenbar nicht immer die überregional getroffenen gemeinsamen Planungsentscheidungen zur Leitlinie ihres Handelns machen. Einige Bundesländer konzentrieren im übrigen ihre Ausbauanstrengungen nicht auf die ihnen nachgewiesenen Defizitbereiche, sondern im Gegenteil auf die weitere Überschreitung von überregional festgelegten Planzielen.

- Es wird kritisiert, daß die Bund-Länder-Kommission für Bildungsplanung bislang nur bundesweite Bestandsaufnahmen vorlegen konnte, die nicht nach Ländern und Regionen untergliedert sind, so daß es nicht möglich ist, die Entwicklung des Bildungswesens in den einzelnen Ländern im Hinblick auf die Ziele des Bildungsgesamtplanes zu überprüfen.

Die Zwischenbilanz des Bundes über die sechsjährige Kooperation mit den Ländern endet mit dem resignierten Gedankenspiel einer neuerlichen, wirksameren Grundgesetzänderung zugunsten des Bundes, „wenn sich die gesamtstaatliche Bildungsplanung von Bund und Ländern nicht als geeignet erweisen sollte, die für das Bildungswesen in der nächsten Zeit notwendigen Entscheidungen einvernehmlich zu treffen"[13].

Auf dieser Linie liegt auch die Regierungserklärung vom Dezember 1976, in der ein „Bericht über die strukturellen Probleme des föderativen

Bildungssystems" angekündigt wird, um die Kompetenzverteilung zwischen Bund und Ländern überprüfen zu können.

Mit diesem sogenannten „Mängelbericht" hat der Bund Anfang 1978 die nächste Runde der Zuständigkeitsdiskussion eingeläutet. Neben einer Übersicht über Strukturfragen des Bildungswesens, bei denen nicht die Probleme des Hochschulsystems, sondern die unterschiedlichen Entwicklungen im Sekundarbereich, in der Lehrerbildung und in der beruflichen Bildung im Vordergrund stehen, befaßt sich der Bericht in grundsätzlicher Weise mit dem Problem des Entscheidungssystems im föderativen Bildungswesen. Ausgangspunkt der Argumentation des Bundes ist die These:

„Das Grundproblem, sowohl die erforderliche Einheitlichkeit in bestimmten Grundfragen des Bildungswesens zu sichern, als auch die parlamentarische Legitimation wesentlicher bildungspolitischer Entscheidungen zu stärken, kann nach der geltenden Kompetenzverteilung (d. h.: zwischen Bund und Ländern) nicht befriedigend gelöst werden."[14]

Die Länder haben auf den Vorstoß des Bundes mit einer Stellungnahme[15] reagiert, die von der Besorgnis gekennzeichnet ist, die Eigenstaatlichkeit der Länder könne durch erneute Verfassungsänderungen weiter eingeschränkt werden. Die Länder räumen ein, daß im föderativen Bildungssystem eine Reihe von Problemen ungelöst sind, verweisen aber darauf, daß durch die rund 1000 gemeinsamen Beschlüsse der Kultusministerkonferenz seit 1948 die Sicherung der notwendigen Einheitlichkeit und Chancengleichheit auf dem Gebiet des Bildungswesens ständig vorangebracht worden ist. Zum Beleg wird aus einem rechtsvergleichenden Gutachten[16] zitiert, in dem es heißt:

„Die bisherigen Erfolge der Vereinheitlichung oder Koordination durch die Kooperation zwischen den Gliedstaaten haben, jedenfalls soweit sie sich auf das gesamte Bundesgebiet erstrecken, in keinem der hier untersuchten Bundesstaaten (insgesamt 6, darunter die USA sowie zum Vergleich 2 Zentralstaaten) das gleiche Ausmaß erreicht wie in der Bundesrepublik Deutschland durch die Arbeit der Kultusministerkonferenz."[17]

Freilich kann sich der Bund für seine Position auf die gleiche wissenschaftliche Autorität berufen und zitiert nach derselben Quelle:

„In keinem vergleichbaren Bundesstaat verfügen die Gliedstaaten über so umfassende Mitwirkungsrechte bei der Willensbildung des Gesamtstaates, vor allem in der Gesetzgebung, wie die Länder der Bundesrepublik Deutschland im Bundesrat."[18]

Diese neue Kontroverse illustriert, daß die bisherige Zusammenarbeit von Bund und Ländern weniger auf einer positiven Kooperation im Sinne einer innerlich erwünschten Gemeinsamkeit beruht, sondern sich vielmehr als eine aus äußerlichen Sachzwängen eingegangene Zweckgemeinschaft darstellt, in der der Bund glaubt, zu wenig planen und entscheiden zu können, und die Länder darauf achten, daß ihnen nicht zuviel in ihre Kulturhoheit hineinregiert wird.

Dieses Verhältnis zwischen Bund und Ländern kann nicht überraschen, wenn man sich des Hintergrundes erinnert, vor dem 1969 die „Gemeinschaftsaufgaben" formuliert wurden. Seinerzeit warnte der bayerische Kultusminister das bayerische Parlament, daß die Zuständigkeit

„für Entscheidungen im Bereich der Bildungs- und Hochschulplanung angefochten ist, daß der Bund sich bemüht, sie an sich zu ziehen . . . Für eine Bundeskompetenz für die Bildungsplanung besteht kein Bedürfnis . . . Die Länder werden bei ihren Bemühungen vom Wissenschaftsrat und Bildungsrat, die zu diesem Zweck von Bund und Ländern gemeinsam geschaffen wurden, unterstützt. In beiden Gremien ist die Bundesregierung so maßgeblich vertreten, daß sie alle Belange des Bundes wahrzunehmen vermag. Sollte sie es nicht getan haben, ist es ihre Schuld, nicht die der Länder."[19]

Die vorsorgliche Reaktion der Regierung von Baden-Württemberg auf den angekündigten Mängelbericht der Bundesregierung zeigt, daß sich diese Einschätzung neun Jahre später nicht wesentlich geändert hat. Darin wird betont, daß der Wettbewerb der Länder nicht außer Kraft gesetzt werden darf und wo er in der Vergangenheit blockiert wurde, wieder hergestellt werden müsse: „Als Beispiel sind hier die 1969 in das Grundgesetz eingefügten Gemeinschaftsaufgaben zu nennen, die sich nicht bewährt haben und schon längst durch bessere Formen der Kooperation hätten ersetzt werden können, wenn die Länder über eine ihren Aufgaben entsprechende Finanzausstattung verfügten."[20]

Zu welchem Ergebnis die neue Auseinandersetzung zwischen Bund und Ländern im einzelnen führen wird, ist nicht vorherzusehen. Mit Sicherheit wird sich das Hochschulsystem aber auch weiterhin in einem erheblichen Spannungsfeld zwischen Bund und Ländern bewegen, begleitet von der Hoffnung, daß die kulturelle Kreativität des föderalen Prinzips die eingeschränkte Effizienz der damit verbundenen Dezentralisation aufwiegt.

7.3 Das Verhältnis von Staat und Hochschule

Eine kritische Bemerkung des OECD-Länderexamens bezog sich auf das Zuviel an Bürokratie, Zentralisierung und Aufsicht der Landesbehörden im Hinblick auf das Schulwesen[21]. Demgegenüber hatten die Universitäten traditionell einen relativ großen inneren Autonomiespielraum. Ausgelöst durch die teilweise chaotische Entwicklung an den Hochschulen, die Auswüchse der Studentenbewegung und die Forderungen nach neuen Formen der Hochschulverfassung geht der Trend jedoch auch für die Hochschulen seit Anfang der 70er Jahre in Richtung einer stärkeren staatlichen Lenkung, wie sie sich in den Landeshochschulgesetzen und einer Fülle von Verordnungen niederschlägt.

Der damit verbundene Autonomieverlust – so muß relativierend angemerkt werden – betrifft zum Teil Materien, deren autonome Weiterentwicklung von den Hochschulen selbst unzulänglich geleistet wurde, so daß der Staat es jetzt aus funktionalen Gründen für nötig hält, Regelungen zu treffen. Teilweise ist er hierzu sogar durch die Rechtsprechung des Bundesverfassungsgerichts, das immer häufiger Konfliktfälle aus dem Bereich der Hochschulen zu verhandeln hat, gezwungen.

Diese zunehmende *Verrechtlichung* des Schul- und Hochschulwesens ist ein besonderes Kennzeichen der sich gegenwärtig vollziehenden Veränderung im Verhältnis von Staat und Hochschule. Positiv ist diese Entwicklung insoweit zu beurteilen, als hierdurch die parlamentarische Gesetzgebungsverantwortung in Materien stärker zum Zuge kommen kann, in denen das Verwaltungshandeln der Exekutive mangels gesetzlicher Regelungen zu stark in den Vordergrund getreten ist. Negativ ist diese Verrechtlichungstendenz dort zu sehen, wo den Gerichten ungelöste bildungspolitische Sachprobleme im künstlich umgehängten forensischen Gewand zur Lösung zugeschoben werden. Nachteilig ist vor allem die Tendenz zum Gesetzesperfektionismus, der nun mit der üblichen Gründlichkeit die zu lange unstrukturiert gelassenen akademischen Freiräume in ein kleinkariertes Raster bürokratischer Perfektion zu provinzialisieren droht.

Wie sich das wandelnde Verhältnis von Staat und Hochschule im einzelnen gestalten wird, darüber besteht Unsicherheit. Das kann zu so erstaunlichen Frontwechseln führen, daß der Rektor einer sehr progressiven Hochschule die Formulierung der neuen Leistungsaufgaben für die Hochschulen weitgehend vom Staat fordert. Er sieht den Funktionswandel der Hochschule darin, daß die bisherige Hochschule eine Einrichtung war, für die sich keine gesellschaftliche Sinnfrage stellen ließ, die sich selbst tautologisch definierte und ein ungelenktes, nicht meßbares System darstellte:

„Ein solches tautologisch bestimmtes, nicht meßbares System in ein zweckrationales Leistungssystem zu verwandeln, das geht nicht ohne Friktionen, das geht nicht planvoll ab. Das ist das Entscheidende, wovon wir ausgehen müssen. Und die Verwirklichung dieses Zieles, das vollkommen zu Recht auch von den Kultusministern immer wieder propagiert wird, nämlich, die Hochschulen in ein zweckrationales

Leistungssystem zu verwandeln, wird sicherlich noch viele Jahre dauern. Sie verändert die gesamte Struktur der Hochschule, ohne daß wir heute bestimmen könnten, wie diese Struktur zu sein hätte, weil die Kriterien noch nicht offenbart und bearbeitet sind. Und das kann nicht heil abgehen.'"[22]

Diese Erwartungen und Angebote an den Staat empfindet ein bei dieser Diskussion der Westdeutschen Rektorenkonferenz im Jahre 1973 anwesender Vertreter des Staates, der eher konservative Kultusminister von Rheinland-Pfalz, dann doch zu weitgehend. Er möchte der Hochschule noch autonome Freiräume lassen und sie nicht zum überwiegenden Teil zu leistungsorientierten Produktionsstätten für die Gesellschaft reduziert sehen. Auch die Forderung an den Staat bezüglich der Aufgabendefinition und ihrer Durchsetzung gegenüber den Hochschulen findet er entschieden zu weitgehend[23].

Tatsache ist, daß sich das Verhältnis von Staat und Hochschule erheblich verschlechtert hat, wobei die Frontstellungen primär zwischen Hochschulen und Exekutive verlaufen – und die Legislative im Windschatten der Exekutive segelt. Reibungspunkte für Kontroversen gibt es viele: Die Entwicklung und das Ergebnis des Hochschulrahmengesetzes des Bundes und seine gegenwärtig unterschiedlich rigide Transformierung in die Hochschulgesetze der Länder; die Praxis bei der Überprüfung der Verfassungstreue von wissenschaftlichen Mitarbeitern; die Genehmigungsverfahren von Studienordnungen für alle Fächer; die zunehmende Nutzung des Einwirkungsspielraumes bei Berufungen durch die Kultusminister u. a. m.

Abgesehen von diesen kontroversen Problembereichen trägt auch viel ein gewisses Ungeschick der Kultusbürokratie im täglichen Umgang mit den Hochschulen zur Verschlechterung der Großwetterlage bei. Rektoren, Kanzler und Professoren werden am laufenden Band zu Dienstbesprechungen und sonstigen Dienstgeschäften in die Landesmetropolen beordert, um dort die jüngsten Entscheidungen der Exekutive zur Kenntnis zu nehmen – nicht etwa, um sie in der ihnen eigenen Weise diskutieren zu können.

Ein besonders drastisches Beispiel für solches Vorgehen bot jüngst das baden-württembergische Kultusministerium. In der Woche vor den Weihnachtsferien 1976/77 ließ der Kultusminister den Rektoren bei ihrer Landesrektorenkonferenz einen Briefumschlag mit einem Erlaßentwurf bezüglich 1390 Stellenstreichungen im Hochschulbereich unkommentiert auf den weihnachtlichen Gabentisch legen. Die Kultusbeamten hatten weisungsgemäß die Konsequenzen aus dem plötzlich deutlich gewordenen Lehrerüberschuß und der Verknappung der Haushaltsmittel gezogen, nachdem die Hochschulen selbst der Aufforderung zu Vorschlägen für

158

entsprechende Stellenstreichungen nicht nachgekommen waren. So kam es zu dem brüsken Plan, der u. a. an den Universitäten Stuttgart und Mannheim nicht weniger als sechs bzw. sieben Fachbereiche per Ministerialerlaß zur Auflösung vorsah.

Das Kultusministerium von Baden-Württemberg versuchte in der Folgezeit zu einer besseren Kooperation zurückzufinden, in dem es die Stellenstreichungsabsichten in einen *Strukturplan für den Hochschulbereich*[24] einfließen ließ und hierzu die Rektoren anhörte. Zu einer gewissen Entspannung trug auch die Tatsache bei, daß das Kultusministerium in den Strukturplan Vorstellungen über den weiteren Ausbau der Hochschulen aufnahm.

Sicherlich jedoch wird, auch abgesehen von den spontanen Protestreaktionen, die allein durch solchen Stil staatlichen Vorgehens ausgelöst werden, eine kooperative Bildungsplanung von Staat und Hochschule dadurch schwer belastet. In diesem Sinne wird von seiten Konstanzer Professoren der oben erwähnte Vorfall kommentiert:

„Nachträglich als bloßes ‚Denkmodell' verharmlost, aber trotz der Zurücknahme weiterhin – durch Erfüllung in Etappen – drohend, gibt dieser Fall vor allem zu denken, wie staatliche Bildungsplanung in Baden-Württemberg überhaupt noch glaubwürdig sein will und ob auch in anderen Ländern die derzeitige Streichungspolitik in Verbindung mit den Kapazitätsverordnungen und ihrer latenten Ideologie der ‚Effizienz' nolens volens der gebremsten Reform den Gnadenstoß zu geben droht."[25]

Die Gefahr zum staatlichen Oktroi liegt in der gegenwärtigen Situation nahe, in der Staat und Öffentlichkeit des Diskutierens an den Hochschulen angesichts der wachsenden Probleme müde geworden sind. Dabei darf nicht vergessen werden, daß der Staat in Gestalt der Exekutive sich nicht als losgelassener Kettenhund des lang begehrten akademischen Knochens bemächtigt hat. Im Gegenteil, er hat sich möglichst lange – wahrscheinlich zu lange – um diesen schwer verdaulichen Happen herumgedrückt. Auch muß bedacht werden, daß die Kultusbürokratien nicht zuletzt selbst Anwälte der Hochschulen sind und der Gegenstand ihres Tuns auf ein florierendes Hochschulsystem ausgerichtet ist. Der überproportional angewachsene Haushaltsanteil, den die Kultusbürokratien, in den 60er und 70er Jahren für die Hochschulen in Konkurrenz mit anderen Ressorts durchgesetzt haben, ist ein äußeres Zeichen für dieses Tun.

Kultusbeamte sehen dieses Dilemma, durch das sie zum „Buhmann" der Hochschulen geworden sind, durchaus. Der Leiter der Hochschulabteilung im BMBW sieht den Kultusbürokraten verwirrt auf dem Schlachtfeld zwischen Staat und Hochschule stehend. „Er ist nolens volens Combattant und müßte doch zugleich Funktionen des Sanitäters wahrnehmen, er soll den Politiker munitionieren und die Wunden des Wissenschaftlers pflegen ... Er ist derjenige, der staatliches Handeln personifiziert."[26] Eine globale Frontstellung gegen die Bürokratie und eine allgemeine Beamtenschelte wird hier ebenso kritisiert, wie die Selbstkritik der Bürokratie herausgefordert wird:

„Bürokratie als sachgerechter Gesetzesvollzug, zur Verwirklichung von Bürgerrechten und bei der Verwaltung öffentlicher Leistungen ist unvermeidlich und unverzichtbar. Bürokratisierung, wie sie sich jetzt entwickelt, ist tödlich für schöpferisches Denken, für Flexibilität und Phantasie. Alles dies benötigen wir aber für die Lösung der Aufgabe des nächsten Jahrzehnts, in denen es um das Schicksal der geburtenstarken Jahrgänge und dabei nach meiner Überzeugung um die Erhaltung unseres gesellschaftspolitischen Friedens geht. Die sich gegen die Bürokratisierung richtende Protestbewegung ist sehr ernst zu nehmen. Die Solidarisierung der Bürger auch im Bereich der Wissenschaft gegen die Bürokratie droht sich zu einer Solidarisierung gegen den Staat zu steigern."[27]

Diese pessimistische Prognose ist nicht von der Hand zu weisen, angesichts einer immer häufiger diskutierten ganz allgemeinen „Staatsverdrossenheit" in der Bundesrepublik und einer Reihe empirischer Belege für die negative Einschätzung der Kultusbürokratie durch die Hochschullehrer.

Nach einer repräsentativen Befragung von Hochschullehrern im Wintersemester 1976/77 sehen zwei Drittel der Lehrenden „die Freiheit von Forschung und Lehre durch die zunehmende staatliche Reglementierung gefährdet". Mehr als die Hälfte (56%) weisen zurück, daß die Hochschulen heute „staatliche Hilfen und Eingriffe brauchen, um ihre Aufgaben überhaupt erfüllen zu können"[28]. In einer weiteren Hochschullehrerbefragung zum gleichen Zeitpunkt wird das gestörte Verhältnis zwischen Staat und Universität bestätigt. Ganze 17 Prozent der Professoren bezeichnen danach „die Beziehungen zwischen dem Kultusministerium und den Wissenschaftlern hier an der Hochschule" ganz allgemein als „eher kooperativ", 54 Prozent sehen sie als „eher gespannt" an[29].

Eine aktuelle Stellungnahme zu dem Verhältnis von Staat und Hochschule gab der Vorsitzende des Wissenschaftsrates von 1972–1976 im Rückblick auf seine Amtszeit ab. In ihr wird auf die Politisierung der hochschulinternen Diskussionen als eine Ursache für die Verschiebung des Kräfteverhältnisses zugunsten der Kultusministerien hingewiesen; konkret praktiziert in den jetzt anstehenden Novellierungen der Landes-Hochschulgesetze:

„Das Ausmaß hochschulinterner Kontroversen über Ziele, Programme und Personalauswahl umschreibt im wesentlichen den im Rahmen der Selbstverwaltung wahrnehmbaren Raum. Je weiter diese Auseinandersetzungen politisiert werden, desto kleiner wird der konsensfähige Bereich und damit der Selbstverwaltungsspielraum der Hochschulen, desto stärker wird die staatliche Einflußnahme auch auf die traditionell akademischen Bereiche der Organisation der Lehre und der Auswahl der Forschungsgegenstände und desto geringer die Verbindlichkeit der Berufungslisten."[30]

Zugleich wird die Zunahme staatlicher Eingriffe im Zusammenhang mit der nicht hinreichenden Reaktionsfähigkeit der Hochschulen auf die gewandelten Anforderungen gesehen:

„Wenn aber Selbsteinschätzung der Aufgabenstellung seitens der Hochschule und die von der Allgemeinheit an sie zu stellenden Anforderungen nicht mehr übereinstimmen, so kommt es notwendigerweise zu Konflikten zwischen Staat und Hochschule. Das Ausmaß staatlicher Vorgaben nimmt zu . . . Das wachsende Selbstvertrauen der Staatsverwaltung knüpft an ältere deutsche Traditionen an. Deshalb ist es wenig erstaunlich, wenn die Administration das durch interne Auseinandersetzungen und mangelnde Zukunftsorientierung der Hochschulen entstehende Vakuum ausfüllt."[31]

Für die Zukunft erhoffte sich der Vorsitzende des Wissenschaftsrates, daß die Hochschulen und vor allem die Universitäten ihre Aufgabe sehen, einen neuen Konsens zu finden, damit ihnen der Selbstverwaltungsraum übertragen werden kann, ohne den sie auf Dauer im internationalen Vergleich nicht standhalten können und bittet die staatliche Seite, augenblickliche Schwächen der Hochschulen nicht soweit auszunutzen, daß dadurch deren langfristige Lebendigkeit beeinträchtigt wird[32].

Zusammenfassend läßt sich sagen, daß das Verhältnis von Bund und Ländern, Staat und Wissenschaft in der Bundesrepublik einen empirischen Fall par excellence darstellt, um die Komplexität der Frage nach der Effizienz von zentralen und dezentralen Elementen des Hochschulsystems zu illustrieren. Dem Mangel überregionaler Planung auf der einen Seite entsprach in der Vergangenheit auf der anderen Seite das Prinzip der Hochschulautonomie, auch wenn diese von jeher staatliche Institutionen gewesen sind. In der neuen Entwicklung in Richtung eines kooperativen Föderalismus geben die Bundesländer einige Kompetenzen ab an die höhere Ebene bundesstaatlicher Planung. Gleichzeitig verstärken die Länder ihren Zugriff auf die Hochschulen an der Basis und fordern damit eine negative Reaktion der Hochschulen heraus.

Uns scheint, daß die Effizienz des Hochschulsystems in der Bundesrepublik Deutschland künftig stark davon abhängen wird, in welcher Weise das empfindliche Gleichgewicht zwischen Autonomie und Planung sich einpendelt. Es ist kein sehr zuversichtlicher Ausblick, daß dieser sensible Prozeß in einer Situation stattfindet, in der eher Mißtrauen und Kompetenzstreitigkeiten vorherrschen als eine Atmosphäre konstruktiver Kooperation zwischen den drei Ebenen des Bundes, der Länder und der einzelnen Hochschulen.

Anmerkungen

Anmerkungen zu Kapitel 1 (S. 12 bis 29)

[1] Zur umfassenden Erörterung und Dokumentation der deutschen Universitätstradition und der Problematik ihrer Reform seit 1945 vgl. *Schelsky* (1963); *Nitsch, Gerhardt, Offe, Preuß* (1965).

[2] *BMBW* (1973), S. 3.

[3] Vgl. z. B. *BMBW* (1978 b), S. 4 f.

[4] Abgrenzung der Hochschularten und Zahlenangaben für 1977/78 entsprechend der amtlichen Statistik (*Statistisches Bundesamt*, 1978). Die Darstellung der Studiengänge und Prüfungen in den einzelnen Hochschularten folgt weitgehend einer aktuellen Bestandsaufnahme der *Kultusministerkonferenz* (1978 b), die auch eine ausführliche Dokumentation der einzelnen Studiengänge enthält.

[5] Angaben für 1950–70: *Statistische Jahrbücher der Bundesrepublik Deutschland;* Fachhochschulen 1970: *Goldschmidt, Hübner-Funk* (1974), S. 144. Angaben für 1975 und 1977: *Statistisches Bundesamt* (1977) und (1978). Soweit die in verschiedenen Orten gelegenen Abteilungen von Pädagogischen Hochschulen und Fachhochschulen in der statistischen Berichterstattung einzeln aufgeführt sind, wurden sie getrennt gezählt.

[6] Angaben für 1950–70: *Statistische Jahrbücher der Bundesrepublik Deutschland;* Fachhochschulen (bzw. ihre Vorgängerinstitutionen) 1950–70: Schätzungen von Goldschmidt aufgrund unveröffentlichter Unterlagen des Statistischen Bundesamtes, vgl. *Goldschmidt* (1974). Im Gegensatz zu den meisten Verlaufsstatistiken, die üblicherweise nur die Studentenzahlen der früheren Ingenieurschulen angeben, wurde hierbei versucht, auch die Studierenden der übrigen höheren Fachschulen zu berücksichtigen, die seit 1970 in den heutigen Fachhochschulbereich aufgenommen wurden. Angaben für WS 1975/76 und WS 1977/78: *Statistisches Bundesamt* (1978), S. 8.

[7] Berechnet nach Tabelle 2 und den Angaben der Statistischen Jahrbücher über die 18–24jährige Bevölkerung.

[8] Vgl. *Wissenschaftsrat* (1976 b), S. 10 und 13.

[9] Vgl. *Hecquet, Vernier, Cerych* (1976).

[10] Für die Daten vgl. Anm. 6.

[11] Angaben für WS 1975/76. Berechnet nach *Statistisches Bundesamt* (1977).

[12] Zur Tendenz der „Seßhaftigkeit" deutscher Studenten vgl. die Untersuchungen von *Geißler* (1965), *Hitpass, Mock* (1972), *Peisert* (1975); zum abnehmenden Interesse an einem Auslandsstudium *Gerstein* (1977), *Framhein, Peisert* (1977).

[13] Vgl. *Kath* (1957), S. 73.

[14] Vgl. *BMBW* (1970), S. 108.
[15] Vgl. *Kath* u. a. (1978), S. 68.
[16] Urteil des Bundesverfassungsgerichts vom 29. 5. 1973 zum niedersächsischen Vorschaltgesetz. Vgl. hierzu im einzelnen die Darstellung der Verfassungsprobleme des Hochschulwesens bei *Karpen, Knemeyer* (1976).
[17] Vgl. für die folgende Darstellung: Hochschulrahmengesetz (HRG), Kapitel 3 (Mitglieder der Hochschule) und Kapitel 4 (Organisation und Verwaltung der Hochschule).

Anmerkungen zu Kapitel 2 (S. 30 bis 45)

[1] In den Stadtstaaten heißen die Ressortchefs Senatoren. In einer Reihe von Ländern ist der Kulturbereich auf zwei Ressorts aufgeteilt (z. B. Schulministerium und Wissenschaftsministerium), in Berlin neuerdings auf drei Ressorts.
[2] Zur näheren Information über Struktur, Geschichte, Geschäftsordnung und Schwerpunkte der Arbeit der KMK vgl. *Kultusministerkonferenz* (1977 a und b).
[3] *Kultusministerkonferenz* (1977 a), S. 84.
[4] *Westdeutsche Rektorenkonferenz* (1978), S. 10. Zur näheren Information über Struktur, Geschichte, Satzung und Schwerpunkte der Arbeit der WRK vgl. ebd.
[5] Ebd. S. 9.
[6] *Westdeutsche Rektorenkonferenz* (1970), S. 60 f.
[7] *Deutscher Akademischer Austauschdienst:* Jahresbericht 1977, S. 10. Zur näheren Information über Struktur, Geschichte, Satzung und Aufgaben des DAAD vgl. ebd. sowie *DAAD* (1975).
[8] Zur näheren Information über Struktur, Geschichte, Satzung und Schwerpunkte der Arbeit der DFG vgl. *Nipperdey, Schmugge* (1970); *Deutsche Forschungsgemeinschaft:* Tätigkeitsbericht 1977.
[9] Für einen umfassenden Überblick über Entwicklung und Organisation von Bildungspolitik und Bildungsplanung in den 60er Jahren vgl. *Hüfner, Naumann* (1977).
[10] Vgl. *Hess* (1956).
[11] Zur näheren Information über Struktur, Geschichte, das Verwaltungsabkommen über die Errichtung sowie die Aufgaben des Wissenschaftsrates vgl. *Wissenschaftsrat* (1968); *Berger* (1974).
[12] Artikel 2 des Verwaltungsabkommens zwischen Bund und Ländern über die Errichtung eines Wissenschaftsrates. Abgedruckt in *Wissenschaftsrat* (1968), S. 77.
[13] Vgl. *Wissenschaftsrat* (1965), S. 8.
[14] Bundesverfassungsgericht: Fernsehurteil vom 28. 2. 1961.
[15] *Kultusministerkonferenz* (1961).
[16] Quelle für 1960: *Albert, Oehler* (1972), S. 266 f.; Ausgaben für die Hochschulen,

Ingenieurschulen und wissenschaftlichen Institute des Bundes und der Länder. Quelle für 1970: *BMBW:* Grund- und Strukturdaten (1976), S. 122; Bildungsbudget, Ausgaben für Hochschulen und allgemeine Forschungsförderung.

[17] Quelle für 1960: *Albert, Oehler* (1972), S. 270 f.; Quelle für 1970: *BMBW:* Grund- und Strukturdaten (1976), S. 122.

[18] *Deutscher Bundestag* (1967), S. 6.

[19] Ebd. S. 315.

[20] Vgl. Art. 72, Abs. 2, Nr. 3; Art. 106, Abs. 3, Nr. 2 GG.

[21] Vgl. *Kommission für die Finanzreform* (Troeger-Kommission) (1966).

[22] Für eine Grundgesetzänderung bedarf es einer Zwei-Drittel-Mehrheit in Bundestag und Bundesrat. Für die Vorgeschichte der Grundgesetzänderung und ihre politischen Folgen für den Hochschulneubau vgl. *Böning* (1978).

[23] In diesem Sinn der Vorsitzende des Kulturausschusses des Bundesrates, Kultusminister Professor Hahn im Deutschen Bundestag am 14. 10. 1970 anläßlich der Debatte über den „Bildungsbericht '70".

[24] Zur Gemeinschaftsaufgabe Hochschulbau, dem Hochschulbauförderungsgesetz und dem Planungsausschuß für den Hochschulbau vgl. *Lichtenberg, Burckhardt, Elchlepp* (1971).

[25] Zu Aufgaben und Organisation der Bund-Länder-Kommission, ihren Mitgliedern und Gremien sowie dem Abkommen und der späteren Rahmenvereinbarungen vgl. *Bund-Länder-Kommission für Bildungsplanung und Forschungsförderung* (1976 a).

[26] Abgedruckt in *Westdeutsche Rektorenkonferenz* (1970).

Anmerkungen zu Kapitel 3 (S. 46 bis 74)

[1] Vgl. hierzu grundsätzlich *Hoffer* (1974).

[2] Dargestellt nach *Bolsenkötter* (1976), S. 56.

[3] Nach einer Umfrage der HIS GmbH. Vgl. *Fischer, Oehler, Pohle* (1975), S. 36 ff. Vgl. dort auch die ausführlichen Hinweise zu Aufgaben und Stand der Hochschulentwicklungsplanung.

[4] Vgl. ebd. S. 37 f.

[5] Zur Information über die HIS GmbH vgl. *Hochschul-Informations-System GmbH* (1977). Die bisherigen Arbeiten der HIS GmbH sind in drei Reihen veröffentlicht: Reihe Hochschulforschung, Band 1–10 (abgeschlossen); Reihe Hochschulplanung, Band 1–27; Reihe HIS Briefe, Band 1–62.

[6] *BMBW* (1977 a).

[7] *Widmaier* u. a. (1966). Die Arbeit erschien als dritter Band in der seit 1965 vom Kultusministerium von Baden-Württemberg herausgegebenen Schriftenreihe *Bildung in neuer Sicht,* die eine wichtige Rolle bei der Etablierung einer systematischen

Bildungsplanung in Baden-Württemberg und darüber hinaus in der Bundesrepublik gespielt hat.

[8] *Kultusministerium Baden-Württemberg (1969):* Hochschulgesamtplan I der Landesregierung Baden-Württemberg. Als Vorläufer wurde bereits 1967 der Bericht des Arbeitskreises Hochschulgesamtplan beim Kultusministerium Baden-Württemberg („Dahrendorf-Plan") als „Hochschulgesamtplan Baden-Württemberg" veröffentlicht (*Kultusministerium Baden-Württemberg, 1967*). Der Hochschulgesamtplan I wurde 1972 weiterentwickelt zum Hochschulgesamtplan II für Baden-Württemberg (*Kultusministerium Baden-Württemberg, 1972*).

[9] Vgl. hierzu die zusammenfassenden Übersichten bei *Fischer, Oehler, Pohle* (1975), S. 26 ff.

[10] *Bund-Länder-Kommission für Bildungsplanung* (1971).

[11] *Bund-Länder-Kommission für Bildungsplanung* (1973).

[12] Vgl. insbesondere *Deutscher Bildungsrat* (1970): Strukturplan für das Bildungswesen; sowie *Wissenschaftsrat* (1970): Empfehlungen zur Struktur und zum Ausbau des Bildungswesens im Hochschulbereich nach 1970.

[13] Das sogenannte „Standardkostenmodell", das im BMBW entwickelt wurde, arbeitete auf der Basis von 26 Eingabedaten, von denen die jährlichen Schüler- und Studentenbestände die wichtigsten sind. Zur näheren Beschreibung des Modells vgl. *Bund-Länder-Kommission für Bildungsplanung* (1973), Bd. II, S. 216 ff.

[14] *Bund-Länder-Kommission für Bildungsplanung* (1975).

[15] Vgl. z. B. *Bund-Länder-Kommission für Bildungsplanung* (1973), Bd. I, S. 8 sowie (1975), S. 2.

[16] *Höhne* (1974), S. 363.

[17] Für die weiteren Arbeiten und laufenden Vorhaben der BLK vgl. *Bund-Länder-Kommission für Bildungsplanung und Forschungsförderung:* Jahresbericht 1976.

[18] Vgl. *Planungsausschuß für den Hochschulbau* (1971): Erster Rahmenplan für den Hochschulbau 1972–1975. Im Juni 1978 ist der Achte Rahmenplan für 1979–1982 vorgelegt worden. Die Rahmenpläne bilden eine der wichtigsten Unterlagen für grundsätzliche Überlegungen und Planungsverfahren des Hochschulsystems.

[19] Für die Fächer klinische Medizin, Zahnmedizin, Tiermedizin und Agrarwissenschaften hat der Planungsausschuß bisher noch keine Flächenrichtwerte festgelegt. Bei der Ermittlung des Bestandes wird vorläufig hilfsweise die gegenwärtige Anzahl von Studenten zugrundegelegt.

[20] Die Gesamtbaukosten setzen sich aus den Gebäudekosten sowie den Erschließungskosten und den Kosten für die Erstausstattung zusammen. Zur Festsetzung der Kostenrichtwerte für die klinische Medizin vgl. *Planungsausschuß für den Hochschulbau* (1978), S. 55.

[21] Vgl. *Berger* (1974), S. 128.

[22] Artikel 2, 1 des Abkommens zwischen Bund und Ländern über die Errichtung eines Wissenschaftsrates in der Fassung des Verlängerungsabkommens vom 27. Mai 1975. Abgedruckt in *Wissenschaftsrat* (1976 a), S. 304.

[23] *Planungsausschuß für den Hochschulbau* (1976): Sechster Rahmenplan, S. 13.

[24] *Gesetz über eine Bundesstatistik für das Hochschulwesen vom 1. 8. 1971* (Hoch-

schulstatistikgesetz). Bundesgesetzblatt Nr. 91 vom 7. 9. 1971. Zur Funktion der amtlichen Statistik als Datenquelle für die Hochschulentwicklungsplanung, vgl. U. Meindl in *Fischer, Oehler, Pohle* (1975).

[25] *Westdeutsche Rektorenkonferenz* (1976), S. 148.

[26] Vgl. *Kath, Oehler, Reichwein* (1966). Aus einer Repräsentativuntersuchung, die die HIS GmbH im Auftrag des BMBW durchgeführt hat, liegen jetzt auch Daten über den Studienverlauf des Hochschulabgängerjahrganges 1974/75 vor. Vgl. *Griesbach, Lewin, Schacher* (1977).

[27] Vgl. hierzu die Aufstellung: Leistungsplan Bildungsforschung und Wissenschaftsförderung. *BMBW* (1976 c).

[28] Zu Zielsetzungen, Aufgaben und Organisation vgl. *Institut für Regionale Bildungsplanung – Arbeitsgruppe Standortforschung GmbH:* Jahresbericht 1975/76.

[29] Zur Information über die Forschungsschwerpunkte vgl. *Max-Planck-Institut für Bildungsforschung* (1978).

[30] Vgl. hierzu *Edding, Hüfner* (1975): Probleme der Organisation und Finanzierung der Bildungsforschung in der Bundesrepublik Deutschland.

[31] *Hüfner*, Hg. (1973), S. 104.

[32] Hinsichtlich der Informationsbasis wurde bereits darauf hingewiesen, daß die überregionalen Gremien häufig mit unterschiedlichen Datenquellen und Aufbereitungsmethoden arbeiten, so daß sich oft verwirrende Diskrepanzen ergeben. Die Zusammenstellung der Rahmendaten über die bisherige und künftige Entwicklung des Hochschulsystems in diesem Abschnitt mußte sich auf verschiedene Quellen stützen, wobei wir häufig auf solche Diskrepanzen gestoßen sind. Diese konnten nicht immer aufgeklärt werden. Es wurde jeweils die Quelle gewählt, die für den Kontext angemessen schien.

[33] Vgl. *Planungsausschuß für den Hochschulbau* (1978): Achter Rahmenplan, S. 13.

[34] Vgl. *Wissenschaftsrat* (1978), S. 49. Das wissenschaftliche Personal setzt sich zusammen aus allen Personen mit akademischem Abschluß, die an Hochschulen in Forschung, Lehre oder zentralen Einrichtungen (Rechenzentrum, Bibliothek) tätig sind, d. h. aus Professoren, Dozenten, Assistenzprofessoren, wissenschaftlichen Assistenten und Akademischen Räten sowie dem sonstigen wissenschaftlichen Personal.

[35] Vgl. *Wissenschaftsrat* (1978), S. 62.

[36] Bevölkerungsvorausschätzung 1975–1995 des Statistischen Bundesamtes; zitiert nach *Wissenschaftsrat* (1976 b), S. 22.

[37] Vgl. *Wissenschaftsrat* (1978), S. 17. Anteil am Durchschnitt der 18- bis unter 21jährigen (für 1977 vorläufiges Ergebnis). Die Entwicklung ist wesentlich dadurch bestimmt, daß 1971 neben die Hochschulreife die Fachhochschulreife getreten ist, die seit 1973 rund ein Viertel der insgesamt erteilten Studienberechtigungen ausmacht.

[38] Vgl. *KMK*-Prognose (1976), S. XXIX; *KMK*-Prognose (1977), S. XV; *KMK*-Prognose (1978), S. 12.

[39] Zur Entwicklung der Studienplatznachfrage und den bisherigen Prognosen vgl. *Wissenschaftsrat* (1978), S. 18–33 sowie S. 94 ff.

[40] Nach einer Untersuchung der HIS GmbH. Vgl. *KMK*-Prognose (1978), S. 3.
[41] Vgl. *Wissenschaftsrat* (1976 b), S. 27 ff.
[42] Vgl. *Planungsausschuß* (1976), S. 9 sowie *KMK*-Prognose (1978), S. 3.
[43] Nach einer Repräsentativbefragung der Hochschul-Informations-System GmbH.; vgl. *Griesbach, Lewin, Schacher* (1977), S. 11.
[44] Vgl. *Planungsausschuß* (1976), S. 9.
[45] Vgl. *Planungsausschuß* (1976), S. 9; *KMK*-Prognose (1978), S. 3 f.
[46] Erläuterungen und Quellen zu Übersicht 5:
– Zur Entwicklung der *Studentenzahlen* 1970–77 vgl. Kap. 1, Anm. 6. Für die Daten und Annahmen der dargestellten Prognosen vgl. im einzelnen *KMK*-Prognose (1977), *KMK*-Prognose (1978). Für die Entwicklung der Studentenzahlen nach den beiden Varianten der KMK-Prognose von 1978 vgl. Tabelle 16 im Anhang.
– Das Angebot an flächenbezogenen *Studienplätzen* 1971–1977 und Planziele für 1982 bis 85, nach *Planungsausschuß* (1978), S. 13 und 19.
– *Studienanfängerzahlen* 1970–1977 nach *Wissenschaftsrat* (1978), S. 21. Vorausschätzung der *Studienberechtigten* 1978–1995 nach *KMK*-Prognose (1978), S. 12. Vgl. für die Daten Tabelle 16 im Anhang, in der auch der jeweilige Anteil an der gleichaltrigen Bevölkerung angegeben ist. Entwicklung der *Studienbewerber* 1978–1995 aufgrund der Vorausschätzung der Studienberechtigten bei einer Übergangsquote von 75% und 95% und unter Annahme einer gleichbleibenden Anzahl von rund 10 000 ausländischen Studienanfängern entsprechend dem bisherigen Stand. Die Berechnung soll die Bandbreite grob illustrieren und berücksichtigt nicht Verschiebungen, die sich durch späteren Studienbeginn ergeben.
– Die Angaben über das *wissenschaftliche Personal* von 1970 bis 1974 nach *BMBW:* Grund- und Strukturdaten (1976), S. 102. Für 1976 bis 1978 nach *Wissenschaftsrat* (1978), S. 50. Die höhere Annahme für 1985 entspricht dem Zielwert des Bildungsgesamtplans (vgl. *Bund-Länder-Kommission*, 1973, Bd. II, S. 39). Die untere Annahme entspricht einer Stagnation des wissenschaftlichen Personals auf dem Niveau von 1978.
[47] *Wissenschaftsrat* (1976 a), S. 189.
[48] Vgl. *Bund-Länder-Kommission* (1972): Vorschläge für die Durchführung vordringlicher Maßnahmen, S. 49.
[49] Vgl. *Planungsausschuß* (1978), S. 19.
[50] Vgl. hierzu insbesondere die Überlegungen des *Wissenschaftsrates* (1976 a) zur regionalen und fachlichen Strukturierung des weiteren Ausbauprogramms für die Hochschulen.
[51] Vgl. hierzu die grundsätzlichen Überlegungen zur Fachrichtungsstruktur des Hochschulbereichs in: *Wissenschaftsrat* (1978), S. 102 ff.
[52] Zum Konzept der „Umwidmung" vgl. *Planungsausschuß* (1977), S. 18.
[53] Vgl. *Wissenschaftsrat* (1976 a), S. 198 f. Zum Konzept der Regionalisierung bei der Gemeinschaftsaufgabe Hochschulbau vgl. auch *Luther, Swatek* (1977).
[54] Vgl. *Planungsausschuß* (1978), S. 19.
[55] Vgl. *Wissenschaftsrat* (1977), S. 85 f.
[56] *Planungsausschuß* (1977), S. 30.

[57] Vgl. *Bund-Länder-Kommission* (1973), Bd. I, S. 47.
[58] Vgl. ebd. Bd. II, S. 39.
[59] Vgl. *Wissenschaftsrat* (1978), S. 50.
[60] Vgl. *Westdeutsche Rektorenkonferenz* (1976), Anlage 24: „Zur begrenzten Überlastung der Hochschulen in den Jahren der verstärkten Nachfrage nach Studienplätzen", S. 175 ff. und Anlage 27: „Zur Einführung eines Notzuschlags auf Zeit (Zusatzlast) zur Erweiterung der Kapazitäten der Hochschulen während der Jahre verstärkter Nachfrage nach Studienplätzen", S. 191 f.
[61] Vgl. *Westdeutsche Rektorenkonferenz* (1977 b), S. 38.
[62] Vgl. *Bund-Länder-Kommission* (1976 c), Anlage 1, S. 21 f.

Anmerkungen zu Kapitel 4 (S. 75 bis 98)

[1] Vgl. *BMBW* (1970), S. 144.
[2] Zitiert nach: *Hessisches Kultusministerium* (1977), S. 326.
[3] Für die Daten vgl. Tabelle 17 sowie Tabelle 18 im Anhang, in der die Zusammensetzung des Bildungsbudgets dargestellt ist.
[4] Vgl. *Hüfner*, Hg. (1973), S. 123.
[5] Ebd. S. 123.
[6] *BMBW:* Grund- und Strukturdaten (1976), S. 122 f. In den Hochschulausgaben ist der Aufwand für die Ausbildungsförderung (Stipendien) nicht enthalten. Die Sachinvestitionen umfassen die Bauinvestitionen (einschließlich Grunderwerb und Erstausstattung) sowie den Erwerb von beweglichen Sachen.
[7] Vgl. *BMBW:* Grund- und Strukturdaten (1977), S. 81 und 99. Aufwendungen für Lehre, Forschung und Dienstleistung. Bei dieser Art der pro-Kopf-Berechnung werden also auch Ausgaben für die Forschung berücksichtigt, die der Ausbildung nur indirekt zugute kommen.
[8] Angaben nach Mitteilung des BMBW.
[9] Vgl. *Albert, Oehler* (1969), S. 400.
[10] Vgl. *Bolsenkötter* (1976), S. 499.
[11] Zur Problematik und Entwicklungstendenzen des Finanzwesens der Hochschulen vgl. *Oppermann* (1969); *Fischer, Hoffer, Rose* (1973).
[12] Auch nach dem Hochschulrahmengesetz § 45, Abs. 4 dürfen künftig Zusagen über die Ausstattung des vorgesehenen Aufgabenbereichs nur im Rahmen bereits vor der Ausschreibung geltender Ausstattungspläne erteilt werden.
[13] Vgl. *Roellecke* (1976).
[14] Vgl. z. B. *Bolsenkötter* (1976), S. 475 ff.; *Fischer, Oehler, Pohle* (1975), S. 200 ff.
[15] So z. B. in dem Kommentar des International Council on the Future of the University, der kürzlich eine „Begehung" der deutschen Universitäten vornahm: „Es hat uns besonders überrascht, daß die deutschen Universitäten die Zulassung der

Studenten nicht selbst regeln und auf diesem Gebiet überhaupt keine eigenen Entscheidungen treffen ... In jedem Fall scheint es uns in einem pluralistischen Bildungssystem sinnvoll, daß die Universitäten in die Lage versetzt werden, miteinan-
der um die besten Studenten zu wetteifern und die Autorität haben müssen, die
Auswahl der Bewerber danach zu treffen, inwieweit sie für die von der Universität
angebotenen besonderen Programme geeignet sind." (*International Council on the
Future of the University,* 1978, S. 52 f.). Dieser Kommentar geht schon darum an der
Wirklichkeit des deutschen Universitätssystems vorbei, weil man es nicht als „plura-
listisch" wie etwa in den USA bezeichnen kann, da Universitäten gleichrangig und
weitgehend gleichartig sind.

[16] Vgl. *Deutsches Institut für Pädagogische Forschung,* Hg. (1976).

[17] Zitiert nach *Westdeutsche Rektorenkonferenz* (1977 a), S. 43.

[18] Zu Rechtsgrundlagen, Aufgaben und Verfahrensweise der ZVS vgl. im einzelnen
Zentralstelle für die Vergabe von Studienplätzen: Bericht 1973–74, sowie Zweiter
Bericht mit Materialien zu den Vergabeverfahren 1974–76.

[19] Abgedruckt ebd.

[20] Vgl. hierzu wie zum Diskussionsstand über die Numerus clausus-Problematik
allgemein *Flitner,* Hg. (1976).

[21] Der erforderliche Notendurchschnitt reichte bspw. in den Numerus clausus-Fächern im SS 1976 von 1,7 für die medizinischen Fächer, Psychologie und Biologie bis
zu 3,7 für die Fachrichtung Betriebswirtschaft.

[22] Vgl. den Spiegel Artikel *N-C-Test: Countdown ins Ungewisse* vom 7. 2. 1977, der
erste Hinweise über den Inhalt des in Vorbereitung befindlichen Tests für das Medizin-Studium gibt.

[23] Vgl. hierzu die Ergebnisse einer Abiturientenbefragung der *Forschungsgruppe
Hochschulsozialisation* (1976), S. 59 ff.

[24] Zur Problematik der Normenbücher vgl. *Lenzen* (1976).

[25] Vgl. *Beschluß der Regierungschefs* (1977).

[26] Vgl. zum folgenden die Presseinformation der *Kultusministerkonferenz* (1977 a)
zum Entwurf eines Staatsvertrages über die Vergabe von Studienplätzen.

[27] Avenarius in *Flitner* (1976), S. 137. Zu den Kritikern gehört auch die WRK, die
aufgrund der Herausnahme von Studiengängen aus dem ZVS-Verfahren für einige
Fächer und Hochschulen eine starke Überfüllung erwartet. Vgl. *Westdeutsche Rektorenkonferenz* (1977 c), S. 189.

[28] *Fischer* (1971), S. 6.

[29] Vgl. hierzu die Ausführungen von Knemeyer zum Bundesverfassungsgerichtsurteil (*Karpen, Knemeyer,* 1976, S. 53 ff.) sowie auch die entsprechenden Regelungen
über die Zusammensetzung der Gremien und Stimmrecht im Hochschulrahmengesetz § 38.

[30] Vgl. *Bundesassistentenkonferenz* (1970).

[31] Hochschulrahmengesetz § 9, Abs. 4,1.

[32] Vgl. *Kultusministerkonferenz* (1977 c)

[33] Vgl. *Wissenschaftsrat* (1960), S. 55.

[34] Vgl. hierzu *Raupach, Reimann* (1974) sowie *Böning, Roeloffs* (1970).

[35] Vgl. die umfangreiche Bibliographie von Dokumenten zur Gründung neuer Hochschulen bei *Neuhaus* (1968); für die studentische Diskussion insbesondere *Verband deutscher Studentenschaften* (1962) und (1963).

[36] Abgedruckt in *Neuhaus* (1968).

[37] Vgl. für Bremen die Denkschrift von *Rothe* (1960), für Bielefeld *Mikat, Schelsky* (1966).

[38] Vgl. *Universität Konstanz:* Bericht des Gründungsausschusses (1965).

[39] *Wissenschaftsrat* (1970), S. 191.

[40] Zur Gründungsgeschichte vgl. *Ministerium für Unterricht und Kultus Rheinland-Pfalz* (1971).

[41] Zum Gründungskonzept vgl. *Hessisches Kultusministerium* (1970).

[42] Zur Gesamthochschulentwicklung in Nordrhein-Westfalen vgl. *Ministerium für Wissenschaft und Forschung des Landes Nordrhein-Westfalen* (1977).

[43] Vgl. hierzu die ausführliche Analyse zu Planungsverläufen bei den Gesamthochschulentwicklungen bei *Müller* (1975), S. 179 ff.

[44] Vgl. z. B. Dokumentation und kritisches Resümee bisheriger Entwicklungen bei den Vorbereitungen zur Errichtung einer integrierten Gesamthochschule in Hamburg bei *Plander* (1975).

Anmerkungen zu Kapitel 5 (S. 97 bis 115)

[1] *BMBW* (1976 a), S. 30.

[2] Vgl. *Wissenschaftsrat* (1966).

[3] Vgl. zum Beispiel *Teichler* (1976), S. 98.

[4] Vgl. *Kultusministerium Baden-Württemberg,* Hg: Hochschulgesamtplan Baden-Württemberg (1967). Empfehlungen zur Reform von Struktur und Organisation der Wissenschaftlichen Hochschulen, Pädagogischen Hochschulen, Studienseminare, Kunsthochschulen, Ingenieurschulen und Höheren Fachschulen. Bericht des Arbeitskreises Hochschulgesamtplan beim Kultusministerium Baden-Württemberg.

[5] Vgl. *Wissenschaftsrat* (1970), S. 19.

[6] Vgl. *Wissenschaftsrat* (1973), S. 74 f.

[7] So z. B. der derzeitige Vorsitzende des Wissenschaftsrates. Vgl. *Kewenig* (1977).

[8] Vgl. *Bundesassistentenkonferenz* (1968) und (1971).

[9] Vgl. hierzu die übersichtliche Bibliographie bei *Müller* (1976).

[10] Vgl. *Böning* (1972).

[11] Zum Stand der Gesamthochschulentwicklung in den einzelnen Bundesländern, vgl. die Zusammenstellung von Länderberichten in: *Gesamthochschulentwicklung zwischen Reform und Gegenreform* (1975).

[12] Vgl. hierzu ebd. den zusammenfassenden Bericht „Die Gesamthochschule im Kontext der Veränderungen im tertiären Bildungswesen".

[13] *Wissenschaftsrat* (1976 a), S. 293.

[14] Ebd. S. 295.

[15] Vgl. als Bestandsaufnahme *Kochs, Dandl* (1978).

[16] Vgl. *Weizsäcker, Dohmen, Jüchter* (1970).

[17] Vgl. *Litten* (1971).

[18] *Edding* (1973).

[19] Vgl. *Bargel, Framhein* (1975), S. 176 f.

[20] Vgl. hierzu *Huber* (1976), S. 169 ff. sowie die Bestandsaufnahme von Reformvorhaben im Hochschulbereich bei *Meindl* (1977).

[21] Vgl. *Infratest Sozialforschung* (1977), S. 322 ff.

[22] Vgl. zum Projektstudium *Becker, Jungblut, Voegelin* (1972); *Hering, Hermanns* (1978).

[23] Vgl. *Berndt* et al. (1972).

[24] Vgl. *Merkert* (1977); *Deutsches Institut für Fernstudien* (1977). „Fernstudium im Medienverbund" wird erstmals im Wintersemester 1977/78 für Studienanfänger in den Fächern Biologie, Elektronik, Mathematik und Psychologie eingesetzt.

[25] Die Fernuniversität Hagen sollte sich – im Gegensatz zur Open University in Großbritannien – vorwiegend an Studenten richten, die wegen des Numerus clausus oder persönlicher Gründe ein Präsenzstudium nicht aufnehmen können (vgl. *Rau,* 1974, S. 78). Nach den bisherigen Erfahrungen werden die Möglichkeiten der Fernuniversität jedoch vorwiegend als Angebot der Erwachsenenbildung wahrgenommen. Drei Viertel der „Studenten" verfügen über eine abgeschlossene Berufsausbildung. Vgl. *Peters* (1977).

[26] *Bund-Länder-Kommission für Bildungsplanung und Forschungsförderung* (1976 b), S. 8.

[27] Vgl. ebd. S. 11 f. und S. 53 ff.

[28] Daten für 1970: *BMBW:* Grund- und Strukturdaten (1977), S. 92. Daten für 1974–76: *BMBW:* Orientierungspunkte (1978), Anhang, S. 3.

[29] Vgl. *BMBW:* Grund- und Strukturdaten (1977), S. 93.

[30] *Wissenschaftsrat* (1976 b), S. 61.

[31] Ebd.

[32] Vgl. *Infratest Sozialforschung* (1977), S. 329 ff. sowie S. 356.

[33] *Goldschmidt, Hübner* (1971) in Anlehnung an Habermas. (Zitiert nach dem deutschen Manuskript, S. 21).

Anmerkungen zu Kapitel 6 (S. 116 bis 144)

[1] Nach Schätzungen des *Kultusministeriums Baden-Württemberg* (1975), S. 17.

[2] Vgl. *OECD* (1962).

[3] Vgl. *Kultusministerkonferenz* (1963).

[4] *Picht* (1964); Buchveröffentlichung der gleichnamigen Artikelserie in der Wochenzeitung Christ und Welt.

[5] Ebd. S. 17.

[6] *Dahrendorf* (1965).

[7] So der Titel eines Sammelbandes über die Probleme der deutschen Hochschule. Vgl. *Lohmar, Ortner,* Hg.: Der doppelte Flaschenhals – Die deutsche Hochschule zwischen Numerus clausus und Akademikerarbeitslosigkeit (1975).

[8] Vgl. *Bund-Länder-Kommission für Bildungsplanung* (1974).

[9] Hierbei handelt es sich um die folgenden vier Bedarfsvorausschätzungen: *Riese* (1967); *Krafft, Sanders, Straumann* (1971); *Alex, Heuser* (1972); *Deutsches Institut für Wirtschaftsforschung* (1972). Vgl. für eine zusammenfassende Übersicht und Bewertung *Kultusministerium Baden-Württemberg* (1975), S. 17 ff.

[10] Vgl. hierzu die Gegenüberstellung der „Status quo"-Vorausschätzungen mit Projektionen, die auf alternativen Annahmen über die Entwicklung der Arbeitsmarktsituation beruhen bei *Weißhuhn* (1976), insbesondere S. 353.

[11] Fachrichtungsspezifische Prognosen im Auftrag des Bundesministeriums für Bildung und Wissenschaft wurden bisher erstellt für: Ingenieure und Naturwissenschaftler; Wirtschaftswissenschaftler, Juristen und Sozialwissenschaftler; sowie Mediziner. Für einen Überblick über diese sowie weitere Akademikerprognosen der „zweiten Generation" vgl. *Tessaring* (1977) sowie *Parmentier, Tessaring* (1976), S. 285 ff.

[12] *Riese* (1968), S. 226.

[13] Vgl. *Hartung, Nuthmann, Winterhager* (1970).

[14] Vgl. den Überblick von *Alex* (1975) über: Strategien der Bildungsökonomie: von der punktuellen Bedarfsrechnung zum integrierten Prognosesystem der „dritten Generation"; sowie *Teichler, Hartung, Nuthmann* (1976) insbesondere Kap. 3.

[15] Vgl. hierzu *Deutscher Bildungsrat:* Abitur – und kein Studium (1974 a).

[16] Vgl. z. B. *BMBW* (1976 d).

[17] *Westdeutsche Rektorenkonferenz* (1977 b), S. 22 f.

[18] Vgl. *Tessaring, Werner* (1976), S. 405 ff.

[19] *Alex* (1975), S. 100.

[20] *Hüfner,* Hg. (1973), S. 116 f.

[21] *Leussink* (1974), S. 91.

[22] *Wissenschaftsrat* (1976 b), S. 57.

[23] Vgl. den Artikel „Der Wissenschaftsrat führt etwas im Schilde: Revolution von oben her an den Universitäten." Stuttgarter Zeitung vom 31. 8. 1977.

[24] Vgl. *Wissenschaftsrat* (1976 b), S. 68.

[25] Vgl. z. B. *Westdeutsche Rektorenkonferenz* (1972), S. 84 f.

[26] Vgl. *Bargel, Framhein* (1976).

[27] Vgl. *Framhein, Peisert* (1976), S. 300 f.

[28] *Dahrendorf* (1965), S. 9.

[29] Vgl. *Peisert, Dahrendorf,* Hg. (1967).

[30] Vgl. *BMBW* (1970), S. 97.

[31] Vgl. *Kath u. a.* (1974), S. 38.

[32] Vgl. *Peisert* (1967), S. 24 ff., 29 ff. und 51 ff.

[33] Vgl. ebd. S. 19 ff.

[34] *BMBW* (1970), S. 9.

[35] Ebd. S. 9.

[36] *Hüfner,* Hg. (1973), S. 69.

[37] Ebd. S. 83.

[38] Ebd. S. 117.

[39] *Deutscher Bildungsrat* (1974 b), S. 61.

[40] Nach den repräsentativen Sozialerhebungen des Deutschen Studentenwerks. Vgl. *Kath u. a.* (1978), S. 28.

[41] Vgl. ebd. S. 137.

[42] Bundesgesetz über die individuelle Förderung der Ausbildung (Bundesausbildungsförderungsgesetz – BAföG) vom 26. 8. 1971, § 1.

[43] Vgl. *BMBW* (1977 b), S. 16.

[44] Vgl. *Kath u. a.* (1978), S. 145 und 155.

[45] Vgl. ebd. S. 87 ff.

[46] Vgl. ebd. S. 90.

[47] Zu Strukturprinzipien, Entwicklung und Kritik der Förderung nach dem Bundesausbildungsförderungsgesetz vgl. *Altendorf u. a.* (1978), S. 61–96.

[48] Vgl. hierzu die grundsätzliche Untersuchung von *Geißler* (1967) sowie *Monheim* (1977), S. 207.

[49] *Geipel* (1968), S. 37.

[50] *Geipel* (1975), S. 185.

[51] Vorläufige Zahlen. Vgl. *Wissenschaftsrat* (1978), S. 19. Die Anteilssätze der Stadtstaaten Hamburg und Bremen liegen wesentlich höher (37,1 bzw. 37,5%); sie lassen sich jedoch nur bedingt mit denen anderer Länder vergleichen, da die weiterführenden Schulen dieser Stadtstaaten auch von Schülern der umliegenden Gebiete besucht werden.

[52] Vgl. *Zentralstelle für die Vergabe von Studienplätzen:* Zweiter Bericht (1974–76), S. 15.

[53] *Wissenschaftsrat* (1976 b), S. 42 f.

[54] *Westdeutsche Rektorenkonferenz* (1977 c), S. 205.

[55] Vgl. *Bundesassistentenkonferenz* (1970), S. 7.

[56] Nach einer repräsentativen Befragung des wissenschaftlichen Personals an Hochschulen. Vgl. *Infratest Sozialforschung* (1977), S. 253 ff. (sowie im Materialband, Teil 3, Tabelle 2.3 für den Anteil der für Forschung aufgewendeten Zeit bei denen, die Forschung überhaupt ausüben).

[57] Vgl. ebd. S. 262 ff.

[58] Vgl. *Institut für Demoskopie Allensbach* (1977), S. 7.

[59] Vgl. ebd. S. 7.

[60] Vgl. ebd. S. 11.

[61] Vgl. ebd. S. 8.

[62] Vgl. ebd. S. 11.

[63] Vgl. ebd. S. 10.

[64] Vgl. *Wissenschaftsrat* (1975), S. 14 ff.

[65] Diese und die folgenden Angaben entsprechend der Repräsentativbefragung von

Infratest Sozialforschung (1977), S. 287.

[66] Zur näheren Information über Projektfinanzierungen und Forschungsschwerpunkte der Bundesressorts vgl. *Bundesminister für Forschung und Technologie* (1975) und (1977).
[67] Vgl. *Deutsche Forschungsgemeinschaft:* Tätigkeitsbericht 1977, Bd. I, S. 17.
[68] Vgl. ebd. S. 32 f.
[69] Vgl. ebd. S. 17.
[70] Zitiert nach *Nipperdey, Schmugge* (1970), S. 104.
[71] Vgl. Deutsche Forschungsgemeinschaft: Mitteilungen 4/1974, S. 45.
[72] *Deutsche Forschungsgemeinschaft:* Aufgaben und Finanzierung V (1976).
[73] Vgl. *Wissenschaftsrat* (1975), S. 74 ff.
[74] Vgl. *Stiftung Volkswagenwerk* (1976), S. 10.

Anmerkungen zu Kapitel 7 (S. 145 bis 162)

[1] Die im Juni 1970 errichtete Bund-Länder-Kommission verzeichnete beispielsweise bis zur Verabschiedung des sogenannten „Prioritätenpapiers" im Sommer 1972 einige hundert Sitzungen für die Gremien insgesamt. Allein im Februar 1974 fanden 16 Sitzungen von Gremien der Bund-Länder-Kommission statt, vgl. *Böning* (1974).
[2] *Hamm-Brücher* (1972), S. 38 f.
[3] Vgl. *„Hasemann-Papier"* – geheime Skizze über neue Struktur des Planungswesens in der Bildungspolitik (1971), S. 30 f.
[4] Auch von den Länderministern würde es mancher lieber sehen, wenn Planungsausschuß und Bund-Länder-Kommission integriert arbeiten würden, „um uns wenigstens einen unserer vielen wechselnden Hüte auf diese Weise wegzunehmen" (Kultusminister Vogel – Rheinland-Pfalz). Vgl. *Westdeutsche Rektorenkonferenz* (1973), S. 29.
[5] *Hasemann-Papier* (1971), S. 32.
[6] *Westdeutsche Rektorenkonferenz* (1977), S. 25.
[7] *Hamm-Brücher* (1972), S. 8.
[8] Vgl. ebd. S. 40.
[9] Ebd. S. 20.
[10] *Böning* (1978), S. 50.
[11] Ebd. S. 51.
[12] Vgl. *BMBW* (1976 a), S. 82 f.
[13] Ebd. S. 87.
[14] *BMBW* (1978 a), S. 62 f.
[15] *Kultusministerkonferenz* (1978 c).
[16] Die Befugnisse des Gesamtstaates im Bildungswesen. Bearbeitet im *Max-Planck-Institut für ausländisches öffentliches Recht und Völkerrecht* (1976).

[17] Zitiert nach *Kultusministerkonferenz* (1978 c), S. 6.

[18] *BMBW* (1978 a), S. 65.

[19] *Huber* (1969), S. 26.

[20] *Staatsministerium Baden-Württemberg* (1978), S. 11.

[21] Vgl. *Hüfner*, Hg. (1973), S. 115 f.

[22] *Westdeutsche Rektorenkonferenz* (1973), S. 88 (v. d. Vring, Rektor der Universität Bremen).

[23] Vgl. ebd. S. 105 (Vogel, Kultusminister von Rheinland-Pfalz).

[24] Vgl. *Landesregierung Baden-Württemberg* (1977).

[25] *Jauss, Nesselhauf* (1977), S. XIV.

[26] *Böning* (1977), S. 470.

[27] Ebd. S. 475.

[28] Vgl. *Infratest Sozialforschung* (1977), S. 364.

[29] *Institut für Demoskopie Allensbach* (1977), S. 11.

[30] *Heidhues* (1976), S. 298 f.

[31] Ebd. S. 299 f.

[32] Vgl. ebd. S. 300 f.

Anhang

Tabelle 16: Prognose der Studienberechtigten und Studenten bis 1995

Jahr	Studien- berechtigte	Prozentanteil an der 18- bis unter 21jährigen Bevölkerung	Studenten (HRG-Variante)	Studenten (Status quo- Variante)
(1)	(2)	(3)	(4)	(5)
1976 (Ist)	196 500	22,7	877 300	877 300
1977 (Ist)	210 700	23,6	914 200	914 200
1978	217 200	23,6	943 900	945 900
1979	195 600	20,6	957 100	957 700
1980	224 300	23,0	979 800	977 100
1981	260 700	26,2	1 023 900	1 022 200
1982	277 100	27,4	1 071 600	1 089 200
1983	280 500	27,5	1 094 900	1 160 400
1984	279 700	27,5	1 094 100	1 229 000
1985	275 500	27,5	1 057 100	1 283 200
1986	274 000	28,0	1 088 600	1 328 500
1987	264 800	28,4	1 099 900	1 356 200
1988	251 200	29,1	1 091 500	1 360 500
1989	232 000	29,0	1 068 500	1 339 400
1990	217 500	29,6	1 036 300	1 303 300
1991	202 900	29,2	994 000	1 256 500
1992	186 400	28,6	946 500	1 201 600
1993	177 500	28,2	898 300	1 145 700
1994	172 500	28,0	855 300	1 092 100
1995	169 100	27,8	819 900	1 044 800

Quellen: Sp. (2): *KMK*-Prognose (1978), S. 12. Sp. (3): Berechnet nach Spalte 2 und den Angaben über die 18- bis unter 21jährige Bevölkerung in *KMK*-Prognose (1977), S. XIV. Sp. (4): *KMK*-Prognose (1978), S. 15. Sp. (5): *KMK*-Prognose (1978), S. 14.

Tabelle 17: Bruttosozialprodukt, öffentlicher Haushalt, Bildungsbudget und Ausgaben für Hochschulen, 1961–1975

Jahr	Bruttosozial-produkt		Öffentlicher Haushalt		Bildungs-budget*		Hochschulen	
	Mrd.DM	Index	Mrd.DM	Index	Mrd.DM	Index	Mrd.DM	Index
(1)	(2)	(3)	(4)	(5)	(6)	(7)	(8)	(9)
1961	332,6	100	95,3	100	9,0	100	1,7	100
1962	360,1	108	107,2	113	10,2	113	2,1	124
1963	384,0	116	117,1	123	11,7	130	2,4	141
1964	420,9	127	128,1	157	13,8	153	2,9	171
1965	460,4	138	139,2	171	15,7	174	3,5	206
1966	490,7	148	145,1	178	17,0	189	3,7	218
1967	495,5	149	153,8	189	17,8	198	4,0	235
1968	540,0	162	158,8	195	19,1	212	4,4	259
1969	605,2	182	174,3	214	22,2	247	5,3	312
1970	685,6	206	196,3	241	27,6	307	6,9	406
1971	761,9	229	226,8	279	34,7	386	8,4	494
1972	833,9	251	252,1	310	39,1	434	9,4	553
1973	926,9	279	280,1	344	44,5	494	10,7	629
1974	995,7	299	315,0	387	52,6	584	12,8	753
1975	1040,4	313	361,0	444	56,2	624	13,5	794

* Zur Zusammensetzung der Kostenbereiche des Bildungsbudgets vgl. Tabelle 18.

Quellen: Sp. (2), (4), (6), 1961–64: *Statistisches Jahrbuch für die Bundesrepublik Deutschland* (1976), S. 516 und S. 403. 1965–75: *BMBW:* Grund- und Strukturdaten (1976), S. 131. Sp. (8), 1961–64: *Albert, Oehler* (1969), S. 351. 1965–75: *BMBW:* Grund- und Strukturdaten (1976), S. 122.

Tabelle 18: Zusammensetzung des Bildungsbudgets, 1975

Bildungsbudget, 1975	Mrd. DM	Anteil des Bundes in %
1. Elementarbereich, außerschulische Jugendbildung	2,0	6,1 %
2. Schulen	33,2	0,3 %
3. Hochschulen	13,5	10,5 %
4. Weiterbildung*	1,3	10,4 %
5. Sonstiges Bildungswesen**	4,0	49,0 %
6. Allgemeine Forschungsförderung	2,1	45,9 %
Insgesamt	56,2	8,4 %

* Berufliche Aus- und Fortbildung, Förderung der staatsbürgerlichen Bildung, Öffentliches Büchereiwesen, Volkshochschulen, sonstige Erwachsenenbildung.
** Darunter Ausbildungsförderung für Schüler und Studenten sowie Lehrerfortbildung.

Quelle: *BMBW:* Grund- und Strukturdaten (1976), S. 120 und 125.

Das Bildungsbudget umfaßt die Ausgaben für Bildung und Wissenschaft in der Abgrenzung des Bildungsgesamtplans. Die Gesamtaufwendungen für Bildung und Wissenschaft im weiteren Sinne betrugen 1975 87,0 Mrd. DM. Hierin sind zusätzlich zum Bildungsbudget noch folgende Aufwendungen enthalten: Groß- und Ressortforschung, einschl. Verteidigung (7,0 Mrd. DM), Maßnahmen der Bundesanstalt für Arbeit (3,3 Mrd. DM); sowie seitens der Privatwirtschaft Aufwendungen für Berufsbildung und Weiterbildung (10,0 Mrd. DM) und für Forschung und Entwicklung (10,5 Mrd. DM). (Vgl. *BMBW:* Grund- und Strukturdaten, 1976, S. 120).

Literaturverzeichnis

Albert, W., C. Oehler: Materialien zur Entwicklung der Hochschulen 1950–1967. Hannover, 1969. = Hochschulforschung. Hg. v. HIS GmbH, Bd. 1.

Albert, W., C. Oehler: Die Kulturausgaben der Länder, des Bundes und der Gemeinden 1950–1967. Weinheim: Beltz, 1972. = Hochschulforschung. Hg. v. HIS GmbH, Bd. 10.

Alex, L.: Absolventenangebot und berufliche Flexibilität. Strategien der Bildungsökonomie: von der punktuellen Bedarfsrechnung zum integrierten Prognosesystem der ‚Dritten Generation'. In: Der doppelte Flaschenhals – Die deutsche Hochschule zwischen Numerus clausus und Akademikerarbeitslosigkeit. Hg. v. U. Lohmar, G. Ortner. Hannover: Schroedel, 1975.

Alex, L., H. Heuser: Angebot und Bedarf an hochqualifizierten Arbeitskräften in der Bundesrepublik Deutschland bis 1980. Bonn, 1972. = Hochschule. Hg. v. Bundesministerium für Bildung und Wissenschaft, Bd. 8.

Altendorf, H., G. Bäcker, M. Broda, K. Hofemann: Arbeiterkinder an den Hochschulen. Soziale Selektion, materielle Lage, Ausbildungsförderung. Köln: Europäische Verlagsanstalt, 1978.

Bargel, T., G. Framhein: Die Universität ohne Mauern. In: Neue Sammlung 15 (1975).

Bargel, T., G. Framhein: Zur Diskussion von Bildungszielen und zur Leistungsmessung im Hochschulbereich. In: Soziale Indikatoren IV. Hg. v. W. Zapf. Frankfurt/New York: Campus, 1976.

Becker, E., G. Jungblut, L. Voegelin: Projektorientierung als Strategie der Studienreform. In: Studentische Politik 5, Heft 2/3 (1972).

Berger, R.: Zur Stellung des Wissenschaftsrates bei der wissenschaftspolitischen Beratung von Bund und Ländern. Baden-Baden: Nomos Verlagsgesellschaft, 1974.

Berndt, E.-B. et al.: Erziehung der Erzieher: Das Bremer Reform-Modell. Hamburg: Rowohlt, 1972.

Beschluß der Regierungschefs zur Sicherung der Ausbildungschancen der geburtenstarken Jahrgänge. In: BMBW-Informationen – Bildung, Wissenschaft, Nr. 11 (1977).

Böning, E.: Zum Regierungsentwurf eines Hochschulrahmengesetzes für die Bundesrepublik. In: Bildung und Gesellschaft. Hg. v. H. Steffen. Göttingen: Vandenhoeck & Rupprecht, 1972.

Böning, E.: Bildungsgesamtplan – eine Gleichung nur mit Unbekannten? In: Frankfurter Rundschau, 15. 6. 1974.

Böning, E.: Der Wissenschaftsbeamte – zu den Ursachen der Bürokratisierung der Wissenschaft. In: Die Deutsche Universitätszeitung, Heft 15 (1977).

Böning, E.: Hochschulrahmenplanung. In: Verfassungsrechtliche Fragen des

Hochschulzuganges. Deutsch-amerikanische Studientagung. Hg. v. U. Karpen. Tübingen: Mohr (Siebeck), 1978. = Zeitschrift Wissenschaftsrecht, Wissenschaftsverwaltung, Wissenschaftsförderung. Beiheft 6.

Böning, E., K. Roeloffs: Three German Universities – Aachen, Bochum, Konstanz. Case Studies on Innovation in Higher Education. Paris: OECD, 1970.

Bolsenkötter, H. (Wibera-Projektgruppe): Ökonomie der Hochschule. Eine betriebswirtschaftliche Untersuchung. Baden-Baden: Nomos Verlagsgesellschaft, 1976.

Bundesassistentenkonferenz (Hg.): Kreuznacher Hochschulkonzept. Reformziele der Bundesassistentenkonferenz. Bonn, 1968. = Schriften der Bundesassistentenkonferenz 1.

Bundesassistentenkonferenz (Hg.): Forschendes Lernen – Wissenschaftliches Prüfen. Ergebnisse der Arbeit des Ausschusses für Hochschuldidaktik. Bonn, 1970. = Schriften der Bundesassistentenkonferenz 5.

Bundesassistentenkonferenz (Hg.): Integrierte wissenschaftliche Gesamthochschule. In: Die Schule der Nation. Hg. v. K. v. Dohnanyi. Düsseldorf: Econ, 1971.

Bundesminister für Bildung und Wissenschaft (BMBW): Bildungsbericht '70. Bonn, 1970.

Bundesminister für Bildung und Wissenschaft (BMBW): Regierungsentwurf eines Hochschulrahmengesetzes. Bonn, 29. 8. 1973.

Bundesminister für Bildung und Wissenschaft (BMBW): Bildungspolitische Zwischenbilanz. Bonn, 1976 a.

Bundesminister für Bildung und Wissenschaft (BMBW): Grund- und Strukturdaten 1976. Bonn, 1976 b.

Bundesminister für Bildung und Wissenschaft (BMBW): Leistungsplan Bildungsforschung und Wissenschaftsförderung (hekt.). Bonn, 1976 c.

Bundesminister für Bildung und Wissenschaft (BMBW): Verstärkte Bemühungen um Abstimmung von Bildungs- und Beschäftigungssystem (Presseerklärung). In: Informationen – Bildung, Wissenschaft, Nr. 5 (1976 d).

Bundesminister für Bildung und Wissenschaft (BMBW): Betriebsoptimierungssysteme für Hochschulen. Bonn, 1977 a. = Hochschule. Hg. v. Bundesminister für Bildung und Wissenschaft, Bd. 21.

Bundesminister für Bildung und Wissenschaft (BMBW): Jahresbericht 1976. Bonn, 1977 b.

Bundesminister für Bildung und Wissenschaft (BMBW): Grund- und Strukturdaten 1977. Bonn, 1977 c.

Bundesminister für Bildung und Wissenschaft (BMBW): Bericht der Bundesregierung über die strukturellen Probleme des föderativen Bildungssystems. Bonn 1978 a. = Bildung und Wissenschaft. Hg. v. Bundesminister für Bildung und Wissenschaft, Bd. 13.

Bundesminister für Bildung und Wissenschaft (BMBW): Orientierungspunkte zur Hochschulausbildung. Bonn, 16. 6. 1978 b.

Bundesminister für Forschung und Technologie (BMFT): Bundesbericht Forschung V. Bonn, 1975.

Bundesminister für Forschung und Technologie (BMFT): Faktenbericht 77 zum Bundesbericht Forschung. Bonn, 1977.

Bund-Länder-Kommission für Bildungsplanung: Zwischenbericht an die Regierungschefs des Bundes und der Länder über den Bildungsgesamtplan und ein Bildungsbudget, Bd. I und II. Bonn, 18. Okt. 1971.

Bund-Länder-Kommission für Bildungsplanung: Vorschläge für die Durchführung vordringlicher Maßnahmen. Stuttgart: Klett, 1972.

Bund-Länder-Kommission für Bildungsplanung: Bildungsgesamtplan, Bd. I und II. Stuttgart: Klett, 1973.

Bund-Länder-Kommission für Bildungsplanung: Ergebnisse der bisherigen Untersuchungen zur Prognose des Lehrerangebots und Lehrerbedarfs. Dokumentation K 25/74. Stand 24. Juli 1974.

Bund-Länder-Kommission für Bildungsplanung: Mittelfristiger Stufenplan für das Bildungswesen bis zum Jahr 1978. Kosten- und Finanzierungsplan, Bd. I und II. Stuttgart: Klett, 1975.

Bund-Länder-Kommission für Bildungsplanung und Forschungsförderung: Jahresbericht 1976. Bonn.

Bund-Länder-Komission für Bildungsplanung und Forschungsförderung: Informationen über die Bund-Länder-Kommission für Bildungsplanung und Forschungsförderung. Bonn, 1976 a.

Bund-Länder-Kommission für Bildungsplanung und Forschungsförderung: Informationen über Modellversuche im Hochschulbereich. Bonn 1976 b.

Bund-Länder-Kommission für Bildungsplanung und Forschungsförderung: Untersuchungen über die Verbesserung der Effizienz im Bildungswesen (Effizienzbericht), (hekt.). Bonn, 1976 c.

Dahrendorf, R.: Bildung ist Bürgerrecht. Hamburg: Nannen, 1965.

Deutsche Forschungsgemeinschaft: Aufgaben und Finanzierung V, 1976–78. Boppard: H. Boldt Verlag, 1976.

Deutsche Forschungsgemeinschaft: Tätigkeitsbericht 1977. Bonn.

Deutscher Akademischer Austauschdienst: Der Deutsche Akademische Austauschdienst 1925 bis 1975. Bonn-Bad Godesberg, 1975. = DAAD-Forum 7.

Deutscher Akademischer Austauschdienst: Jahresbericht 1977. Bonn-Bad Godesberg.

Deutscher Bildungsrat: Strukturplan für das Bildungswesen. Empfehlungen der Bildungskommission. Bonn, 1970.

Deutscher Bildungsrat: Abitur – und kein Studium. Gutachten und Studien der Bildungskommission, Bd. 32. Stuttgart: Klett, 1974 a.

Deutscher Bildungsrat: Aspekte für die Planung der Bildungsforschung. Empfehlungen der Bildungskommission. Bonn, 1974 b.

Deutscher Bundestag: Bericht über den Stand der Maßnahmen auf dem Gebiet der Bildungsplanung. Drucksache V/2166. Bonn, 13. 10. 1967.

Deutsches Institut für Fernstudien: Versuche für das Fernstudium im Medienverbund. Zwischenbericht 1974–76. Tübingen, 1977.

Deutsches Institut für Pädagogische Forschung: Numerus Clausus. Eine Bibliographie. Zusammengestellt von Annemarie Schaffernicht. Frankfurt/M., 1976.

Deutsches Institut für Wirtschaftsforschung: Projektion der Qualifikationsstruktur des Arbeitskräftebedarfs in den Wirtschaftsbereichen der BRD bis 1985. Berlin, 1972.

Edding, F.: Ansätze zum bildungspolitischen Umdenken. In: H. Hamm-Brücher, F. Edding: Reform der Reform – Ansätze zum bildungspolitischen Umdenken. Köln: Du Mont, 1973.

Edding, F., K. Hüfner: Probleme der Organisation und Finanzierung der Bildungsforschung in der Bundesrepublik Deutschland. In: Deutscher Bildungsrat: Bildungsforschung, Teil 2. Stuttgart: Klett, 1975. = Gutachten und Studien der Bildungskommission, Bd. 51.

Fischer, J.: Kein Platz für Gelehrte. In: Neue Sammlung 1 (1971).

Fischer, J., J. Hoffer, H. Rose: Zur Strategie der Finanzplanung im Hochschulbereich. Köln: C. Heymanns Verlag, 1973.

Fischer, J., C. Oehler, J. Pohle: Hochschulentwicklungsplanung. Konzepte – Verfahren – Arbeitshilfen. München: Verlag Dokumentation, 1975. = HIS Brief 57.

Flitner, A. (Hg.): Der Numerus clausus und seine Folgen. Stuttgart: Klett, 1976.

Forschungsgruppe Hochschulsozialisation (Universität Konstanz, Zentrum I): Abiturientenuntersuchung 1976. Vorbericht. Konstanz, 1976.

Framhein, G., H. Peisert: Graduates' View on Higher Education. In: Instructional Design in Higher Education – Innovation in Curricula and Teaching. Hg. v. European Association for Research and Development in Higher Education. Louvain-la-Neuve, 1976.

Framhein, G., H. Peisert: Abiturienten und Auslandsstudium. Eine Untersuchung über Motive und Bedingungen für ein Auslandsstudium. Bonn, 1977. = Bildungsplanung. Hg. v. Bundesminister für Bildung und Wissenschaft, Bd. 23.

Geipel, R.: Bildungsplanung und Raumordnung. Frankfurt/M.: Diesterweg, 1968.

Geipel, R.: Hochschulgründungen und Regionalpolitik. In: Der doppelte Flaschenhals – Die deutsche Hochschule zwischen Numerus clausus und Akademikerarbeitslosigkeit. Hg. v. U. Lohmar, G. Ortner. Hannover: Schroedel, 1975.

Geißler, C.: Hochschulstandorte – Hochschulbesuch. Regionale Herkunft und Bildungswanderung der deutschen Studierenden. Hannover, 1965. = Schriftenreihe der Arbeitsgruppe Standortforschung, Bd. 1.

Gerstein, H.: Das Interesse deutscher Studenten an einem vorübergehenden Studium im Ausland. Bonn, 1977. = Bildungsplanung. Hg. v. Bundesminister für Bildung und Wissenschaft, Bd. 22.

Gesamthochschulentwicklung zwischen Reform und Gegenreform. In: Studentische Politik 8, Heft 1/2 (1975).

Gesetz über eine Bundesstatistik für das Hochschulwesen vom 31. 8. 1971 (Hochschulstatistikgesetz). Bundesgesetzblatt Nr. 91 vom 7. 9. 1971.

Goldschmidt, D.: Country Profile: Autonomy an Accountability in the Federal

Republic of Germany. Berlin (hekt.), 1974.

Goldschmidt, D., S. Hübner: Changing Concepts of the University in Society: the West German Case. In: Higher Education in a Changing World. The World Yearbook of Education 1971/72. Ed. by B. Holmes, D. Scanlon. London: Evans, 1971.

Goldschmidt, D., S. Hübner-Funk: Von den Ingenieurschulen zu den Fachhochschulen. In: Deutscher Bildungsrat: Gutachten und Materialien zur Fachhochschule. Stuttgart: Klett, 1974. = Gutachten und Studien der Bildungskommission, Bd. 10.

Griesbach, H., K. Lewin, M. Schacher: Studienverlauf und Beschäftigungssituation von Hochschulabsolventen und Studienabbrechern. München: Verlag Dokumentation, 1977. = Hochschulplanung. Hg. v. d. HIS GmbH, Bd. 27.

Hamm-Brücher, H.: Unfähig zur Reform? Kritik und Initiativen zur Bildungsreform. München: Piper, 1972.

Hartung, D., R. Nuthmann, W. D. Winterhager: Politologen im Beruf. Zur Aufnahme und Durchsetzung neuer Qualifikationen im Beschäftigungssystem. Stuttgart: Klett, 1970.

„Hasemann-Papier" – geheime Skizze über neue Struktur des Planungswesens in der Bildungspolitik. In: Input I (1971).

Hecquet, I., Ch. Vernier, L. Cerych: Recent Student Flows in Higher Education. New York: International Council for Educational Development, 1976.

Heidhues, Th.: Bericht des Vorsitzenden des Wissenschaftsrates vom 23. 1. 1976. In: Wissenschaftsrat: Empfehlungen und Stellungnahmen 1975. Köln, 1976.

Hering, S., H. Hermanns: Lernen und Verändern. Zur Theorie und Praxis des Projektstudiums. Hamburg: Arbeitsgemeinschaft für Hochschuldidaktik, 1978. = Blickpunkt Hochschuldidaktik 49.

Hess, G.: Ein langfristiger Plan für die Wissenschaft. In: Frankfurter Allgemeine Zeitung vom 5. 7. 1956.

Hessisches Kultusministerium: Großer Hessenplan. Wiesbaden, 1970.

Hessisches Kultusministerium: Diskussionsgrundlage zur Entwicklungsplanung 1977/78 für die hessischen Hochschulen. Wiesbaden, 1977.

Hitpass, J., M. Mock: Das Image der Universität. Studentische Perspektiven. Düsseldorf: Bertelsmann, 1972.

Hochschul-Informations-System GmbH: HIS 1977 – Jahresarbeitsbericht. Hannover.

Hoehne, E.: Die Bund-Länder-Kommission für Bildungsplanung – ihre Gestalt und ihre Wirksamkeit. In: Zeitschrift für Pädagogik 20, Heft 3 (1974).

Hoffer, J.: Zur Problematik der Planung im Hochschulbereich. Methodische und organisatorische Aspekte der Hochschulplanung in der Bundesrepublik Deutschland. Köln: C. Heymanns Verlag, 1974.

Huber, L.: Schul- und Hochschulreform. Haushaltsrede des Bayerischen Staatsministers für Unterricht und Kultus vor dem Bayerischen Landtag. 12. 3. 1969.

Huber, L.: Developments in Higher Education in Europe: Background Report, German Speaking Countries. In: Council of Europe: Strategies for Research and

Development in Higher Education. Hg. v. N. Entwistle. Amsterdam: Swetz und Zeitlinger, 1976.

Hüfner, K. (Hg.): Bildungswesen mangelhaft. BRD-Bildungspolitik im OECD-Länderexamen. Frankfurt/M.: Diesterweg, 1973.

Hüfner, K., J. Naumann: Konjunkturen der Bildungspolitik, Bd. I: Der Aufschwung (1960–67). Stuttgart: Klett, 1977.

Infratest Sozialforschung: Befragung des wissenschaftlichen Personals der Hochschulen zur Fortentwicklung von Lehre und Forschung, Wintersemester 1976/77. (Im Auftrag des Bundesministers für Bildung und Wissenschaft). München, 1977.

Institut für Demoskopie Allensbach: Die Lage der Forschung an den deutschen Universitäten. Erster Bericht über eine Repräsentativbefragung. Allensbach, 1977.

Institut für Regionale Bildungsplanung – Arbeitsgruppe Standortforschung GmbH: Jahresbericht 1975/76. Hannover, 1976.

International Council on the Future of the University – Kommission für deutsche Universitäten: Bericht über deutsche Universitäten. Stuttgart: Klett-Cotta, 1978.

Jauss, H. R., H. Nesselhauf (Hg.): Gebremste Reform. Ein Kapitel deutscher Hochschulgeschichte. Universität Konstanz 1966–1976. Konstanz: Universitätsverlag, 1977.

Karpen, U., F.-L. Knemeyer: Verfassungsprobleme des Hochschulwesens. Paderborn: F. Schöningk, 1976.

Kath, G.: Das soziale Bild der Studentenschaft in Westdeutschland und Berlin. Sommersemester 1956. Hg. v. Deutsches Studentenwerk. Bonn, 1957.

Kath, G. u. a.: Das soziale Bild der Studentenschaft in der Bundesrepublik Deutschland. 7. Sozialerhebung des Deutschen Studentenwerks. Bonn, 1974. = Hochschule. Hg. v. Bundesminister für Bildung und Wissenschaft, Bd. 15.

Kath, G. u. a.: Das soziale Bild der Studentenschaft in der Bundesrepublik Deutschland. 8. Sozialerhebung des Deutschen Studentenwerks. Bonn, 1978. = Hochschule. Hg. v. Bundesminister für Bildung und Wissenschaft, Bd. 27.

Kath, G., Ch. Oehler, R. Reichwein: Studienweg und Studienerfolg. Berlin, 1966. = Studien und Berichte. Hg. v. Max-Planck-Institut für Bildungsforschung. Nr. 6.

Kewenig, W.: Deutsche Universität von morgen. In: Merkur 31 (1977).

Kochs, M., J. Dandl (Hg.): Kontaktstudium in der Bundesrepublik Deutschland. Ein Expertenkolloquium. Hamburg: Arbeitsgemeinschaft für Hochschuldidaktik, 1978. = Blickpunkt Hochschuldidaktik 47.

Kommission für die Finanzreform („Troeger-Kommission"): Gutachten über die Finanzreform in der Bundesrepublik Deutschland. Stuttgart: Kohlhammer, 1966.

Krafft, A., H. Sanders, P. Straumann: Hochqualifizierte Arbeitskräfte in der Bundesrepublik Deutschland bis 1980. Bonn, 1971. = Hochschule. Hg. v. Bundesminister für Bildung und Wissenschaft, Bd. 6.

Kultusministerium Baden-Württemberg (Hg.): Hochschulgesamtplan Baden-

Württemberg („Dahrendorf-Plan"). Villingen: Neckar Verlag, 1967. = Bildung in neuer Sicht, Reihe A, Nr. 5.

Kultusministerium Baden-Württemberg (Hg.): Hochschulgesamtplan I der Landesregierung Baden-Württemberg. Villingen: Neckar Verlag, 1969. = Bildung in neuer Sicht, Reihe A, Nr. 18.

Kultusministerium Baden-Württemberg (Hg.): Hochschulgesamtplan II für Baden-Württemberg. Villingen: Neckar Verlag, 1972. = Bildung in neuer Sicht, Reihe A, Nr. 27.

Kultusministerium Baden-Württemberg: Situation im Hochschulbereich. Schriftliche Antwort auf die Große Anfrage der CDU. Landtag von Baden-Württemberg, Drucksache 6/7226 vom 3. 3. 1975.

Kultusministerkonferenz (KMK): Stellungnahme zum Fernsehurteil des Bundesverfassungsgerichts. KMK-Pressemitteilung aus Anlaß der 81. Plenarsitzung am 22. 3. 1961.

Kultusministerkonferenz (KMK): Bedarfsfeststellung 1961 bis 1970. Stuttgart: Klett, 1963.

Kultusministerkonferenz (KMK): Vorausberechnung der Schüler- und Absolventenzahlen 1973 bis 1995. Dokumentation Nr. 50. Mai 1976. („KMK-Prognose 1976").

Kultusministerkonferenz (KMK): Handbuch für die Kultusministerkonferenz 1977. Bonn, 1977 a.

Kultusministerkonferenz (KMK): Kulturpolitik der Länder 1975 und 1976. Bonn, 1977 b.

Kultusministerkonferenz (KMK): Vereinbarung über die Bildung gemeinsamer Studienreformkommissionen der Länder. Beschluß der Kultusministerkonferenz vom 15. 9. 1977. (1977 c).

Kultusministerkonferenz (KMK): Studienberechtigte, Studienanfänger, Studenten und Absolventen von 1971–1995. Bonn, 24. 1. 1977. („KMK-Prognose 1977").

Kultusministerkonferenz (KMK): Presseinformation zum Entwurf eines Staatsvertrages über die Vergabe von Studienplätzen vom 15. 2. 1978. (1978 a).

Kultusministerkonferenz (KMK) Hg.: Das Bildungswesen in der Bundesrepublik Deutschland. Kompetenzen – Strukturen – Bildungswege. Neuwied: Luchterhand, o. J. (1978 b).

Kultusministerkonferenz (KMK): Stellungnahme der Kultusministerkonferenz zum Bericht der Bundesregierung über die strukturellen Probleme des föderativen Bildungssystems. Beschluß der 187. Plenarsitzung vom 20./21. 4. 1978. (1978 c).

Kultusministerkonferenz (KMK): Prognose der Studienanfänger, Studenten und Absolventen bis 1995. Statistische Veröffentlichungen der Kultusministerkonferenz Nr. 58. Juni 1978. („KMK-Prognose 1978").

Landesregierung Baden-Württemberg: Strukturplan für den Hochschulbereich. Landtag von Baden-Württemberg. Drucksache 7/2310, 13. 10. 1977.

Lenzen, D.: Die Illusion der Vereinheitlichung – Normenbücher zwischen Testpsychologie und Verfassungsrecht. In: Der Numerus clausus und seine Folgen. Hg. v. A. Flitner. Stuttgart: Klett, 1976.

Leussink, H.: Fünf Jahre bundesweite Bildungsplanung. In: Bildungspolitik mit Maß und Ziel. Festschrift für Wilhelm Hahn. Stuttgart: Klett, 1974.

Lichtenberg, P., J. Burckhardt, D. Elchlepp: Gemeinschaftsaufgabe Hochschulbau. Erläuterungen und Materialien zum Hochschulbauförderungsgesetz. Bad Honnef: Verlag K. H. Bock, 1971.

Litten, J.: Die Sandwich-Universität oder die Hochschule für Jedermann. Hamburg: Hoffmann & Campe, 1971.

Lohmar, U., G. E. Ortner (Hg.) unter Mitarbeit von M. Bayer: Der doppelte Flaschenhals – Die deutsche Hochschule zwischen Numerus clausus und Akademikerarbeitslosigkeit. Hannover: Schroedel, 1975.

Luther, K. J., D. Swatek: Regionalisierung der Gemeinschaftsaufgabe Hochschulbau. In: Informationen zur Raumentwicklung, Heft 3/4 (1977).

Max-Planck-Institut für ausländisches öffentliches Recht und Völkerrecht: Die Befugnisse des Gesamtstaates im Bildungswesen. Rechtsvergleichender Bericht. Bonn, 1976. = Bildung und Wissenschaft. Hg. v. Bundesminister für Bildung und Wissenschaft, Bd. 9.

Max-Planck-Institut für Bildungsforschung: Forschung – Organisation – Veröffentlichungen. Berlin, 1978.

Meindl, U.: Zur Situation der Studienreform. Eine kommentierte Dokumentation. München: Verlag Dokumentation, 1977. = HIS Brief 62.

Merkert, R.: Zwischenbilanz des Fernstudiums. In: Jahrbuch für Wissenschaft, Ausbildung, Schule. WAS '77. Hg. v. O. Peters, H. Gollhardt. Köln: Verlagsgesellschaft Schulfernsehen, 1977.

Mikat, P., H. Schelsky: Grundzüge einer neuen Universität. Gütersloh: Bertelsmann, 1966.

Ministerium für Unterricht und Kultus Rheinland-Pfalz (Hg.): Universitätsgründung Trier-Kaiserslautern. Eine Dokumentation. Neustadt/Weinstraße: Daniel Meininger, 1971.

Ministerium für Wissenschaft und Forschung des Landes Nordrhein-Westfalen: Gesamthochschulen in Nordrhein-Westfalen. Materialien zu Aufbau, Entwicklung und Funktion. Düsseldorf, 1977.

Monheim, H.: Die raumordnungspolitische Relevanz des Hochschulbaus. In: Informationen zur Raumentwicklung, Heft 3/4 (1977).

Müller, P.: Integrierte Gesamthochschule oder differenzierte Gesamthochschulplanung. In: Studentische Politik 8, Heft 1/2 (1975).

Müller, P. (Hg.): Dokumente zur Gesamthochschulentwicklung. In: Studentische Politik (Sonderheft). Bonn-Bad Godesberg: Verlag Neue Gesellschaft, 1976.

Neuhaus, R. (Hg.): Dokumente zur Gründung neuer Hochschulen. Wiesbaden: Franz Steiner Verlag, 1968.

Nipperdey, Th., L. Schmugge: 50 Jahre Forschungsförderung in Deutschland. Ein Abriß der Geschichte der Deutschen Forschungsgemeinschaft, 1920–1970. Bonn, 1970.

Nitsch, W., U. Gerhardt, C. Offe, U. K. Preuss: Hochschule in der Demokratie. Kritische Beiträge zur Erbschaft und Reform der deutschen Universität. Neuwied:

Luchterhand, 1965.

N-C-Test: Countdown ins Ungewisse. In: Der Spiegel 31, Nr. 7 (1977).

OECD: Policy Conference on Economic Growth and Investment in Education. Paris, 1962.

Oppermann, Th.: Hochschulfinanzierung – Status, Tendenzen und Chancen. In: Wissenschaftsrecht, Wissenschaftsverwaltung, Wissenschaftsförderung 2, Heft 1 (1969).

Parmentier, K., M. Tessaring: Bildungswesen und Arbeitsmarkt für Hochqualifizierte. Eine Übersicht. In: Bedarfsprognostische Forschung in der Diskussion. Probleme, Alternativen und Forschungsnotwendigkeiten aus der Sicht der Arbeitsmarkt-, Berufs- und Bildungsforschung. Hg. v. Arbeitsgruppen des Instituts für Arbeitsmarkt- und Berufsforschung und des Max-Planck-Instituts für Bildungsforschung. Frankfurt/M.: Aspekte, 1976.

Peisert, H.: Soziale Lage und Bildungschancen in Deutschland. München: Piper, 1967.

Peisert, H.: Student in Konstanz. Standort, Einzugsbereich und Motive für das Studium an einer neuen Universität. Konstanz: Universitätsverlag, 1975. = Konstanzer Blätter für Hochschulfragen Nr. 48 (Sonderheft).

Peisert, H., R. Dahrendorf (Hg.): Der vorzeitige Abgang vom Gymnasium. Villingen: Neckar Verlag, 1967. = Bildung in neuer Sicht, Reihe A, Nr. 6.

Perkins, J. A., B. B. Israel: Higher Education. From Autonomy to Systems. New York: International Council for Educational Development, 1972.

Peters, O.: Die Fernuniversität. In: Informationen zur Raumentwicklung, Heft 10 (1977).

Picht, G.: Die deutsche Bildungskatastrophe. Olten/Freiburg: Walter, 1964.

Plander, H.: Gesamthochschule im Werden – Kritisches Resümee bisheriger Entwicklungen in Hamburg. In: K. H. Flechsig, L. Huber, H. Plander: Gesamthochschule – Mittel oder Ersatz für Hochschulreform? Stuttgart: Klett, 1975.

Planungsausschuß für den Hochschulbau: Erster Rahmenplan für den Hochschulbau 1972–1975. Bonn, 1971.

Planungsausschuß für den Hochschulbau: Sechster Rahmenplan für den Hochschulbau 1977–1980. Bonn, 1976.

Planungsausschuß für den Hochschulbau: Siebter Rahmenplan für den Hochschulbau 1978–1981. Bonn, 1977.

Planungsausschuß für den Hochschulbau: Achter Rahmenplan für den Hochschulbau 1979–1982. Bonn, 1978.

Rau, J.: Die neue Fernuniversität. Ihre Zielsetzung, ihr Aufbau und ihre geplante Arbeitsweise. Düsseldorf: Econ, 1974.

Raupach, H., B. W. Reimann: Hochschulreform durch Neugründungen. Zu Struktur und Wandel der Universitäten Bochum, Regensburg, Bielefeld. Bonn-Bad Godesberg: Verlag Neue Gesellschaft, 1974.

Riese, H.: Die Entwicklung des Bedarfs an Hochschulabsolventen in der Bundesrepublik Deutschland. Wiesbaden: Steiner, 1967.

Riese, H.: Theorie der Bildungsplanung und Struktur des Bildungswesens. In:

Konjunkturpolitik 14, Heft 5/6 (1968).

Roellecke, G.: Berufungsvereinbarungen und Organisationsgewalt. In: Wissenschaftsrecht, Wissenschaftsverwaltung, Wissenschaftsförderung 9, Heft 1 (1976).

Rothe, H. W.: Über die Gründung einer neuen Universität zu Bremen. Denkschrift vorgelegt der Universitätskommission des Senats der Freien Hansestadt Bremen (1960). In: Dokumente zur Gründung neuer Hochschulen. Hg. v. R. Neuhaus. Wiesbaden: Franz Steiner Verlag, 1968.

Schelsky, H.: Einsamkeit und Freiheit. Idee und Gestalt der deutschen Universität und ihrer Reformen. Hamburg: Rowohlt, 1963.

Staatsministerium Baden-Württemberg: Die Vorteile des Föderalismus in der Kulturpolitik I. Stuttgart, 2. 1. 1978.

Statistisches Bundesamt: Statistisches Jahrbuch für die Bundesrepublik Deutschland. Stuttgart: Kohlhammer, 1950 ff.

Statistisches Bundesamt: Studenten an Hochschulen. WS 1975/76. Stuttgart: Kohlhammer, 1977. = Fachserie 11, Reihe 4.1.

Statistisches Bundesamt: Studenten an Hochschulen WS 1977/78. Vorbericht. Stuttgart: Kohlhammer, 1978. = Fachserie 11, Reihe 4.1.

Stiftung Volkswagenwerk: Bericht 1975/76. Hannover, 1976.

Teichler, U.: Problems of West German Universities on the Way to Mass Higher Education. In: Western European Education, Vol. VIII, No. 1–2 (1976).

Teichler, U., D. Hartung, R. Nuthmann: Hochschulexpansion und Bedarf der Gesellschaft. Stuttgart: Klett, 1976.

Tessaring, M.: Die Zukunft der Hochschulabsolventen, Teil 1: Eine Übersicht über 23 Akademikerprognosen der „zweiten Generation". In: Materialien aus der Arbeitsmarkt- und Berufsforschung 7 (1976). Hg. v. Institut für Arbeitsmarkt- und Berufsforschung der Bundesanstalt für Arbeit.

Tessaring, M., H. Werner: Beschäftigungsprobleme von Hochschulabsolventen im internationalen Vergleich. Göttingen: Schwartz, 1976. = Kommission für wirtschaftlichen und sozialen Wandel, Bd. 53.

Universität Konstanz. Bericht des Gründungsausschusses (1965). In: Dokumente zur Gründung neuer Hochschulen. Hg. v. R. Neuhaus. Wiesbaden: Franz Steiner Verlag, 1968.

Verband deutscher Studentenschaften (Hg.): Studenten und die neue Universität. Gutachten einer Kommission des Verbandes deutscher Studentenschaften zur Neugründung von wissenschaftlichen Hochschulen. Bonn, 1962.

Verband deutscher Studentenschaften (Hg.): Studenten an neuen Universitäten. Eine Schrift zum VII. deutschen Studententag. Bochum, 1963. Bonn, o. J.

Weißhuhn, G.: Sozioökonomische und politische Durchsetzungschancen expansiver Bildungsstrategien in der Bundesrepublik Deutschland. In: Bedarfsprognostische Forschung in der Diskussion. Probleme, Alternativen und Forschungsnotwendigkeiten aus der Sicht der Arbeitsmarkt-, Berufs- und Bildungsforschung. Hg. v. Arbeitsgruppen des Instituts für Arbeitsmarkt- und Berufsforschung und des Max-Planck-Instituts für Bildungsforschung. Frankfurt/M.: Aspekte, 1976.

Weizsäcker, E. v., G. Dohmen, Th. Jüchter: Baukasten gegen Systemzwänge. München: Piper, 1970.

Westdeutsche Rektorenkonferenz (WRK): Alternativ-Thesen der WRK zu den Thesen für ein Hochschulrahmengesetz des Bundes. Bonn-Bad Godesberg, 1970. = Dokumente zur Hochschulreform.

Westdeutsche Rektorenkonferenz (WRK): Die Hochschulen und ihre Leistung in der Gesellschaft. Jahresversammlung 1972. Bonn-Bad Godesberg, 1972. = Dokumente zur Hochschulreform, XIX/1972.

Westdeutsche Rektorenkonferenz (WRK): Was erwartet der Staat von der Mitwirkung der Hochschulen? Jahresversammlung 1973. Bonn-Bad Godesberg, 1973. = Dokumente zur Hochschulreform XXII/1973.

Westdeutsche Rektorenkonferenz (WRK): Arbeitsbericht 1975. Bonn-Bad Godesberg, 1976.

Westdeutsche Rektorenkonferenz (WRK): Numerus clausus-Urteile des Bundesverfassungsgerichts vom 16. Juli 1972 und 9. Febr. 1977. Bonn-Bad Godesberg, 1977 a. = Dokumente zur Hochschulreform XXIX/1977.

Westdeutsche Rektorenkonferenz (WRK): Qualität und Quantität – Die Hochschulen im Schatten des Studentenberges. Jahresversammlung 1976. Bonn-Bad Godesberg 1977 b. = Dokumente zur Hochschulreform XXX/1977.

Westdeutsche Rektorenkonferenz (WRK): Arbeitsbericht 1976. Bonn-Bad Godesberg, 1977 c.

Westdeutsche Rektorenkonferenz (WRK): Arbeitsbericht 1977. Bonn-Bad Godesberg, 1978.

Widmaier, H. P. u. a.: Bildung und Wirtschaftswachstum. Modellstudie zur Bildungsplanung. Villingen: Neckar Verlag, 1966. = Bildung in neuer Sicht, Reihe A, Nr. 3.

Wissenschaftsrat: Empfehlungen zum Ausbau der wissenschaftlichen Einrichtungen. Teil I: Wissenschaftliche Hochschulen. Bonn, 1960.

Wissenschaftsrat: Anregungen zur Gestalt neuer Hochschulen. Bonn, 1962.

Wissenschaftsrat: Bericht des Vorsitzenden über die Arbeit des Wissenschaftsrates 1961 bis 1964. Bonn, 1965.

Wissenschaftsrat: Empfehlungen zur Neuordnung des Studiums an den wissenschaftlichen Hochschulen. Bonn, 1966.

Wissenschaftsrat: Wissenschaftsrat 1957–1967. Bonn, 1968.

Wissenschaftsrat: Empfehlungen zur Struktur und zum Ausbau des Bildungswesens im Hochschulbereich nach 1970. Bonn, 1970.

Wissenschaftsrat: Bericht über die Hochschulbesuche im Sommersemester 1971. In: Wissenschaftsrat: Empfehlungen und Stellungnahmen 1972. Bonn, 1973.

Wissenschaftsrat: Empfehlungen zur Organisation, Planung und Förderung der Forschung. Bonn, 1975.

Wissenschaftsrat: Regionale und fachliche Strukturierung des weiteren Ausbauprogramms für die Hochschulen. In: Wissenschaftsrat: Empfehlungen und Stellungnahmen 1975. Köln, 1976 a.

Wissenschaftsrat: Empfehlungen zu Umfang und Struktur des Tertiären Bereichs.

Köln, 1976 b.

Wissenschaftsrat: Empfehlungen zum siebten Rahmenplan für den Hochschulbau 1978–81, Bd. 1. Köln, 1977.

Wissenschaftsrat: Empfehlungen zum achten Rahmenplan für den Hochschulbau 1979–82, Bd. 1. Köln, 1978.

Zentralstelle für die Vergabe von Studienplätzen (ZVS): Bericht der Zentralstelle für die Vergabe von Studienplätzen, 1973–74. Dortmund.

Zentralstelle für die Vergabe von Studienplätzen (ZVS): Zweiter Bericht mit Materialien zu den Vergabeverfahren 1974–76. Dortmund.

Die Hochschulstudie des International Council for Educational Development (ICED)

J. A. Perkins, N. P. Eurich:
Vorwort zur englischen Fassung der Länderstudien

An important and largely unexamined development in higher education is the emergence of systems of institutions, which are planned and managed by advisory, coordinating, or governing bodies poised between institutions and governments. Countries with highly centralized governments now seek to devolve responsibility on such organizations, while in other countries the effort is to move from individual autonomous institutions to more central planning and controls. In both cases, a balance is sought between the values of institutional independence and public responsibility. Problems of organization and procedure are similar but patterns of solution vary widely. The design and management of the systems are, therefore, of universal interest and merit comparative study.

The central issue is easy to state but extremely difficult to answer: How can systems of higher education be designed and managed so as to assure maximum flexibility for institutions with responsible monitoring of the public interest?

Everywhere on the international scene, institutions of higher education are seeing their autonomy challenged – their right to decide their own methods of operation in management, in teaching, and in setting their own goals and purposes. Whether the institutions are public or private, this independence is directly threatened. Public funds and planning call for accountability and service in the national interest as government and society may see it.

The International Council for Educational Development has, for some years, watched this development. It produced what was, to our knowledge, the first collection of essays on the subject in 1972 under the title *Higher Education: From Autonomy to Systems.* So we welcomed the opportunity provided through a generous grant from the Krupp Foundation of the Federal Republic of Germany to make a three-year comparative analysis of how different countries are adjusting their higher education systems to meet the new demands.

Twelve countries were invited to participate. Guidelines were given for the study with the admonition that they were not to be inflexibly followed: each country needed latitude to explain its own context, development, and unique characteristics. Some problems would be more pertinent to one country than another. Further, we asked for a frank evaluation. Aside from the first section requesting a description of the system with data on institutions, enrollment, and various patterns of governance, the body of each study rests on the informed opinion of leaders in the higher education of the country.

In this respect the study differs from many preceding efforts to draw comparisons based on quantifiable facts. Seldom has that approach yielded more than a collection of data presented in a series of separate descriptions. So we have endeavored to go one step further and provide critical analysis of the issues being faced and the solutions being tried.

The study, in its entirety, comprises: twelve books, one for each country; a volume, crossing national lines, which explores the five major topics selected for analysis – planning, administration, and management; coordination; effectiveness of the system in meeting its social purposes; the effectiveness of the system to change and adjust; and the efficiency of the system – and finally, there is a concluding report.

On a broad scale this study offers a statement about how different countries are dealing with critical problems of educational planning and operations. It speaks to social scientists and public officials who are necessarily concerned with problems of social unrest and cohesion as well as finance and changing priorities. It further holds the prospect of learning from the experience of others. Most educational systems have imported ideas from abroad, or at least they have been stimulated frequently by others to think creatively about their own systems. Also the study provides the means to learn of others' successes as well as difficulties. Finally, there is the responsibility of discovering some general rules of governance that should be studied carefully by all those concerned with macroplanning of higher education.

We urge a careful reading of this study. It will be enlightening to the intracountry audience as a comment on their present situation. For interested parties in other countries, it is a critique that will illuminate their own efforts and stage of development. And those working at the frontier of international comparative studies in higher education will discover, we trust, a valuable piece in an international puzzle.

ICED Publications
Design and Management of Systems of Higher Education, 1978

Systems of Higher Education: *Australia.* Bruce Williams.
Systems of Higher Education: *Canada.* Edward Sheffield, Duncan D. Campbell, Jeffrey Holmes, B. B. Kymlicka and James H. Whitelaw.
Systems of Higher Education: *France.* Alain Bienaymé.
Systems of Higher Education: *Federal Republic of Germany.* Hansgert Peisert and Gerhild Framhein.
Systems of Higher Education: *Iran.* Abdol Hossein Samii, M. Reza Vaghefi, Dariush Nowrasteh.
Systems of Higher Education: *Japan.* Katsuya Narita.
Systems of Higher Education: *Mexico.* Alfonso Rangel Guerra.
Systems of Higher Education: *Poland.* Jan Szczepanski.
Systems of Higher Education: *Sweden.* Rune Premfors and Bertil Östergren.
Systems of Higher Education: *Thailand.* Sippanondha Ketudat, Wichit Srisa-an et al.
Systems of Higher Education: *United Kingdom.* Tony Becher, Jack Embling and Maurice Kogan.
Systems of Higher Education: *United States.* Alan Pifer, John Shea, David Henry, Lyman Glenny.
12 Systems of Higher Education: *6 Decisive Issues.* Howard R. Bowen, Burton R. Clark, Clark Kerr, Brian MacArthur and John D. Millett.
Final Report. Nell P. Eurich with an Introduction by James A. Perkins.

Order from: Interbook, Inc., 13 East 16th Street, New York, New York 10003, USA.